国家出版基金项目
NATIONAL PUBLICATION FOUNDATION

当代高

U0621802

Good Universities in an Age of
Accelerations

加速时代的好大学

王建华　著

南京师范大学出版社

图书在版编目(CIP)数据

加速时代的好大学 / 王建华著. — 南京：南京师范
大学出版社，2023.7
（当代高等教育研究新视野丛书）
ISBN 978 - 7 - 5651 - 5750 - 9

Ⅰ. ①加… Ⅱ. ①王… Ⅲ. ①高等教育—研究—中国
Ⅳ. ①G649.2

中国国家版本馆 CIP 数据核字(2023)第 073273 号

丛 书 名	当代高等教育研究新视野丛书	
书 名	加速时代的好大学	
作 者	王建华	
丛书策划	王 涛	
责任编辑	孔令秋	
出版发行	南京师范大学出版社	
地 址	江苏省南京市玄武区后宰门西村 9 号(邮编:210016)	
电 话	(025)83598919(总编办) 83598412(营销部) 83373872(邮购部)	
网 址	http://press.njnu.edu.cn	
电子信箱	nspzbb@njnu.edu.cn	
照 排	南京开卷文化传媒有限公司	
印 刷	江苏扬中印刷有限公司	
开 本	710 毫米×1 000 毫米 1/16	
印 张	15	
字 数	211 千	
版 次	2023 年 7 月第 1 版	
印 次	2023 年 7 月第 1 次印刷	
书 号	ISBN 978 - 7 - 5651 - 5750 - 9	
定 价	68.00 元	

出 版 人 张 鹏

总　序

　　自潘懋元先生等老一辈学者创会以来,中国高等教育学会高等教育学专业委员会始终坚守学术立会传统,把深化与拓展高等教育理论研究作为办会的基本宗旨。中国高等教育学学科设置从无到有,高等教育研究队伍从零散到蔚为大观,一代又一代优秀学者的成长,都与高等教育学专业委员会在各培养单位与会员单位之间发挥的纽带作用不无关联。目前,对高等教育学的定位和属性无论存在多少争议,不容否认,它已经成为我国高等教育研究者心有所向、身有所归的学术共同体。

　　高等教育学专业委员会历来倡导立足国际视野与本土关怀,开展学理取向探究与问题取向的理论研究。对于中国高等教育理论研究之于国家政策、高校管理以及人才培养的贡献如何评价,人们的站位不同,自然会有不同理解。回顾改革开放四十多年以来中国高等教育改革与发展历程,我们不难发现:几乎中国高等教育领域每一次重大事件的发生,人们关注的重大议题、问题以及政策概念的提出,我国高等教育研究者在理论上大都有先行研究。譬如,关于高等学校职能与高等教育功能、高等教育现代化、高等教育质量评价与保障、高等教育大众化和普及化、世界一流大学建设、高等学校自主权、现代大学制度、大学治理结构、大学收费制度、学分制、招生制度改革、学科与专业建设、通识教育、高校人事制度改革与学术职业变迁、有效性教学与教学学术、高等教育国际化与信息化等等。这些既有国际视野又有本土关怀,既有历史考察又有现实观照,纵横交错,覆盖宏观、中观与微观各个层面的研究,无论其聚焦的是"冰点"还是"热点"问题,是否有显示度,它们都为现实中的高等教育体制性变革与日常实践,拓展了视野,提供了理论支撑。

理论研究的基本宗旨在于透过现象看本质,揭示高等教育活动的一般规律。无论其初始动机是源于个人好奇心、兴趣、经历和境遇,抑或是源于现实关怀或政策意图,它从来不存在有用与无用之说。自然科学如此,作为社会科学的高等教育学科也不例外。因为有用无用不过是一种价值判断,它与评价者的个人身份、地位、处境和特定需求存在或明或暗的勾连,是一种立场在先的自我主观判断和推断;或者说理论之有用和无用,更在于它的情境性。如果总是把特定情境需求作为理论研究的取向与偏好,那么,其悖论恰恰在于:这种情境性需求恐怕永远滞后于形势变化与环境变迁,局限于特定情境需求的理论或应用研究反而因为一般性与多样化研究积累不足而难以适用,更无法对现实的走向以及可能发生的问题进行预测,也难以对现实中存在的价值扭曲提出预警和防范。

其实,真正的高等教育理论研究从来不会绝缘于现实关怀,很多理论研究选题的生成乃至观点创新,恰恰源于人们对现实的感悟与启发。通常而言,任何理论成果都不可能直接成为政策工具,它充其量可以为现实问题的解决提供某些索引,或者为决策者提供相关参考依据,为行动者提供可选择的装备。理论研究与决策以及行动实践之间,天然地存在一种若即若离的关系,虽然也存在若隐若现的互动,但两者既无法相互取代,更难以完全融合。否则,理论不过就是如变色龙般的策略与技巧,缺乏理论所必备的去情境化超越品质,实践也不过是理论贫乏的个人经验直观甚至行动的妄为。不容否认,由于始终缺乏一种自然演化的稳定态,在被频繁的政策事件扰动的情境中,中国高等教育与经济领域情形相似,在宏观的体制运行与中观的组织治理层面都有其特殊性。但这并不意味着我们的高等教育可以超越于一般性的活动规律或者说本质特征,如知识创新以及人才成长规律等。因此,植根于中国特殊土壤的理论研究,在跨域性的理论丛林中,犹如一片被移植而来的红枫林,既有源自共同基因的相对稳定性状,又有其与环境相适应的某些特殊表现形态,如生长状态、凝红流金的景致可能存在差异。不过,这种表现形态更多反映为生态系统与群落层次上的差别,而非物种意义上的例外。也正因为理论研究所具有的这种品质,它才构成了我们与国际同行沟通与对话的基础,也是为国际高等教育贡献知识与智慧的凭依。

作为一个建制化的学科,高等教育学历史短暂。因此,长期以来,高等教育理论研究,无论在理论溯源、视角选择方面,还是知识框架上,受基础教育领域的理论思潮与研究取向影响至深。但回顾历史就会发现,体制化的基础教育晚于大学的兴起,如今基础教育领域众多教学形式与方法的探索和实践也往往始于大学,如论辩、讨论、实验和观摩等。即使是基础教育领域的各种理论思潮与技术潮流,也往往最先发端于大学。相对于基础教育,高等教育活动更具有个体探索、行动在先和自下而上的特征,虽然它也难免带有外控与人为设计的特征,但它更具组织与行动者自我设计取向,大学的历史基因更为久远也相对更为顽固,每一次突变都没有彻底颠覆它的基本性状。这些特征无疑为我们寻求其相对稳定的客观属性与变易的受动属性提供了先天的优势。譬如,如何理解不同学科与专业生成与演变的轨迹,以及教与学活动的规律,如何理解组织特有属性及其运行逻辑,如何解释它与外部环境与文化以及各种社会力量之间带有顺应而又抗拒的关系,如何理解学人成长与职业发展轨迹,等等。高等教育学有待确证的基础性问题实在太多,需要探索的不确定性问题更多,它给我们提供了无限的空间与可能。而所有这些问题的探究,不仅难以从基础教育理论中获得启发,而且也远超出了基础教育的学科逻辑体系与框架。因此,高等教育学无疑具有特殊性。如何跳出一般教育学科的既有樊篱,建构一个包容性更强的多学科高等教育学知识逻辑和体系,需要我们做更多基础性、专业性且具有开拓性的思考与探索。

　　总之，倡导基础理论研究与带有学理性探究的现实问题研究，是高等教育学专业委员会的使命所在，唯有通过理论取向的学术探究与人才培育，我们才能立足扎实的理论基础与学术素养去回应现实高等教育发展中应接不暇的问题。理论固然需要服务于实践，但更需要我们以独立的精神、专业的态度、严谨的学风、开放的视野和谦逊的风格去观察和参与实践，理性地面对实践中可能存在的躁动。既不做旁观清谈者，也不做随波逐流者，努力以有深度有价值、有科学精神有人文情怀、有现实关注有未来视域的研究，为中国高等教育改革与发展贡献智慧。

　　正是出自上述初衷，中国高等教育学会高等教育学专业委员会与南京师范大学出版社，联合推出了"当代高等教育研究新视野丛书"学术专著出版计划。该丛书面向国内高等教育专业研究者，不拘泥于特定选题，尊重每位学者的兴趣和专长，期待以众说荟萃、集体亮相的形式，呈现当下我国高等教育理论研究的整体状貌。该出版计划将始终保持开放性，不断吸纳国内资深和新锐学者的最新研究成果，希望它不仅能成为一览高等教育学理论景致的窗口，为该学科的持续探赜索隐、钩深致远提供些许幽微之光，而且也能够从中感受到中国高等教育研究始终与时代变革气息相通的脉动。其中有热切的呼应，也有冷静的慎思，有面向未来远景的思索探问，也有洞鉴古今史海的爬梳钩沉。不同主题纷呈，个性风格迥异，从而构成一个多姿多彩、供读者各取所需的学术专著系列。

　　最后，高等教育学专业委员会特别感谢南京师范大学出版社所给予的慷慨支持与悉心指导，出版社在丛书的策划、编辑、出版和发行等方面投入了巨大的精力，也为编委会的组建、著者的遴选、成员之间的沟通等各项工作的有序展开提供了便利条件。

"当代高等教育研究新视野丛书"编委会
中国高等教育学会高等教育学专业委员会
二〇二二年十二月

目　录

引　言

我们如果从不同的视角观察,那么可以对时代做出不同的诊断。不过,一个时代的精神虽有不同侧面,但时代本身不会因诊断的不同而不同。从技术或社会变迁看,我们时代是一个加速的时代;从研究方法或思维方式看,我们时代又是一个测量的时代。实质上,"加速"与"测量"是同一事物的两个方面,也是同一时代的两副面孔。"加速"的动机强化了对于"测量"的需要,"测量"的结果则驱动了"加速"不断"再加速"。具体而言:一方面,自工业革命以来,科技的进步驱动社会发展不断加速、不断变动,现代社会开始出现了一种"不进则退"的思维方式和价值观,以至于任何事物都以"量"为基准在追求提升;①另一方面,为了不断提升生产和管理的效率,工业革命的主旋律便是"数目字的雪崩"②。结果就是,加速的价值观、加速进步的技术与测量偏好相互驱动,使我们时代成为加速时代,亦使现代社会演化为加速社会。

一、"测量"驱动"加速"

作为对时代精神的某种回应,17 世纪时,英国古典政治经济学之父威

---

① 哈特穆特·罗萨.新异化的诞生:社会加速批判理论大纲[M].郑作彧,译.上海:上海人民出版社,2018:译者前言 19.

② 伊恩·哈金.驯服偶然[M].刘钢,译.北京:商务印书馆,2015:8.

廉·配第出版了《政治算术》一书,首次提出了要用数量方法来研究社会经济问题,这标志着统计学的诞生。18世纪时,伏尔泰认为:"统计学就是一种启蒙,它以客观的、数据证实和推动的认知来反对神话叙事"[①]。此后,在实证主义哲学和测量技术的驱动下,统计学成为推动科学技术进步和社会技术创新的"显学"。18世纪以来,在西方的学术界,无论是哲学家还是科学家,如康德、卢梭、孔多塞、孔德、穆勒、斯宾塞等,都对经由统计学发现的概率和规律现象感到痴迷和亢奋。首创"社会学"一词的孔德认为,人类所有的行为都是由"一种像万有引力一样确定的法则"预先决定的。因此,政治需要被提升到"观测科学的级别",且不需要道德反思。就像天文学家、物理学家、化学家和生理学家"既不欣赏也不批评他们各自的现象"一样,社会科学家的作用也只是"观察"这些支配人类行为的规律,并有目的地遵守它们。[②] 与之相应,在实践中"靠数字来管理"也成为工业革命和现代化进程中的一种"时尚"。其结果是,"19世纪上半叶产生了一个正在数目字化的世界,这个世界的每个角落都在被测量"[③]。到19世纪末,实证方法成了(社会)科学的基本准则。法国社会学教授涂尔干就认为:"把社会事实看作事物,是一条最重要也最基本的规则……像对待事物一样对待各种现象就是把它们看作数据,这一点构成了科学的起点。"[④]进入20世纪,伴随社会变迁和生活节奏的不断加快,量化从一种工具或手段变成了现代人的一种推理或思维方式,诱使我们将整个生活世界经验主义化或数据化,并倾向于以量化的方式来思维和推理。到20世纪末,一个日益量化的社会逐渐显现。最终,基于信息与控制的循环系统,这种由大数据诱生的绝对认知导致了绝对的无知。[⑤] 社会加速和过度量化开始威

---

① 韩炳哲.精神政治学[M].关玉红,译.北京:中信出版社,2019:78.

② 转引自:杰米·萨斯坎德.算法的力量:人类如何共同生存?[M].李大白,译.北京:北京日报出版社,2022:137.

③ 伊恩·哈金.驯服偶然[M].刘钢,译.北京:商务印书馆,2015:91.

④ 转引自:杰米·萨斯坎德.算法的力量:人类如何共同生存?[M].李大白,译.北京:北京日报出版社,2022:32.

⑤ 韩炳哲.精神政治学[M].关玉红,译.北京:中信出版社,2019:94.

胁人类对美好生活或幸福的创造,并导致了"新异化的诞生"①。究其根本,在由统计数据以及统计规律所给定的认知框架内,"我们忘记了追求经济繁荣是提高生活质量的一种手段,而不是人类努力的唯一目的。我们创造了一维的社会,在这种社会里,判断何时'够了就是够了'的道德标准已经丧失殆尽,整个人类活动已被简化为一系列经济上的计算与测量结果。当'把美的说成是丑的,把丑的说成是美的',当贪婪和嫉妒得到系统地培育之时,必然会造成这样一种状况,'我们可以进行计算,但我们却很快忘记什么东西值得我们去算,为什么值得一算'"②。由此可见,在现代社会中受效率思维和工具理性的驱动,社会生活中短期的策略被认为优先于长远的战略,以量为基准的"快速增长"或"加速发展"成为现代社会诸领域共同追逐的目标,与此同时,发展本身的质量或高质量发展被忽视。

2005 年,受卡尔·波兰尼所创造的短语"大转型"(the Great Transformation)③的启发,一批研究环境史的学者在一次研讨会上提出了"大加速"(the Great Acceleration)的概念,用以描述 20 世纪中叶以来全球环境变化在速度、规模和范围上的显著增长。基于环境史的视角,麦克尼尔和恩格尔克认为:"在地球的历史上,一个崭新的时代已经来临——全新世已告终结,某个新的世代已经开启,是为人类世"④。事实上,"大加速"不仅仅出现在环境领域,而且以不同的形式弥漫于现代社会的所有领域。道理很简单:加速不可能只改变自然环境而不改变其他。马丁·布伯有一句超越时代的智慧名言:"你不能只

---

①　参见:哈特穆特·罗萨.新异化的诞生:社会加速批判理论大纲[M].郑作彧,译.上海:上海人民出版社,2018.

②　菲利普·布朗,休·劳德.资本主义与社会进步:经济全球化及人类社会未来[M].刘榜离,张潮,译.北京:中国社会科学出版社,2006:312.

③　卡尔·波兰尼.大转型:我们时代的政治和经济起源[M].冯钢,刘阳,译.杭州:浙江人民出版社,2010.

④　约翰·R.麦克尼尔,彼得·恩格尔克.大加速:1945 年以来人类世的环境史[M].施雱,译.北京:中信出版社,2021:2.

改变一点而不改变一切。"①而按龚自珍的说法,正所谓"一发不可牵,牵之动全身"。究其根本,驱动加速不断持续的不只是基于测量的现代科学技术的进步,还有现代性本身。"自从第一次工业革命以来,欧洲文化把时间视为一种资源,并将时间与金钱等同齐观。谁能加快生产,谁就能为自己赢得竞争优势,就可以更快地把新产品推向市场并提高销售数量。随着更便捷的运输和更高效的生产创造了歌德所言的'魔鬼加速时代'。"②时至今日,环境领域的"大加速"运动已导致了地质学意义上的"人类世"的来临,现代社会诸领域中的普遍加速也使人类的历史处于了一个全新的时期。③ 不过,无论就生态系统还是社会系统的变迁而言,目前形态下的"大加速"可能无法一直持续下去。究其根本,人性虽有对更快、更高、更强的渴望,但"我们的大脑天生不善于以指数形式思考。我们倾向于以一种直线上升的方式思考正在发生的变化,做不到在事物本身加速时注意到其潜在的变化速率"④。因此,与 19 世纪的"大转型"一样,20 世纪末以来的"大加速"也是人类特定历史进程的独特产物,而非自然的法则或规律,否则刚拉开序幕的"人类世"即便没有毁于自然环境的恶化,也可能因为技术"奇点"的来临而被终结。⑤ 根据道家的辩证法,"反者道之动""物极必反"。我们时代面对量化的苛责与速度的强制,最终可以抑制或打破加速与测量之间循环的只能是加速之后的减速以及对测量本身的反思。

---

① 转引自:理查德·大卫·普雷希特.我们的未来:数字社会乌托邦[M].张冬,译.北京:商务印书馆,2022:28.

② 理查德·大卫·普雷希特.我们的未来:数字社会乌托邦[M].张冬,译.北京:商务印书馆,2022:132-133.

③ 约翰·R.麦克尼尔,彼得·恩格尔克.大加速:1945 年以来人类世的环境史[M].施雯,译.北京:中信出版社,2021:195.

④ 杰米·萨斯坎德.算法的力量:人类如何共同生存?[M].李大白,译.北京:北京日报出版社,2022:12.

⑤ 理查德·大卫·普雷希特.我们的未来:数字社会乌托邦[M].张冬,译.北京:商务印书馆,2022:61.

二、"加速"强化"测量"

本书的书名"加速时代的好大学"受格特·比斯塔《测量时代的好教育》（*Good Education in an Age of Measurement*）启发。比斯塔在该书的序言中曾提及："写作本书的原因之一是我观察到在关于教育的讨论中，'好教育由什么构成'的问题几乎不见了踪影。"[①]与一般教育或基础教育阶段相比，高等教育中"加速"和"过度量化"的问题更加突出，在"时间就是金钱""学到等于赚到""知识创造价值""创新驱动发展""高学历等于高薪酬""高排名等于高竞争""拿钱换绩效"的喧嚣中，不断加大的高等教育投入只是为了在信息技术时代，更好地为青少年的就业和创业做好知识和学历准备，而不是让更多的年轻人有能力过上充实的生活，[②]什么是"高等的教育"和"好大学"被利益相关者所忽视。"因为在今天人们都觉得，社会是否发展，似乎完全可以去看，而且就只去看技术是否有所进步。换句话说，关于公平正义的问题，以及关于理性社会、关于能让人过上美好生活的社会等'丰满理想'问题，被认为在面对'骨感现实'时只能变成次要问题。"[③]结果就是，在一个目的合理性和功能理性（functional rationality）逐渐居于支配地位、价值合理性和实质理性（substantive rationality）愈来愈被认为不理性或不合理的时代里，与对"世界一流"大学的高排名的渴望相比，对"高等的教育"和"好大学"的追求渐渐变成了次要的或不重要的问题。实践中，受结果主义和绩效主义的影响，政府、企业以及其他社会组织，也包括学生和家长，更加关注的是大学在全国以及

---

①　格特·比斯塔.测量时代的好教育：伦理、政治和民主的维度[M].张立平，韩亚菲，译.北京：北京师范大学出版社，2019：3.

②　理查德·大卫·普雷希特.我们的未来：数字社会乌托邦[M].张冬，译.北京：商务印书馆，2022：135.

③　汉斯·约阿斯，沃尔夫冈·克诺伯.社会理论二十讲[M].郑作彧，译.上海：上海人民出版社，2021：200.

全球排名中的位次,而不是高等教育的品质。作为一种精神政治的工具,排名已经成为大学无法摆脱的影子("光环"抑或"阴影")。在各种量化的排名系统中,基于统计的规律,"大数据可以预测人的行为,未来也就因此变得可预测、可控制。数字化精神政治学将对自由判断的否定转化成对客观情况的确证。人本身认定自己是可量化、可测量、可操控的客观生物。自由虽然不属于客观事物,却比人更加通透。大数据宣告了人和自由意志的终结"①。最终,在凡事追求"可测"和"可比"的加速社会里,为了能够在追逐世界一流的学术锦标赛和全球排名游戏中抢占有利的位次,各种各样的世界大学排行榜被神圣化或权威化,成为政府投资高等教育的政策工具和大学自我优化的治理工具。一年一度的全球大学排名犹如高等教育领域的"奥运会",诱使越来越多的高校踏上追求"更快、更高、更强"的竞优之路。②

19世纪,马克思在《资本论》中论及商品"拜物教"(fetishism),并以此阐明了在以私有制为基础的商品经济中,人与人的社会关系被物与物的关系所掩盖,从而使商品具有一种神秘的属性,似乎它具有决定商品生产者命运的神秘力量。③ 与资本主义社会早期商品"拜物教"对于"物"的癖好类似,我们时代也存在着"速度崇拜"。基于对速度的崇拜,数目字本身也成为一种被崇拜物。与兴起于17世纪的统计学不同,在21世纪大数据或数据主义正在成为一种新的宗教信仰或某种神秘的力量,似乎一切事物的价值或有价值的事物都可以通过定量分析清楚地统计出来,并可基于统计推理发现某种相关性或因果律,以预测人生或社会的未来。如赫拉利所言:"在18世纪,人文主义从以神为中心的世界观走向以人为中心,把神推到了一旁。而在21世纪,数据主义则可能从以人为中心走向以数据为中心,把人推到一边。"④回溯人类

---

① 韩炳哲.精神政治学[M].关玉红,译.北京:中信出版社,2019:16.
② 玛丽亚·优德科维奇,菲利普·阿特巴赫,劳拉·E.朗布利.全球大学排名游戏:变革中的高等教育政策、实践与学术生活[M].苗耘,马春梅,王琪,译.上海:上海交通大学出版社,2021:1.
③ 卡尔·马克思.资本论[M].曾令先,卞彬,金永,译.南京:江苏人民出版社,2013.
④ 尤瓦尔·赫拉利.未来简史[M].林俊宏,译.北京:中信出版社,2017:354.

历史,在 19 世纪上半叶时,人们还只是认识到,"数目字是自在的。能用它们干什么呢? 它们曾被认为是立法的指导。有统计定律的新理念,但几乎没有任何统计推理。人们可以得出结论,认为法国人比英国人更具有自杀的倾向。法国学者盖雷可以发明(他差不多没有意识到)等级统计学,从而坚称改善的教育状况与犯罪率并行不悖。但几乎无人意识到一种新形式的推理方式正在形成之中"①。20 世纪以降,伴随着统计学、概率论,尤其是信息技术和计算社会科学的加速发展,在"数据为王""测量主义""代码即权力""算法统治世界"的喧嚣中,一种新的基于统计推理的思维方式和研究范式逐渐形成,并开始在世界范围内主导人类的商业、教育和社会生活。为追寻某种虚无缥缈的确定性,"新派胡扯使用数学、科学和统计语言来制造严谨准确的印象。它们利用数字、统计数据和数据图表粉饰那些可疑的论断,给它们披上了一层合理的外衣"②。2019 年,穆勒在《指标陷阱》(*The Tyranny of Metrics*)一书中将这种基于"数学滥用"的"新形式的推理方式"概括为"指标固恋"或"指标癖"(Metric Fixation),并以此为基础揭示了"指标"为何会成为当下决定人类社会生活的神秘力量——"哪怕面对说明此举效果不佳的证据,仍然有着貌似不可抗拒的压力,要去衡量绩效,公开宣传绩效,并奖励绩效"③。

三、"好大学"需要"镇静"

我们时代的大学对于发展速度和数据主义的追求以及对于指标和测量的癖好相互叠加,使"加速大学"成了"成功大学"的标志,使数目字意义上的

---

① 伊恩·哈金.驯服偶然[M].刘钢,译.北京:商务印书馆,2015:118.
② 卡尔·伯格斯特龙,杰文·韦斯特.拆穿数据胡扯[M].胡小锐,译.北京:中信出版社,2022:前言 XⅧ-XⅨ.
③ 杰瑞·穆勒.指标陷阱:过度量化如何威胁当今的商业、社会和生活[M].闾佳,译.上海:东方出版中心,2020:4.

"世界一流"逐渐成为"好"大学的代名词。① 无论是社会还是政府,对于"世界一流"大学的认知主要依据以全球大学排名为代表的量化评估结果,而量化评估所参照的则主要是那些可以量化的科研指标,几乎不涉及人的精神性和教育的人文性因素。在世界一流大学建设运动中,为了加速实现或达成那些可以量化的科研指标以提升本国大学在各类排行榜上的位次,追求真理和实现人的卓越基本被排除在高等教育改革的核心议题之外。其结果,"高速发展弱化了道德观念:数字第一,思想第二"②。在高等教育评估实践中,全球大学排名或许不乏合理之处,但它还远不是权威,更不是真理,排名结果根本无法揭示大学发展背后的真相,也不符合高等教育内涵式发展的规定性。相反,"以排名论一流"将阻碍高等教育的内涵式发展和高质量发展。实践证明,"对每个个体以及周边所有一切的量化,冲蚀了整个社会的伦理。重要的不再是质量,而是数量。因为数量很容易评估,所以传统对每个个体以质量评价为依据的评估工作现在大多已被淘汰"③。当然,我们时代即便没有基于量化评估的全球大学排名游戏,即便没有政府主导的世界一流大学建设运动,也即便没有新兴研究型大学(加速大学)的兴起,那些研究型的精英大学本身所固有的优绩主义价值观和英才教育制度的弊端也需要深刻反思。桑德尔在他 2020 年出版的新著 *The Tyranny of Merit* 中就对美国以常春藤联盟高校为代表的精英大学不但没有成为社会流动的引擎,反倒造成了社会阶层的固化并由此衍生出"优绩的暴政"或"精英的傲慢"提出了严厉的批评。④

本书以"加速时代"与"量化评估"为核心议题,对于我们时代大学的加速

① 邬大光.什么是"好"大学[J].北京大学教育评论,2018(4):169-182.

② 理查德·大卫·普雷希特.我们的未来:数字社会乌托邦[M].张冬,译.北京:商务印书馆,2022:64.

③ 理查德·大卫·普雷希特.我们的未来:数字社会乌托邦[M].张冬,译.北京:商务印书馆,2022:32.

④ 中译本(台湾版)参见:迈可·桑德尔.成功的反思:混乱世局中,我们必须重新学习的一堂课[M].赖盈满,译.台北:先觉出版股份有限公司,2021.中译本(大陆版)参见:迈克尔·桑德尔.精英的傲慢:好的社会该如何定义成功?[M].曾纪茂,译.北京:中信出版社,2021.

发展及其与量化评估之间的关系进行了深入探究,揭示了量化评估为何不利于高等教育高质量发展以及在加速时代如何成就大学的卓越。在客观上,大学的发展是一个时间漫长、速度缓慢的过程,不符合"游戏"对于时间的规定性,但全球排名系统通过量化思维成功地将复杂的大学评价简化为一个"零和博弈"的游戏。本书指出在全球大学排名游戏中,以排名论一流正在将什么是"好"大学的讨论以及高等教育改革和发展的方向引入歧途,并重申大学的理想是追求真理和实现人的卓越。本质上,数目字管理和量化评估看重的是短期的绩效或"投入—回报",而不是高等教育的可持续发展和创新能力,更无法顾及人性和教育本身的价值,反映了单一财政视角和量化思维对于高等教育改革和发展的束缚。通过持续不断加大经费投入,经由政府的卓越计划(重点建设)和量化评估,我们的确可以驱动部分大学加速发展,极少部分的"加速大学"甚至在短时间内就可以实现在各种排行榜上从"榜上有名"到"名列前茅"的跃迁。但若以自由看待高等教育高质量发展,无论是追求真理还是实现人的卓越,大学都只能矢志不渝地追求,而无法以高排名或其他任何方式提供担保。那些排行榜上的世界一流大学或许具备更优越的追求真理和实现人的卓越的外部条件,但并不必然意味着它们在实践中会追求真理和实现人的卓越。要实现大学的理想抑或在加速时代成就大学的卓越,最关键的还是要明确大学的宗旨和高等教育的目的。

在世界性的学术锦标赛或全球排名游戏中,"世界一流"可以成为极少部分大学追逐的办学目标,但绝不能异化为作为一类组织的大学的根本使命或最高宗旨。我们更不能简单地认为不想成为或不能成为世界一流的大学就不是好大学。在争创世界一流的全球竞争中个别大学的"加速"成功只是特例,并不意味着通则。相反,在全球排名游戏的"对抗性竞争"中,由于"零和博弈"的存在,绝大多数的大学注定不可能成为世界一流。在数字排名中,"算法越来越多地决定了这些排名和排序系统如何发挥作用,选择谁被看到,谁被隐藏,谁入局,谁出局,哪些内容会像病毒一样传播开来,哪些内容注定无人问津"①。在全球排名系统中,由于存在"可见性的不平等",绝大多数的大学是完全不可见的,遑论成为世界一流。问题的更复杂之处还在于,当下我们在理性上不是不知道大学评价的复杂性,也不是不知道量化评价和全球排名游戏的弊端,而是那种基于理性判断的变化缓慢、近乎静止的大学的存在状态和发展范式,无法满足我们时代的人们主观上对于易变的感性刺激的追求。"对学术质量、声誉进行具体化评价的致命诱惑,对于决策者、政府和大学来说太过强烈,他们可能缺乏相关的知识、时间和耐心对大学进行调查,而选择快速地浏览排名网站。"②结果就是,虽然在理性上我们都知道量化评估和全球排名游戏不科学、不可信,但感性上或情绪上又需要量化评估和全球排名游戏提供的数字刺激以满足对于绩效和成就的欲求。"理性常与持久、恒定和规律相伴。它更倾向于稳定的状态。新自由主义经济为了提高生产力,正逐渐消除其延续性,植入更多的易变性,同时推动生产过程的情绪化。强迫提高速度就导致了情绪的独裁。"③在加速时代为了抑制"过速"带来的危害,我们需要能够保持"镇静"的"好"大学,而不是一味"加速"的"竞赛型"大学。所谓"镇静"就意味着给自己"留下时间",给教育"留下时间",让每件事情"得到一段适当的时间"④。无论是对于组织还是个人,也无论是对于自然还是社会,持续的加速都不必然是一种竞争优势,也可能是一种对于生存的威胁。

总之,在"加速"与"测量"主导的时代,基于战略优先于策略的原则,高等教育的高质量发展应着眼于人类长远的共同利益,而非短期的功利目标。为了全球的共同利益,也为了重申大学自身的理想,我们时代的高等教育发展

① 杰米·萨斯坎德.算法的力量:人类如何共同生存?[M].李大白,译.北京:北京日报出版社,2022:229.
② 玛丽亚·优德科维奇,菲利普·阿特巴赫,劳拉·E.朗布利.全球大学排名游戏:变革中的高等教育政策、实践与学术生活[M].苗耘,马春梅,王琪,译.上海:上海交通大学出版社,2021:59.
③ 韩炳哲.精神政治学[M].关玉红,译.北京:中信出版社,2019:62.
④ O.F.博尔诺夫.教育人类学[M].李其龙,等译.上海:华东师范大学出版社,1999:92.

需要从对学术锦标和量化评估的迷思中解放出来,并超越优绩主义和精英主义价值观的束缚。"对决策和解决问题的研究表明,做出好的决策,顺利地解决问题的关键在于对问题进行命名。问题命名涉及把价值、目的和情况联系起来,这个问题恰恰就是妨碍人们目标的问题。当问题被错误地命名时,解决方案通常也是不恰当且无效的。"①在加速时代,基于全球大学排名建设"世界一流"大学可能是一个错误的问题,抑或是对于高等教育问题的错误命名,至少当下大学在全球排名游戏中是不是"世界一流",没有能够暴露出我们时代高等教育改革和发展面临的本质问题。因此,即便建成了基于量化评估的"世界一流"大学也无助于应对我们时代高等教育改革和发展所面临的根本挑战。就高等教育及其发展的本质而言,我们时代需要的是文化意义上的能够保持"镇静"的"好"大学,而非排名意义上的"世界一流"大学。

---

① 罗伯特·J. 斯特兰特.学校教育的戏剧性[M].胡晓岚,译.北京:商务印书馆,2021:93-94.

第一章　加速社会视野中的大学

　　近年来,无论是规模的扩张还是质量的提升,高等教育发展中的一个显著特征就是"加速"。在规模方面,第二次世界大战之后很多国家的高等教育从精英化到大众化和普及化通常需要数十年,但 20 世纪末以来,在 10 年之内实现从精英化到大众化,在 20 年之内实现从大众化到普及化已属正常的现象。"高等教育毛入学率从 5％到 15％,我国用了 9 年时间、美国用了 30 年,英国用了 26 年,日本用了 23 年,德国和澳大利亚用了 10 年;高等教育毛入学率从 15％到 50％,我国用了 17 年时间,美国用了 40 年,德国用了 26 年,英国用了 25 年,澳大利亚用了 22 年,日本用了 20 年。"与之相应,"我国进入高等教育大众化的时间,晚于美国 61 年,晚于英国、日本、澳大利亚 30 年以上;进入高等教育普及化阶段的时间,比美国晚 50 年,比日本晚 30 年,比英国、澳大利亚和德国也要晚 20 多年"[①]。在质量或水平方面,19 世纪和 20 世纪上半叶,一所大学从建立到成为世界知名或一流大学,通常需要半个世纪、上百年或更长的时间,但 20 世纪末,尤其是 21 世纪以来,在建校 20 年,甚至 10 年之内,实现迅速崛起的新兴研究型大学已司空见惯。"得益于政府的重点建设和学术锦标赛的刺激,越来越多的'年轻大学'开始超越那些'老大学',成为世界大学群体

---

① 邬大光.探索高等教育普及化的"大国道路"[J].中国高教研究,2021(2):4.

中的翘楚和新贵。整体上,世界高水平大学呈现出'年轻化'的趋势。我们时代年轻大学的迅速崛起反映了大学的发展正在'加速'"①。对于高等教育发展中的这一显著变化,过去的解释通常关注的是政府的主导以及投入的加大,抑或是大学排行榜的推波助澜。② 这些因素都很重要,但可能都不是根本原因。最根本的原因可能还在于时代精神和时间结构的变化。大学是时代的产物,不同时代大学会有不同的发展范式,也会有不同的发展速度。究其根本,社会变革的速度不同,大学发展的"时间尺度"也会不同。③ 我们时代是一个加速时代,现代社会也日益呈现为加速社会。在大加速背景下,"各种组织必须以不断加速的步伐重新定义自己"④,高等教育或大学加速发展属于"正常"现象。事实上,只要我们稍微扩大视野就可以发现,不只是中国,其他国家的高等教育和大学的发展也在加速;也不只是高等教育,其他领域的发展也都在加速。因此,只有理解了现代社会中"加速"的本质以及时间结构的变化,我们才能正确理解与应对高等教育和大学的加速发展。对于大学而言,过去已经成为历史,未来尚不确定,最为重要的是现在。由于社会的不断加速,"现在"正在萎缩或坍塌,努力与新的时间结构保持同步性,为尚不存在的社会培养"未来人",以适应"下一个社会"可能发生的不确定性变化,正在成为加速社会中大学的新使命。

第一节　加速社会的形成

　　物理学意义上,时间是匀速的,不会加速也不会减速,但社会学意义上,

---

① 王建华.论世界高水平大学的"年轻化"[J].教育发展研究,2020(5):48.
② 王建华.教育计划、量化评估与一流大学[J].江苏高教,2021(3):1-8.
③ 王建华.加速时代如何成就大学的卓越[J].江苏高教,2020(4):9.
④ 托马斯·弗里德曼.谢谢你迟到[M].符荆捷,朱映臻,崔艺,译.长沙:湖南科学技术出版社,2018:168.

时间有时快、有时慢。在农业社会,人类的生活节奏慢,社会的变迁慢,交通与通信困难,人的一生可能就生活在一个相对不变的环境中,时间就像静止一样,随时可以重新开始,循环往复似乎永远也用不完。工业革命以后,随着科学技术的进步,社会变迁加剧,生活节奏加快,时间变得愈来愈稀缺,也因稀缺性而变得愈来愈珍贵。曾经是敌意的、腐蚀性的时间现在变得友善且富有创造性:把贺拉斯的"为什么不减少时光"与培根的"真理是时间的女儿"做一比照就可以看出这种情况。① 进入 21 世纪,信息技术的进步加速了时间结构的变化。在技术进步与生产力的博弈中,各行业和领域均被工业化的逻辑所俘获,不同岗位上"工业人"单位时间内需要完成的事情显著增加,人类的生活节奏不断加速,社会变迁的速度不断加快。在不断加速的社会里,"速度代表进步和成功,而慢下来则无异于遭受失败和亏损"②。当前在技术进步、制度变迁以及社会心理期待的共同作用下,"加速文化"正在形成。为避免在速度的竞争中被淘汰,"大加速"成为现代社会不可避免的趋势,同时也是现代人主动的理性的选择。

从某种意义上说,现代性的本质就是速度。对于加速的追求,既是社会发展的趋势,也是人性的一部分。从古至今,"更快"一直是驱动人类社会进步的不竭动力。从传统社会向现代社会的转型开启了社会加速的通道。随着与加速相匹配的技术、制度、文化与心理条件的成熟,一个以加速为基本特征的社会正在形成。在以加速为驱动的社会中,速度的不断加快成为一种带有强制性的规律。无论是喜欢还是不喜欢,赞成还是反对,速度的加快都不可避免。在加速仅限于技术领域时,还有人认为是否加速的选择权最终掌握在人的手中,人类可以选择是否使用某项技术。但社会发展中,技术从来都不是孤立的,而是镶嵌在社会结构之中。没有与技术相匹配的价值观和制度

---

① E. H. 卡尔.历史是什么? [M].陈恒,译.北京:商务印书馆,2007:214.
② 罗伯特·科尔维尔.大加速:为什么我们的生活越来越快? [M].张佩,译.北京:北京联合出版公司,2018:序 V.

体系,技术的加速进步是不可能的,而一旦技术实现了不断加速,也就意味着在加速这个问题上,技术、制度与文化、心理已经构成一个相互促进的自足的系统。换言之,在加速社会中,加速本身在驱动着不断加速,而不是其他的外力在驱动加速。此时,加速与不加速的主动权已不在于某个人、某个组织或某个国家,无论是个人、组织还是国家,要么是适应加速,要么是被速度所淘汰。"那些不善于对加速做出反应的人或机构会深受其苦,而那些愿意并且(尤其重要的是)能够适应这种加速的人或机构,会从能提高他们的思维能力和行动速度的那些运行速度更快的设备、更强化的生物技术中获得巨大的收益。"①

按罗萨的说法:"现代社会作为'加速社会'可以理解为,在这样的社会中存在着两种加速形式的——技术的加速和由于时间资源的短缺而导致的生活节奏提高——(以结构和文化为前提的)相互连接,并且因此也存在着增长和加速。"②对于加速社会的形成,表面上看,是技术的加速驱动了社会的加速,但实质上技术加速的背后是现代性对于进步与变化的观念以及市场经济的体制在驱动。如果没有线性时间和进步主义的现代性规划,如果没有全球化的市场经济框架,就不会有科学技术和工业革命的快速推进,也不会导致社会变化的不断加速,更不会有加速社会的形成。"技术加速本身是文化、经济和社会结构的前提条件所带来的结果,而且技术加速对主体性的形式和团体的形式具有巨大的影响这个事实,也并不意味着它能够决定它们。对于空间与时间感知和概念化的改变、技术革新在这些变化中的运行方式以及与这些变化相处的方式,它们之间是相互影响、互为条件的。"③由此可见,首先

---

① 罗伯特·科尔维尔.大加速:为什么我们的生活越来越快?[M].张佩,译.北京:北京联合出版公司,2018:序X.
② 哈尔特穆特·罗萨.加速:现代社会中时间结构的改变[M].董璐,译.北京:北京大学出版社,2015:83.
③ 哈尔特穆特·罗萨.加速:现代社会中时间结构的改变[M].董璐,译.北京:北京大学出版社,2015:115.

是现代社会"加速"的观念和市场经济的体制驱动了技术的加速,然后技术的加速在经济全球化的制度框架下进一步驱动了时间结构的改变,进而引发社会结构、人的行为规范结构和认知结构等的变化,从而将现代社会塑造为一个以加速为基本原则的社会,即加速社会。

某种意义上,"加速"之所以成为现代社会的基本原则,抑或现代社会之所以会成为"加速社会",就意味着加速的存在不是孤立的而是系统的,甚至加速本身已经成为一种文化。具体而言,现代社会中变化速率的加快使得态度和价值,时尚和生活风格,社会关系与义务,团体、阶级、环境、社会语汇、实践和惯习的形式,都在以持续增加的速率发生改变。① 在加速社会里,加速既是目的,也是手段;加速不但是社会变化的方式,也是社会变化的动力,更是社会发展所追求的一种目标。为了实现技术和社会的不断加速,"加速的动态力量根据它的进一步发展的要求要自己创造它所需要的制度和实践形式,并且在实现这个目标后,又会通过它自己使之成为可能的速度极限去毁掉这些制度和实践形式。从这个角度来看,并不是生产力的发现(尽管它与加速动力密切相连),而是速度的加快令人惊讶地表现为(现代的)历史的真正的驱动力"②。由此可见,加速不只是被动的或"被加速",加速本身也可能是"历史的主体",也会实现再生产。换言之,加速本身会持续地造就有利于加速的制度环境,以有利于加速的再加速,即"加速成为自我加强的'反馈系统'"③。

长期以来,在不同的社会理论中现代社会呈现为不同的样态,比如"风险社会""知识社会""信息社会""消费社会""景观社会""网络社会""智能社会""电子社会"等等。客观而言,无论是"风险""知识""信息""消费""景观",还

---

① 哈特穆特·罗萨.新异化的诞生:社会加速批判理论大纲[M].郑作彧,译.上海:上海人民出版社,2018:16.
② 哈尔特穆特·罗萨.加速:现代社会中时间结构的改变[M].董璐,译.北京:北京大学出版社,2015:111.
③ 哈尔特穆特·罗萨.加速:现代社会中时间结构的改变[M].董璐,译.北京:北京大学出版社,2015:179.

是"网络""智能""电子"等,都揭示了现代社会的某一方面的显著特征,但又都不是现代社会的本质特征。按康纳德的说法:"现代性就是时间的加速。"①因此,从时间的角度切入,现代社会的本质就是时间节奏的加快。整个现代化的过程就是一个社会发展不断"加速"的过程。20世纪80年代以来,随着信息技术按照摩尔定律快速进步,加速成为现代社会的主导性原则。为了与技术加速所导致的新的加速文化相适应,时间结构在社会结构中开始占据越来越重要的地位,并重塑了人的行为结构、认知结构和人格结构。在此背景下,"几乎所有的社会现象都可以'在时间上重构',也就是对社会现象以时间为视角进行重新描述"②。在加速社会中,从时间的视角对社会现象进行重新描述的目的不是为了有意突出时间因素之于社会现象的重要性,也不是简单地将时间作为解释一切社会现象的唯一原因,而是通过澄清时间结构在社会现象发生发展中的客观影响,让那些原本"去时间化"的社会理论和实践恢复其原本应有的时间意蕴。究其根本,在一个加速原则占主导地位的社会里,如果不将时间维度放在明确而中心的位置进行考虑的话,那么就无法从社会理论的角度理解现代社会中社会实践、机构以及个体的自身关系当中所正在发生的变化。③ 换言之,当下的社会科学研究中,对于时间结构的关注以及对于加速社会的理论建构,不是源于个体的理论兴趣的转向,而是社会实践的现实需要。受社会加速这一客观事实的影响,现代社会中的时间结构已经发生了根本的改变,如果我们时代社会理论的建构继续忽略时间结构因素或依然保持"去时间化",那么这些理论将很难用于解释现实。

与有形的空间相比,时间通常是抽象的;与空间的易变相比,时间通常被

① 哈尔特穆特·罗萨.加速:现代社会中时间结构的改变[M].董璐,译.北京:北京大学出版社,2015:19.
② 哈尔特穆特·罗萨.加速:现代社会中时间结构的改变[M].董璐,译.北京:北京大学出版社,2015:1.
③ 哈尔特穆特·罗萨.加速:现代社会中时间结构的改变[M].董璐,译.北京:北京大学出版社,2015:6.

认为是恒常的。结果就是,社会科学研究中对于空间的关注远多于时间。即便有所关注,时间结构本身作为一个变量也多被视为内生的,而非外生的,基本上不构成影响事物发展的主要因素。事实上,对于任何事物,时间结构都绝不只是一个消极的或可有可无的因素,而是一种积极的力量。时间的结构绝不只是内生变量,也完全可以成为外生变量。某种意义上,"时间就是秩序"①。我们没有发现时间结构的影响并不等于时间作为一个结构性因素没有产生影响。在物理学意义上,时间一直在匀速流逝,无所谓加速还是减速,似乎也没有结构可言;但在社会学意义上,时间结构与社会结构、行为结构、认知结构等密切相关,时间不是客观不变的,而是主观建构的。"在一个社会中存在的时间结构同时也是与认知和规范有关的特性,并且能够深深地将社会的习性根植于个体的人格结构中。"②由于在单位时间内事物发展速度的变化,时间会呈现出不同的结构性特征。与传统社会相比,现代社会就明显呈现出全面"加速"的结构特征。"社会加速最紧迫与最惊人的方面,就是现代(西方)社会那种壮观且广泛散布的'时间匮乏'。现代的社会行动者越来越感觉到自己的时间常常流逝殆尽,他们极度缺乏时间。"③现代化的早期得益于科学技术的不断进步,一开始很多人认为现代社会将成为一个"闲暇社会"。结果事与愿违,技术的进步在解放部分劳动力的同时也制造了需要更多时间来处理的事务。由于加速文化的蔓延,工业社会中"忙碌"取代"闲暇"成为现代人最普遍的生存状态。当然,和人类所遭遇的其他深度变革一样,加速也只是放大了人类的时间匮乏感,并未造就一个全新的境遇。"它只是放大了人类永恒境遇,以至于我们无法忽视。"④由于受"必死性"约束,对于个

---

① 道格拉斯·格林伯格,斯坦利·N. 卡茨. 学问生涯[M].吕大年,等译.杭州:浙江大学出版社,2018:197.
② 哈尔特穆特·罗萨.加速:现代社会中时间结构的改变[M].董璐,译.北京:北京大学出版社,2015:9.
③ 哈特穆特·罗萨.新异化的诞生:社会加速批判理论大纲[M].郑作彧,译.上海:上海人民出版社,2018:21.
④ C. S. 路易斯.荣耀之重:暨其他演讲[M].邓军海,译注.上海:华东师范大学出版社,2016:39.

人而言,时间始终是匮乏的,真正的闲暇过去从未有过,现在没有,将来也不会有。事实上,自农业社会以来,人类始终生存在时间匮乏的压力之下。与忙碌相比,闲暇从来不是人类社会生存和发展的必要条件。"即便在我们认为最为平静的时期,也充满危机、惶恐、困境及突发事件。"①在某种意义上,也正因为闲暇从未真正来临,人类对于忙碌并非完全没有准备,加速本身也并非致命的威胁。明白这一点会更有利于人类应对加速社会的挑战和社会加速的冲击。

　　加速对于社会的影响是系统性的,而不仅仅是某些领域速度的加快。就像铁路和打字机的出现,并不是原有的社会里多了几条铁路和一些打字机,而是基于人的价值观的变化催生了一个全新的社会。在以加速为基本特征的社会里,时间成为一种稀缺资源,速度成为一种统治力。此时,只有以更快的速度才能在更短的时间内获得更大的收益,才能维持一种近乎垄断性的竞争优势。人类社会中不同领域对于速度的偏好不同。加速对于各个领域的影响也大不相同。大加速在成就一些领域的同时也会摧毁另一些领域。经济领域,尤其是信息产业领域是速度的宠儿。信息技术的加速进步成就了全球范围内庞大的信息产业,无数信息产业领域的高科技公司以前所未有的速度成长为世界级的大企业。与经济领域不同,政治、文化、教育、科技等领域,面对信息技术带来的速度的冲击无法快速适应,从而引发了一些社会问题,比如政治的平庸化、文化的快餐化、教育的竞技化、科技的市场化等。我们无法期待一个社会的所有领域都均匀地从技术的加速中受益,就像我们无法期待一个国家的所有地区或所有行业完全均衡发展一样。面对地区间和行业间发展的不均衡,政府可以通过转移支付和交叉补贴等手段来维持和推动共同发展,以实现共同富裕。同样,面对社会加速带来的机遇和好处的不均衡,懂得如何削减变化的最差后果,拥抱变化的最佳效果,力争成为引导大加速

---

① C. S. 路易斯.荣耀之重:暨其他演讲[M].邓军海,译注.上海:华东师范大学出版社,2016:40.

的主人,免于沦为受困于大加速的奴隶[①]也至关重要。通过适当的策略,加速在一些领域创造出的超额价值可以用来弥补其对于另一些领域造成的冲击,为这些领域适应社会加速赢得更多的时间。需要注意的是,所谓"适应加速"并不是迷信加速,更不是利用加速的不可避免人为地制造社会焦虑。"一味的忙碌不会产生新事物。它只会重复或加速业已存在的事物。"[②]当前社会加速之所以给各个领域带来普遍的焦虑和内卷,关键就在于现有社会规则过度强调输赢,并信奉"赢者通吃"。借鉴美国学者卡斯的有限游戏与无限游戏的概念,社会焦虑的根源在于游戏的时间和次数的有限。"对有限游戏的参与者来说,自由是时间的一个变量,我们必须拥有时间,才能拥有自由。对无限游戏的参与者来说,时间是自由的一个变量,我们自由地拥有时间。有限游戏的参与者将游戏投入时间,无限游戏的参与者将时间投入游戏。"[③]由此可见,适应加速的关键是找到应对加速的正确策略,而不一定是"以快制快"。面对前所未有的且不可避免的加速,人类需要以冷静的心态,积极调整认知范式并利用先进的技术手段,尽快适应加速变化的社会现实。

现代以降,社会的加速一直是客观的,但对于加速的态度则是主观的。不同人有不同的看法。马克思认为:"资产阶级在他们的不到一个世纪的阶级统治中,创造了比过去所有世代总和还要更多、更庞大的生产力。"[④]马克·泰勒则认为,"速度会杀人"。"现在连加速度本身都在加速,个人、社会、经济,甚至自然环境都接近崩溃。"[⑤]由此可见,不同的时代,甚至同一个时代的

① 罗伯特·科尔维尔.大加速:为什么我们的生活越来越快?[M].张佩,译.北京:北京联合出版公司,2018:序Ⅺ.
② 韩炳哲.倦怠社会[M].王一力,译.北京:中信出版社,2019:23.
③ 詹姆斯·卡斯.有限与无限的游戏:一个哲学家眼中的竞技世界[M].马小悟,余倩,译.北京:电子工业出版社,2019:121.
④ 转引自:哈尔特穆特·罗萨.加速:现代社会中时间结构的改变[M].董璐,译.北京:北京大学出版社,2015:60.
⑤ 转引自:玛吉·伯格,芭芭拉·西伯.慢教授[M].田雷,译.桂林:广西师范大学出版社,2020:18.

人基于不同的认知框架,对于加速这一社会事实,会呈现出不同的态度。概括而言,一种态度是适应,另一种态度是抵制。根本的分歧在于,加速是否总是好的,抑或是否总是值得的。认为加速是进步的表现的主张积极适应社会的加速。"控制方向的唯一办法就是努力划桨,与技术、全球化以及环境的变化保持相同的速度,甚至比它们更快。"① 认为加速是现代性的一种"社会病"的则会倡导"慢生活",主张"以慢制胜"。实践中,不同主体对于加速的不同态度与加速的事实之间会相互建构与再建构,从而使得社会中加速的事实与减速的现象同时并存。"加速和现代化之间有着很深的联系而且错综复杂,而速度提高的后果是多种多样的并且相互矛盾"。"变革和停滞这对矛盾即将同时出现"。② 在社会加速过程中,对于速度本身的矛盾态度并不奇怪,也不可怕,现代社会中任何可以称之为趋势的东西都会存在与之相反甚至是完全相反的事实。因为,矛盾性原本就是现代性的一部分。③ 我们需要弄清楚的是,我们时代什么是支配现代社会发展的主导性原则,并学会如何在充满矛盾的加速社会中幸福地生活。客观而言,和其他曾经起过主导性作用的原则一样,加速本身并非全部有益,也并非全部无益,关键是要看我们为了加速而承担的代价是否大于收益,抑或加速最终是否有利于人类实现美好社会和美好生活的目标。如贝尔所言:"人们常说我们正处于一个加速变化的时代。然而,变化的是什么? 衡量的对象又是什么? 谈论'变化'本身毫无意义,因为我们不得不追问:改变的是什么? 假如回答'一切'都在改变,那说明不了任何问题。"④ 无论何时何地,对个人而言,幸福或美好生活是终极的目标;对于人类而言,美好社会则是终极的目标。现在的关键问题是,加速社会是不是

————————

①　托马斯·弗里德曼.谢谢你迟到[M].符荆捷,朱映臻,崔艺,译.长沙:湖南科学技术出版社,2018:179.

②　哈尔特穆特·罗萨.加速:现代社会中时间结构的改变[M].董璐,译.北京:北京大学出版社,2015:59.

③　齐格蒙特·鲍曼.现代性与矛盾性[M].邵迎生,译.北京:商务印书馆,2003.

④　丹尼尔·贝尔.后工业社会的来临[M].高铦,等译.南昌:江西人民出版社,2018:序62.

一个美好社会,加速社会本身能不能为个人提供美好生活。如果加速只是为主体提供美好生活和美好社会的一种期待或幻象,却又让主体必然无法真的实现美好生活和美好社会,那将是非常糟糕的境况。现在加速社会尚在形成之中,至于成熟的加速社会是否是美好社会,能否成就人类的美好生活仍然需要等待和观察,同时也需要我们去创造。究其根本,"人类的很多事务没有决定论、因果律和必然性,更多的是互动论、是挑战与回应,充满或然性"①。当前技术和社会的加速已经不可避免,不过在技术和社会加速过程中,美好生活和美好社会不会自动到来,而是需要我们去创造。因此,"问题的关键并非我们将怎样生活,而是我们想要怎样生活"②。毕竟,除了"大加速"这一主导性原则之外,加速社会的其他性质都是需要建构的,而不是注定的,一个好的加速社会的形成需要我们充分利用加速带来的优势并尽可能克服加速自身的缺点。

第二节　社会加速对大学的影响

加速是趋势并不意味着加速不会带来负面的影响。相反,加速有许多显而易见的副作用。比如,加速所导致的时间资源稀缺会缩小我们的视野,使我们过度关注当下,影响我们对于未来的判断,并失去那种需要长时间积累的原始创新能力;加速还会使传统的价值观和生态系统崩溃,并影响人的心理健康。③ 社会发展中任何趋势总是利弊相伴,我们需要辨别应对策略是利大于弊还是弊大于利,抑或利弊相当。当下加速社会正在形成,对于加速可

---

① 涂又光.教育哲学课堂实录[M].雷洪德,整理.武汉:华中科技大学出版社,2020:53.
② 理查德·大卫·普雷希特.我们的未来:数字社会乌托邦[M].张冬,译.北京:商务印书馆,2022:3.
③ 罗伯特·科尔维尔.大加速:为什么我们的生活越来越快?[M].张佩,译.北京:北京联合出版公司,2018:46-48.

能带来的后果也有不同的价值判断。一种是积极肯定,甚至无视其缺点;一种是完全否定,甚至无视其优势;还有一种是"无所谓"的态度,不认为加速会对人类社会的发展有根本性的影响。考虑到社会加速已经并正在对我们的生活产生越来越显著的影响,那种"无所谓"的态度所暴露出的"鸵鸟心态"首先需要排除。至于乐观主义和悲观主义,任何极端的取向都是非理性的,只有在二者之间人类才能找到应对加速的良方。所谓"在乐观与悲观之间"就意味着在看到社会加速带来的好处的同时不能忘记加速本身也可能带来意料之外的非企及的不好的东西;同样,在批判社会加速带来的问题的同时也要看到加速本身不但为解决加速带来的新问题也为解决那些不是因为加速带来的老问题提供了新的可能。在加速本身仍将不断加速的时代,适度的批判或许可以起到警醒的作用,但对客观事实的过度的抱怨绝对于事无补。"我们迫切所需的不是放慢速度,而是形成恰当的应对策略"①。所谓"恰当的应对策略"主要是要改革那些可能和正在阻碍加速的制度安排,尤其是科层式的等级结构,而不是尝试为加速设置更多的"减速带"。我们时代对于加速最大的约束来自科层式的组织结构。作为工业化和现代化的一部分,现代社会中几乎所有的组织都是科层化的。科层化的组织结构初衷也是为了提高组织效率。在工业社会中,科层化的工厂、学校和政府得益于对信息的有效管理和垄断,大幅提高了生产效率。但信息技术的进步削弱甚至颠覆了科层组织在信息管理上的相对优势,无论是对于企业、政府还是对于学校,其传统的自上而下的等级结构延缓或阻碍了信息的快速流动,使这些组织在加速社会里显得过于保守或跟不上时代。那些工业社会中因为规模庞大而具有竞争优势的组织在信息社会中正在丧失原有的效率优势,并因为反应的迟缓而面临社会加速所带来的挑战。同时,那些适应加速社会的小规模的高度信息化的组织正在崛起,成为时代的新宠。

---

① 罗伯特·科尔维尔.大加速:为什么我们的生活越来越快?[M].张佩,译.北京:北京联合出版公司,2018:70.

　　伴随时间结构的变化,现代社会整体上在不断加速,但受政治、经济、文化等因素影响,社会不同领域变化的速度是不同的。在科学技术领域,受市场的驱动加速会很快。然而,受传统价值观和制度惰性的影响,政治、文化与教育等领域较之科技领域,变化则相对缓慢。换言之,在加速社会中不同领域在加速方面存在着非同步性。当然,这种非同步性绝不是今天才有的,而是社会发展中固有的。过去对于这种相对缓慢的变化,人们称之为"保守"。对于不同领域的事物,"保守"既可能是一种需要克服的缺点,也有可能是一种需要保护的特质或优势。长期以来,大学的保守性就被视为大学的组织特性而加以保护,其"象牙塔"气质甚至被誉为一种智识组织的美德。近年来,随着教育与经济的全球化,以及信息技术进步和"加速文化"的强势兴起,学术界的"慢文化"愈来愈受质疑。从现代社会中时间结构的变迁看,随着社会的不断加速,无论是大学还是其他社会组织一旦无法跟上"时间的步伐",都有可能被那些加速发展的新兴组织所淘汰。某种意义上,积极适应"加速社会"或"社会的加速"不再是组织发展的"选择题",而是成为"必答题"。究其根本,"以技术加速的基本形式为特征的现代化,同时也一定出现,例如在现代的科层系统和管理体系中的组织流程、决策程序、管理过程和控制过程的加速,这些进程的加速同样也在广义的技术的加速(也就是说通过创新的技术而特意实现的有目的的加速过程)的范畴之内"[①]。就大学发展而言,如果不能迅速建立与加速社会中时间结构相匹配的组织结构、行为结构、认知结构,如果不能以加速为原则更新或重构既有的组织流程、决策程序、管理过程和控制过程,那么在与科学技术、知识经济"非同步化"发展的过程中将难以保持中心地位或逐渐被边缘化。

　　作为现代社会的"工作母机",当前高等教育的发展深受加速原则的影响。作为加速的一种最直观的反映,无论是新大学的建立还是旧大学的改

---

　　① 哈尔特穆特·罗萨.加速:现代社会中时间结构的改变[M].董璐,译.北京:北京大学出版社,2015:89.

造,速度都是重中之重,无论是大学的规模还是科研成果发表的数量也都在急剧增加。在高等教育系统中越是居于顶端的机构越是处在加速的状态。"科学讨论已经都在失控地、狂热地追求更多的出版、会议、研究经费了。这种情况下,所谓的成功已经不在于或几乎不在于有没有提出什么强而有力的论点,而是只去看论文发表量的多寡而已。"①为了在激烈的声誉和资源竞争中占据有利地位,那些以建成世界一流为目标的高等教育机构深度卷入生源竞争、师资竞争、经费竞争和学术发表竞争中。在每一种竞争中,占据优势的学校总是努力录取更多、更好的学生,吸引更多、更优秀的师资,获得更多、更方便使用的经费,发表更多、更大影响力的论文。作为速度竞争的必然结果,大学的规模不断增大,毕业生不断增多;每一所大学所耗费的办学经费也越来越多,召开的学术会议、发表的学术论文也显著地增加。伴随着这些量化指标的快速变化,大学自身的办学实力也在加速变化,新兴研究型大学的排名不断提高。但实质上,在特定时期内受卓越人才总量的限制,无论是一个国家高等教育发展的整体水平,还是某一所大学的办学水平的提升都远没有数据变化所呈现的那么突出。即便是当前那些因为"加速"进步而引起广泛关注的新兴研究型大学,其成功也主要集中在各类排行榜上的高排名所带来的社会声誉或名气,这些大学对于人才培养、科学研究以及社会服务的实质性贡献抑或对于全球共同利益的促进是否像排行榜上的名次所显示的那样卓越,还有待观察。

受现代社会中时间结构变化的影响,大学内部的相关活动也在不断加速。为应对社会的加速,大学成员无论是对于大学还是对于学科的忠诚度都在降低,薪酬驱动着大学教师加速流动。"在大学里,一方面,临时的学术劳工越来越多,而另一方面,科研经费本已庞大的规模还在不断膨胀。身处目前的境况,学者所收到的激励信号就是要变成企业家,用经营的方法去处理他们的研究,时刻准备着给他们的资产加杠杆,要尽可能地'人往高处走',而

---

① 哈特穆特·罗萨.新异化的诞生:社会加速批判理论大纲[M].郑作彧,译.上海:上海人民出版社,2018:73.

不是'绑定在'某一所大学。"①受技术加速、社会变化加速以及生活节奏加速的影响,加速本身不仅仅意味着与大学相关的事物变化速度的快慢,还会对大学的性质和目标产生深远影响。"当'快'变得更快,适应得稍微'慢',就会让你变得更慢,并且迷失方向。"②在微观层面上,社会加速对于学生学习成果的影响显著。虽然大学里学生学习时间的总长度是一定的,但在不同的时间结构里教育的效果却是不同的。在高等教育活动中,人的行动和取向会与时间结构相互建构、再建构。在社会变化相对缓慢的时期,大学可以按照高深知识内在的秩序开展教育教学活动。学生接受高等教育就意味着到大学里去学那些最值得学或最具有教育价值的知识。高等教育关注的焦点在于学生学习的深度。高等教育的目的在于通过教与学将那些程序性的和显性的高深知识转化为学生个体的知识,以形成必要的素养或教养。但随着社会变化速度的加快,大学的发展越来越需要与社会的需求进行协调和兼容。社会需要什么,大学就需要想办法教授什么。对于学生而言,为了在各种激烈竞争中获胜就需要在同样的时间里学习更多的课程,获得更高的分数、更多的证书,同时还要参加更多的课外活动,以便在竞争中获得更充分的认可。"个人履历的竞赛,就如同两国之间的核武器竞赛。没有一个国家需要 20 000 颗核弹,除非另外一个国家拥有 19 000 颗。没有人需要 11 项课外活动,除非另外一位学生参加了 10 项课外活动。那么其真正的目的是什么呢? 唯一的答案就是超越他们。我们的孩子的发展就如同长颈鹿的头颈变得越来越长,变得越来越畸形。"③

随着知识创新周期的缩短,高等教育中需要教授以及学生需要学习的内容一直在增多。受时间和精力稀缺性的影响,学生学习的深度就必然降低。对于学生而言,很多课程的知识仅限于考试通过,实际上并不能转化为学生

---

① 玛吉·伯格,芭芭拉·西伯.慢教授[M].田雷,译.桂林:广西师范大学出版社,2020:141.
② 托马斯·弗里德曼.射谢你迟到[M].符荆捷,朱映臻,崔艺,译.长沙:湖南科学技术出版社,2018:28.
③ 威廉·德雷谢维奇.优秀的绵羊[M].林杰,译.北京:九州出版社,2016:34.

的经验,更无法形成素养或教养。"所谓教育,现在已经成为'一种通道,在某个具体的时间段内,从无知走向教化'(就作为通道的教育而言,要尽可能短,尽可能标准化);'教学已经被化约'为'学分和学时';'完成所需的时间'目前已经成为评估教育质量和效率的普遍标准。"[①]不仅是学生,教师的职业发展亦深受社会加速的影响。"在充斥着竞速的全球化时代,自主、弹性的学术生活节奏受到很大影响,大学教师的情感焦虑逐渐成为一种社会症候。"[②]结果就是,在高等教育阶段学生虽然学习了越来越多的课程,参加了更多的课外活动,获得了更多的证书,教师虽然也生产和传播了更多的知识,发表了更多的论著,但实际上教育的效果并不如意,学生和教师的焦虑与日俱增。"我们对自己的职业越是忠诚,越要奉献,那么我们就越能体会到时间压力和煎熬。"[③]高等教育成为学生适应社会加速的一种工具,无法真正发挥"让人成为人"的作用;大学则成了驱动教师专业发展的组织工具,追求真理和实现人的卓越的理想被淡忘。虽然速度本身是人为创造的,但一旦加速成为一种社会事实,并形成一个自足的循环系统,加速本身就不再由人任意支配,相反,人"受到他自己的创造物的束缚,并服从于它们"[④]。在加速社会里,大学以及大学人都会受到时间结构的制约,并按照时间期限的远近重新排列价值的顺序并调整自己的工作安排,以适应不断加速的变化。在加速社会中,"速度"具有强制性,而"价值"则没有,如果大学要用"速度"来取代"价值"那是轻而易举的事,但我们必须清楚,一旦"速度"取代了"价值"将意味着什么。

自中世纪大学产生以来,作为教育和文化组织,那些卓越的大学其地位是稳定的。而今天,受社会加速的影响,作为科研和学术组织,大学的优秀或卓越是不稳定的。当前在排行榜的激励下,为了实现加速发展或"速成",很多大学加大了科研的投入和人才的引进,力争在最短的时间内取得最大的突

---

① 玛吉·伯格,芭芭拉·西伯.慢教授[M].田雷,译.桂林:广西师范大学出版社,2020:19.
② 操太圣.为何"案牍劳形"——时间政治视角下的大学教师学术规训[J].教育研究,2020(6):106.
③ 玛吉·伯格,芭芭拉·西伯.慢教授[M].田雷,译.桂林:广西师范大学出版社,2020:37.
④ O. F. 博尔诺夫.教育人类学[M].李其龙,等译.上海:华东师范大学出版社,1999:25.

破,在各类排行榜上名列前茅,尽快成为政府或社会所期待的"世界一流"大学。近年来,世界范围内迅速崛起的那些"新兴研究型大学",其实质就是"加速的研究型大学"(Accelerated Research University)①。这些新兴的研究型大学之所以被称为"加速大学",就是因为它们通常在 10 到 20 年的时间里就在排行榜上取得了传统大学通过上百年甚至数百年发展才取得的成就。在加速社会中,大学的发展如此,大学人的生存状态也同样如此。"为承认而斗争所要争取的,就从地位变成了表现。承认不再是一辈子的成就,而是越来越变成每日的竞争。昨日的胜利和成功,在今天已经不太算数或几乎不算数了。承认已不再能够被积累起来,它随时可能会因为事态的流变与社会景观的改变,而陷入完全贬值的危险。一个人拥有的地位对保持与获得社会评价的机会来说很重要。但一个人始终无法确切拥有这个地位,无法确信这个地位在明天还有同等的重要性。"②结果就是,不同国家的不同大学,不同大学的不同学者,每一年都取得了许多"重要的"成果,很多大学凭借这些成果在每年一度动态变化的排行榜上如愿成为政府教育计划中的"世界一流"大学,但这种排名意义上的"速成"的"世界一流"大学,并非大学自身值得成为的"卓越大学",甚至也不是政府和社会真正需要的"世界一流"大学。

就目前而言,与加速所带来的积极效益的不确定性相比,在高等教育领域中加速本身以及对于加速的追求所带来的负面影响是显而易见的。与过去相比,现在更多的人进入更多的高等教育机构,接受了更多的高等教育,但结果并没有培养出更多的可以称得上"接受过高等教育的人";同样,更多的高等教育机构获得了授予博士学位的资格,也有更多的博士毕业生加入了学术职业,发表了更多的学术论文,但我们时代学术发表数量的激增并没有显著地促进人类知识的进步,也没有能够解决人类发展所面临的最紧迫的社会

---

① 菲利普·阿特巴赫,莉斯·瑞丝伯格,贾米尔·萨尔米,伊萨克·弗鲁明.新兴研究型大学:理念与资源共筑学术卓越[M].张梦琪,王琪,译.上海:上海交通大学出版社,2020:1.
② 哈特穆特·罗萨.新异化的诞生:社会加速批判理论大纲[M].郑作彧,译.上海:上海人民出版社,2018:81.

和环境危机。更严重的是,这种以效率为导向的加速原则还破坏了大学的文化传统和学术生态,使教育和学术普遍陷入一种"内卷"或"退化"的状态。"行政主导的大学,现在将效率摆在了第一位,因此导致时间紧迫,让我们所有人都感到时间不够用,发现了自己的无能为力。在公司化的大学里,权力,从教授转移到管理者手中,经济理由主导一切,熟悉的'底线'思维遮蔽了对教学和智识的关切。"①结果就是,在高等教育加速发展中政府和社会对于大学的期待越来越大,投入和要求越来越多,高等教育和大学发展的数据越来越好看。从可测的绩效来看,高等教育实践中每一年都在发生"日新月异"的变化;"更快的速度"甚至成了我们时代大学精神的标志。但从发展本身来看,在"风起云涌"的改革中我们的高等教育似乎又没有发生任何可以称得上是"质"的变化或原始创新。究其根本,在加速社会中,"当获得了满足的需要变成一种瘾时,再也没有使人满意的事物能够满足需要了。使人满意的事物以一种极快的速度变得令人难以想象——随后,这种加速本身,而非收获的积累,成为追求的动机"②。当前的高等教育发展中,我们已经习惯了以效率或速度为标准,将评估高等教育发展的重点放在那些可测的指标上,相关数据的增长或变化的速度成了高等教育发展的成绩或标志物,而真正的发展反倒被忽视了。

　　本质上,教育属于文化领域。无论是教育发展还是高等教育发展应主要遵循文化的逻辑。按照文化的逻辑,高等教育发展中相关活动应主要按照"善"的价值序列来安排优先顺序。就价值的不可替代性而言,高等教育的三大职能中人才培养是第一位的,其次是科学研究,再次是社会服务。究其根本,人才培养具有长期性、根本性,需要放在优先的地位以避免急功近利。但在加速社会中,"时间"取代"价值"成为高等教育发展中需要考量的重要因素,在既定时间内完成既定任务成了行为主体最优先的选择。相对而言,价值的重要性退居其次。当前在不断加速的社会中为了应对外部世界纷繁复

---

①　玛吉・伯格,芭芭拉・西伯.慢教授[M].田雷,译.桂林:广西师范大学出版社,2020:6.
②　齐格蒙・鲍曼.生活在碎片之中——论后现代道德[M].郁建兴,等译.上海:学林出版社,2002:81.

杂的变化,大学需要同时对各种各样的挑战做出即时的应对。对于高等教育发展而言,正在进行的改革都是有时间期限的,在什么时间完成什么任务,甚至是取得什么样的成就都有明确的时间限制。无论是作为组织的大学,还是作为主体的大学人,都需要按照改革或项目的时间表开展自己的工作。对于高等教育发展而言,时间结构所形成的压力要远大于具体的改革任务和发展内容。按照文化传统或内在逻辑,大学应对外部挑战时应遵循的原则是"最重要的和最有价值的事情最先做,之后是次等重要的,以此类推,而不太重要的事情要在还有时间资源可供使用的时候再去完成。但是,在一个有着广泛联系的互动链条的功能分化的社会里,这种排序原则会越来越多地被期限和限期所替代,后者被用于行为的协调和同步化"[1]。由于加速成为现代社会的主导性原则,高等教育改革和发展中对于各种职能的排序也由价值优先转向了时间序列优先。期限的紧迫性取代价值的重要性在议事日程上获得了决策的优先权。为了合乎政策的时间结构以及社会需要的外部逻辑,大学只能优先处置和应对那些"迫在眉睫"的事项,而由于变化的不断加速,那些"迫在眉睫"的事项又总是处置不完。最终那些价值重大但没有时间紧迫性的任务就被大学和大学人所忽略或忽视。"原本被看作有价值的行为,从长期来看会被遗忘并且贬值:'这样的任务得到的关注越来越少,而且最终会贬值,落入比较不重要的排位,从而使得命运和重要性协调一致。因而从时间问题本身就会产生价值秩序的重构。'"[2]结果就是,在高等教育改革和发展中,无论是政府官员、管理者、教师、学生还是相关政策文本和学术研究的结论都认为本科教学和人才培养至关重要,但实践中很少有哪所大学真的把人才培养和本科教学工作放在第一位,而只能将工作的中心和重心放在应对各种各样的时间性很强的改革、评估、检查和验收上。几乎所有的大学和大学人为了能

---

[1]　哈尔特穆特·罗萨.加速:现代社会中时间结构的改变[M].董璐,译.北京:北京大学出版社,2015:161-162.

[2]　哈尔特穆特·罗萨.加速:现代社会中时间结构的改变[M].董璐,译.北京:北京大学出版社,2015:165.

如期完成高等教育的改革、评估、检查和验收等任务都变得十分"忙碌",但高等教育本身在改革发展中并没有发生什么值得称道的质的变化。换言之,高等教育改革发展中,一方面一切固定不变的东西似乎都在消逝,另一方面似乎又没有什么是完全变化的。"我们所开拓的选择越多,我们能够选择的有助于做出选择的制度化的支持就越少"。"疾驰的静止意味着,没有任何东西保留不变,正如没有什么发生着本质的变化"。① 当然,这种变革与停滞的双重性并不是加速社会中高等教育领域的独特现象,甚至也不是什么致命的缺陷,而是加速社会中与加速本身相伴随的一种"正常"现象。某种意义上,正是因为变化的不断加快导致这些变化本身只能是表层的,由于结构性的原因,深层的部分不可能与表层的快速变化保持同步性,从而导致了"疾驰的静止"。

第三节　大学如何应对加速社会的挑战

当前无论是通信还是交通,也无论是生活节奏还是社会变化都在不断加速。加速使得个体处于一种苦苦追赶的状态。激烈的市场和社会竞争中往往稍有闪失就有可能被淘汰出局。但就时间的匮乏来说,社会的加速并非问题的全部,时间结构对于个体的压迫还在于个人的注意力分配。与过去相对单一的任务模式不同,当下的社会生活中每一个人可能都要同时处理多项任务。"如今,我们的时代危机并非加速,而是时间性的散射和分解。时间上的不同步使时间毫无方向地盲目飞行,嗡嗡作响,并分裂成一系列点状的、原子般的'当下'。"②从注意力结构来看,多任务分配模式不是最佳的模式。由于注

① 哈尔特穆特·罗萨.加速:现代社会中时间结构的改变[M].董璐,译.北京:北京大学出版社,2015:332.
② 韩炳哲.透明社会[M].吴琼,译.北京:中信出版社,2019:55.

意力无法深度集中,人的创造性与创新能力也就无法兑现。基于此,加速时代大学的学术研究面临双重挑战:一重挑战就是在规定时间里尽可能多地发表学术研究成果;另一重挑战则是除了要完成学术研究成果的发表,还有很多其他的事务需要及时处理。由此可见,对于大学和大学人来说,加速不是唯一的问题,甚至并不代表真正的问题,所以解决的方法也不是简单地"减速"①或"以慢制胜"②。研究者或许可以在自己的学术研究中放慢速度,但生活中其他纷繁复杂的需要处理的紧急事项并不会因为放慢学术研究和发表的速度而减少。作为一个系统性问题,加速社会中那些不从事学术职业,不需要发表学术研究成果的人同样面临时间的暴力和压迫。归根结底,时间匮乏是现代人的生活方式以及对待生活的物质主义的态度所造成的,而不仅仅是技术和社会的加速。此外,大学人的时间匮乏也和大学人对于学术的态度以及学术职业发展方式密不可分。"信息唾手可得,而获取深刻的知识却是一个平缓而漫长的过程。它展现出一种全然不同的时间性。知识是慢慢生长成熟的。时至今日,这种慢慢成熟的时间性已经渐渐被我们所遗失。它与当代的时间策略格格不入。如今,人们为了提高效率和生产率而将时间碎片化,并打破时间上稳定的结构。"③

在现代社会加速的过程中,以大学为代表的高等教育机构一直扮演着一种矛盾的角色。一方面大学通过加快高深知识的生产、传播与应用促进社会发展的加速,另一方面大学自身作为一种机构却又相对保守,拒绝自我革新。就像帕金在《高等教育的革新》一书中所说的:"人们常常指责大学对一切都进行研究而就是不研究它自己,同时人们公开地指责它们准备对一切进行改革而不去准备改革它们自己"④。某种意义上,大学既是现代社会加速的策源

---

① 韩炳哲.透明社会[M].吴琼,译.北京:中信出版社,2019:56.
② 韩炳哲.他者的消失[M].吴琼,译.北京:中信出版社,2019:5.
③ 托马斯·弗里德曼.谢谢你迟到[M].符荆捷,朱映臻,崔艺,译.长沙:湖南科学技术出版社,2018:4-5.
④ 转引自:德拉高尔朱布·纳伊曼.世界高等教育的探讨[M].令华,严南德,译.北京:教育科学出版社,1982:13.

地,又是一个"减速岛"。无论任何时代,大学之于社会发展都具有加速与减速的双重作用,只不过不同时代两种力量的对比稍有不同。中世纪时的大学主要服务于教会,其之于社会发展更多的是一种"静止"的力量。近代以来,伴随科学革命和工业革命的兴起,大学开始成为推动社会发展的积极的"运动"的力量。但直到第二次世界大战之前,受高深知识内在逻辑的制约,大学内部趋向"静止"的力量和朝向"运动"的力量还能保持大致的平衡。第二次世界大战之后,"走出象牙塔"或"超越象牙塔"成为现代大学的时代选择。在市场机制和技术力量的驱动下,大学里那些原本发挥减速或制动作用的保守观念受到了批评和清算,只能处于一种附属或寄生的地位。结果就是,以效率为准则,以绩效为杠杆,改革成为政府和社会驱动大学加速发展的工具。在外力的驱动下,无论是大学自身还是大学与社会发展的关系均朝向加速和运动的方向发展。"校长和名誉校长更像是企业管理者,而不像学术带头人。在很大程度上,他们所抓的大学任务已经与就业市场和股票市场挂钩。学术体系的知识性任务现在作为装饰品存在,也就是说,作为一个合法机制,具有的只是平庸的功能。"[①]20 世纪末,尤其是进入 21 世纪以来,在信息技术和市场机制的相互作用下,加速的力量无论是在大学的组织结构上还是在文化上均开始占据支配性或主导性地位,并最终使得"加速大学"成为现实。不过,对大学而言,虽然社会的加速已经打破了大学内部以及大学与社会发展之间"静止"和"运动"力量的平衡,但从结果的角度看,无论是在技术的层面上还是在社会的层面上,大学在整体上仍然既落后于科学技术的进步,也滞后于社会的发展变化。现代社会中无论是技术创新、制度创新还是管理创新,仍然首先在经济领域应用,然后才逐渐渗透到高等教育领域。在现代社会的加速系统中受加速循环的影响,大学自身也在不断加速,但与经济社会领域的加速相比,高等教育领域的加速仍然相对滞后。"在人类活动的众多领域,诸

① 斯坦利·阿罗诺维兹.知识工厂——废除企业型大学并创建真正的高等教育[M].周敬敬,郑跃平,译.北京:高等教育出版社,2012:56.

如自然科学、政治学、管理学、组织行为学等，重大转移的速度如此之快，以至于在某一单个领域——比如教育领域中的范式转移的速度已经与政治学、组织行为学等领域中新范式的加速不相匹配。"①为适应加速社会的易变性、不确定性、模糊性、复杂性，经典的大学理念和稳定的组织结构需要革新或重构，无论是在理念层面还是在组织、制度层面，现代大学都必须更加开放和灵活，并需要始终保有动态性和意向性，在适应既有变化的同时还要为未来可能的变化留有空间。

长期以来，大学的发展主要遵循传统，有其固有的内在逻辑。大学领导者的合法性更多源于学术的权威性而不是领导力。在加速社会中，当大学外部的政治、经济、社会、文化、政策等都在发生持续的快速变化时，大学的决策不可能再缓慢进行，而是需要快速和果断。当下在应对不断加速变化的外部环境时，大学领导层在经验和知识上的不足日益凸显。很多大学的领导者无法从纷繁复杂的变化中识别出哪些是"机遇"、哪些是"噪音"，②只能盲目地跟随外部世界的变化不断地随机调整大学的办学方向。结果就是，排名这条"尾巴"已然开始摇动大学这条"狗"③，排行榜成了大学发展的"指挥棒"。究其根本，面对加速的变化，"经验和知识储备总是因为新的事物的出现而变得过时，而且几乎不可能去预测哪些合作选择和行动机会在未来是意义重大和重要的。在重要性难以预测的地方，自然而然地做出的反应就是，尽可能多地抓住或者把握所有未来将要实现的可能性"④。问题的关键在于，大学的资源是有限的，大学领导层、教师和学生的精力也是有限的，如果大学的领导者缺乏正确应对加速的战略管理和决策能力，面对外部世界快速变化的挑战，只能将复杂的问题简单化，然后再以简单的结论为基础进行快速决策。换言之，大学的领导

① 罗伯特·J.斯特兰特.学校教育的戏剧性[M].胡晓岚，译.北京：商务印书馆，2021：1-2.
② 吉姆·柯林斯，莫滕·T.汉森.选择卓越[M].陈召强，译.北京：中信出版社，2012：185.
③ 贾尼丝·格罗斯·斯坦.效率崇拜[M].杨晋，译.南京：南京大学出版社，2020：201.
④ 哈尔特穆特·罗萨.加速：现代社会中时间结构的改变[M].董璐，译.北京：北京大学出版社，2015：138.

者只能采用一种象征性的策略,将一种高度简化的指标(排名)确定为大学的目标,将自己的使命确定为引领大学走向更高的声望和更高的排名。"这个目标可以在研究和报告中不断地来阐述,并为重大决策提供依据。"①如此一来,大学不可能对社会的加速做出高质量的应对,也难以实现高质量发展。

近年来,很多国家在建设世界一流大学的过程中追求"速成",大学传统的组织结构、治理逻辑与文化被以企业为标杆进行改造。基于对效率和速度的崇拜,企业化管理和企业家精神成为加速高等教育发展的"法宝"。"公司化,不仅赋予某些形式的知识以特权,压倒了其他形式,而且制造了一场同时间的竞争,我们工作生活的品质以及我们学术的品格都因此大受影响。"②实践证明,那些企业型大学及创业型大学凭借市场机制和企业家精神的确显著提升了办学的效率,加快了发展步伐;但这些大学在赢得资源和声誉的同时也在人文精神和自由教育方面付出了惨痛的代价。最终对于学术锦标的激烈争夺使整个高等教育系统都把注意力和资源投向了科研领域和博士生教育,耗时较长且缺乏科研产出的本科生教育被忽视。"生产力、效率和竞争成绩,这些市场范畴,而不是爱智或博雅,驱动着……学术的世界。而生产力、效率和竞争,这些价值有一个共同的因素,就是时间。公司化,已经拨快了大学的时钟。在当前的学术气质中,'卓越',已经成为某种'停不下来'的理念,标准必须永远'步步高'。指标之所以要存在,就是为了被超越。卓越的,还必须要变得'更卓越'才行,做不到的,就会暴露出来,被贴上自满、落伍或者某种同样羞耻的标签。"③在加速发展中,为了追求那些可以量化的绩效,大学选择了为"科研承认"而竞争,放弃了大学之所以为大学的"教育本质"和"文化本质"。"从共同体到市场的转向,使得大学治理模式从学院模式转变为企业模式。这导致了大学的组织身份和生成逻辑的转变。现在大学正在以绩

---

① 伊安·奥斯丁,格伦·琼斯.高等教育治理:全球视野、理论与实践[M].孟彦,刘益东,译.北京:学苑出版社,2020:197.

② 玛吉·伯格,芭芭拉·西伯.慢教授[M].田雷,译.桂林:广西师范大学出版社,2020:106.

③ 玛吉·伯格,芭芭拉·西伯.慢教授[M].田雷,译.桂林:广西师范大学出版社,2020:19.

效评估、战略规划、绩效预算、绩效管理、财务管理、风险管理和内部审计为特征的组织文化背景下进行治理。通过采用一系列公司的管理体系,大学加强了其内部等级。"①本质上,大学作为教育和文化组织,其声誉的获得主要源于时间的结晶,不可能速成。"真理是时间的女儿。"②当前作为科研公司或专业组织,大学通过排行榜上的排名在极短的时间内获得了巨大的名气而非声誉。面对社会的加速变化,短期的名气代替了长期的声誉成为评价大学好坏的重要指标。而为持续拥有并不断提高"名气",大学需要接受每年一次的排名检验和市场竞争。通过排名检验的,继续拥有"一流"的地位,被排名淘汰的则丧失了固有的地位,需要为重新获得相应的排名而竞争。

除了"锚定"排名之外,作为应对加速变化的一种手段,无论是政府还是大学着眼于未来,还强化了大学的战略规划和管理,试图通过有组织的规划和管理来使大学更有远见,使发展目标更可期。"由于变化的加速,管理带上了全新的功能。虽然在未知领域里领航成为行政人员通常的角色,但是对他们提出的新要求,是既要领航,又要预见因果。我们这个响亮的'共鸣体'瞬息万里,'等着瞧'是致命的错误。依靠经验的'反馈'太慢了。我们必须在行动之前就了解情况。"③但事实上,在加速社会中由于变化的加速,唯一不变的就是变化,大学发展的最大难题是要始终面临易变性、模糊性、复杂性和不确定性的挑战。一方面政府和大学明知不可能对高等教育发展中那些不可计划、不可预测和不可决定的事项进行事前规划和决策,但另一方面无论是政府还是大学为了克服某种不确定性的预期,甚至只是为了完成规划本身的任务,又不得不决定对那些不可计划、不可预测和不可决定的事项进行事前规

① 伊安·奥斯丁,格伦·琼斯.高等教育治理:全球视野、理论与实践[M].孟彦,刘益东,译.北京:学苑出版社,2020:21.
② E. H. 卡尔.历史是什么?[M].陈恒,译.北京:商务印书馆,2007:214.
③ 埃里克·麦克卢汉,弗兰克·秦格龙.麦克卢汉精粹[M].何道宽,译.南京:南京大学出版社,2000:121.

划和决策。"一面是对变化的恐惧而另一面是对僵化的恐惧这样的双面恐惧。"①结果就是,从国际组织到国家,从中央政府、地方政府再来到大学自身,各种各样的规划越来越多,规划的内容越来越细,为了更具前瞻性和未来感,规划的时间范围也越拉越长。在加速社会中,为应对加速的变化,加强规划并不必然是坏事,但规划的好坏不在于时间的长短,也不在于种类的多少,更不在于规划中具体方案的优劣,而在于规划本身以及规划者对于大学内正在发生的变化,以及大学外正在发生的变化是否具有足够的敏感性。如果对于外部的变化缺乏正确的认知,频繁制订或更新大学内部的组织规划只会使事情愈来愈糟。

当前无论是非政府组织、政府组织还是大学主导的长远规划本身就是矛盾的,因为当下以及未来影响高等教育发展的各种因素都处于加速的变化中。我们正在进入一个全新的时代背景,"不稳定是长期的,不确定性是持久的,变化是不断加速的,突发性事件是常见的,而我们既无法预测也无法控制这些事件。我们认为这个世界上并不会出现一种'新常态',而只会存在一系列持续的'非常态'时期"②。有学者援引20世纪90年代的一个军事概念,将其称之为VUCA时代③。所谓VUCA时代就意味着在我们时代人和组织将处于"不稳定"(volatile)、"不确定"(uncertain)、"复杂"(complex)和"模糊"(ambiguous)状态之中。基于此,"当我们做未来教育规划之时,必须摆脱我们将永远取代命运(destiny)的幻觉"④。在加速社会中我们必须清楚任何规划无论做得如何好都不可避免地会有始料未及的副作用。教育或规划本身任何微小的偏差都可能会导致最终结果的巨大差异。我们时代不但那些长远规划的效果值得怀疑,而且中短期规划同样也存在难以克服的矛盾。高等

① 哈尔特穆特·罗萨.加速:现代社会中时间结构的改变[M].董璐,译.北京:北京大学出版社,2015:326.
② 吉姆·柯林斯,莫滕·T.汉森.选择卓越[M].陈召强,译.北京:中信出版社,2012:257.
③ 哈佛商业评论.VUCA时代,想要成功,这些原则你一定得明白(《哈佛商业评论》增刊)[C].杭州:浙江出版社集团数字传媒有限公司,2018:1.
④ C.S.路易斯.切今之事[M].邓军海,译注.上海:华东师范大学出版社,2015:32.

教育和大学的发展是长周期的,影响高等教育和大学发展的关键因素不是规划的文本或具体方案而是发展过程本身。战略管理和规划原本是为了管理和规划大学发展的时间,但由于社会的加速,大学的发展却被时间所控制。换言之,由于受战略决策和规划方案的影响,大学的自主权以及校长领导力的重要性有可能被搁置,最终模糊性或"蒙混过关"的策略成为各类规划中最常用的手段,为规划而规划成为加速社会中高等教育发展的奇特景观。

当然,这样讲并非意味着我们可以不要规划或不进行规划;相反,在加速社会中大学的发展必须尽可能地做好规划。对于合理的、理性的预期应当全力争取,凡可以预期的都应运用科学和理性以求达致极限。毕竟,合理的、理性的预期仍然是人类应对或克服不确定性的唯一方法。关键是要恪守边界、权衡利弊。具体而言,大学的发展需要规划好可以规划的事项,对于那些不可规划的事项一定要保有其可能的发展空间。"在未来,只做一种预测是不够的:我们需要权衡关于未来的多个竞争性真相,以便在任何一个真相得到实现时做好准备。我不知道未来将会怎样。通过认真考虑关于未来的各种竞争性真相,我们可以获得未来的生存能力。"[①]在加速社会中为了应对加速的变化,大学需要能够在诸多相互矛盾的方向上同时取得成功。基于此,大学需要的不再是单一目标的线性的或长期或短期的规划,而应是弹性的多目标或复合目标的系统规划。

最后需要说明的是,当前大学中普遍存在的"加速"和"时间匮乏"的感觉不是孤立的现象,而是社会加速的普遍症状在高等教育领域中的投射或反映。只不过和其他领域相比,高等教育中因为加速而导致的"快节奏"其负面影响可能更加严重。"现今在世的几乎每个人的全部人生经历都发生于大加速中的这一反常历史时刻,它一定是20万年来人类和生物圈关系史上最为反常和最不具代表性的时期。当我们对此有所了解之后,便不再会对任何一种

---

① 赫克托·麦克唐纳.后真相时代[M].刘青山,译.北京:民主与建设出版社,2019:291-292.

当前的特殊趋势的长期存续抱有期待。"①通常认为,在以知识为基础的后工业经济社会中,大学需要发挥轴心机构的作用。但这种作用的发挥不是必然的,而是以大学功能的健全为前提条件。所谓"功能健全"就是大学的理念、组织与制度安排要有利于高深知识的生产、传播与应用,有利于创新驱动发展和创业革命,也有利于实现人的卓越和追求真理。现在为了适应社会的加速,现代大学选择了以企业为标杆对自身的理念、组织、制度与治理逻辑进行改造。改造后的大学不但在理念、组织、制度安排和治理模式上更加的市场化、企业化,其学术文化也在朝向公司化进行转型。"新发现、技术转移、知识经济、立项拨款、前沿研究、效率以及问责,凡此种种,都是公司化大学的语言,现如今,无论大学内或外,这套语言都主导着学术研究的表达和规划。"②由于速度文化与学术文化存在根本性区别和冲突,在市场化和公司化的话语体系中,表面上看,大学似乎与应用更近了,更有利于创新创业。但实质上,这种市场化和公司化的生态文化语境不利于大学中基础研究的开展,也不利于实现人的卓越和追求真理。"学术工作自身特征要求大学教师持一种有深度的思考时间观,工作与生活时间区分并互相调剂,以学术兴趣和能力为导向进行时间规划,用预约和计划机制来协调时间冲突,容忍知识创新的不确定性、随机性与偶然性,进行较长的职业准备和持久的职业发展。"③市场化和公司化的情境或许适合那些线性的、标准化的、可以轻易复制的"快知识"的生产与传播,但不利于那些非线性的、复杂的、生态性的"慢知识"的生产与传播。④ 与其他组织机构相比,大学的优势在于通过基础研究生产和传播"慢知识",以实现原始创新;现在对于速度的推崇使得大学放弃了自己的比较优势,变成了和企业类似的"科研公司",以知识产权为标的拼命追逐可以快速变现的"快知识"。这种状况既

---

① 约翰·R. 麦克尼尔,彼得·恩格尔克.大加速:1945 年以来人类世的环境史[M].施雯,译.北京:中信出版社,2021:5.
② 玛吉·伯格,芭芭拉·西伯.慢教授[M].田雷,译.桂林:广西师范大学出版社,2020:120.
③ 李琳琳.时不我待:中国大学教师学术工作的时间观研究[J].北京大学教育评论,2017(1):107.
④ 玛吉·伯格,芭芭拉·西伯.慢教授[M].田雷,译.桂林:广西师范大学出版社,2020:111.

损害了大学自身知识生产的比较优势，也损害了知识生产的多样性，不利于实现人的卓越和追求真理，也不利于实现知识创造价值，最终将会损害大学作为后工业社会轴心机构的地位。"学术界对重大组织变革的反应需要管理者具备一定的素质，即能够反映出该校核心学术价值观以及能够加强学术界和管理界之间耦合。全球排名是管理者的游戏，而非学者的游戏，因此，管理者就需要阐明排名的动态变化与学术界的道德中心之间的合理关系。"①换言之，面对社会的加速和加速社会的来临，大学需要保持"镇静"。所谓"镇静"就意味着"给自己留下时间"，给教育"留下时间"，让每件事情"得到一段适当的时间"。②在加速社会中，我们不能过度期望通过大学来"加速"社会的发展，也不应奢求通过社会的加速来带动大学发展。大学的发展与社会的发展，大学的加速与社会的加速，既需要相互嵌入，也需要各美其美。作为一种理想的状态，大学既不能加快速度跑到社会发展的前头，也不能停留在社会发展的后面，大学需要的是与社会（加速）发展之间保持一种动态的稳定。

总之，受进步主义观念、技术加速和经济全球化的影响，"加速"成了现代社会的主导性原则。伴随社会的加速变化和生活节奏的加快，现代社会中的时间结构发生了根本性变化。作为一种新的社会形态，加速社会已经初露端倪。在加速社会中，一方面大学的发展将迎来新的机遇，新兴的"加速大学"可能会取代那些变革缓慢的"旧大学"成为时代的宠儿；另一方面大学的发展也将面临新的挑战，速度文化与学术文化的冲突将会阻碍大学的可持续发展，不利于其实现人的卓越和追求真理的理想。现代大学发展无法逃避社会加速的事实，面对挑战唯一的选择就是通过组织结构与决策机制的重构，努力在社会加速中保持一种动态的稳定，使大学的革新与技术环境及制度环境的变化保持大致相同的速度。

---

① 玛丽亚·优德科维奇,菲利普·阿特巴赫,劳拉·E.朗布利.全球大学排名游戏:变革中的高等教育政策、实践与学术生活[M].苗耘,马春梅,王琪,译.上海:上海交通大学出版社,2021:194.

② O. F. 博尔诺夫.教育人类学[M].李其龙,等译.上海:华东师范大学出版社,1999:92.

第二章　加速时代如何成就大学的卓越

　　21 世纪以来，由于信息技术革命，人类社会进入了"加速时代"，经济与技术范式随之发生深刻变革。在新的经济与技术范式中，为实现创新驱动发展，知识与教育的地位将显著提升。当前面对信息技术革命、知识经济和创新创业的多重挑战，为避免机构失灵，旧的大学范式需要向新的大学范式转变。在基于知识的经济和社会里，创新创业的成败将成为影响经济繁荣与社会进步的关键因素，大学需要以正确的方式做正确的事。作为驱动工业社会向后工业社会转型的轴心机构，大学只有选择创新创业才能成就真正的卓越。现代大学作为工业社会和工业文明的产物，应工业社会和工业文明的需求发展出一套与之相匹配的制度体系。经过几百年的扩散，以大学为代表的现代高等教育体系已经嵌入社会的方方面面。由于整个高等教育系统规模庞大，制度安排盘根错节，利益相关者甚多，相关变革或转型"牵一发而动全身"。在旧制度框架下，大学主要被视为一种公益性组织，高等教育是公共产品或准公共产品。高等教育和大学虽然具有经济价值和产业属性，但社会更看重的仍然是其文化合理性。高等教育研究的经典著作和流传久远的经典大学理念都强调大学是人类的精神家园。长期以来，对于大学，人们最担心的往往是理念式微而非效率低下。实践中，大学对于经济社会的发展以及阶层流动的贡献主要通过其符号象征意义以及社会筛选机制来完成，而并不完全依靠其在人力资本和智识资本生产方面的制度优势。究其根本,工业社会中,在社会制度和结构一定的前提下,工业经济的发展与繁荣主要依赖自然资源以及金融资本,大学在经济社会发展中的象征意义(文化价值)远大于实质作用(经济价值)。但在知识社会中,面对严苛的绩效考核与全球性竞争,大学在精神与文化层面的象征性要让位于实实在在的能力。某种意义上,大学作为一类专业性组织,其实质就是"工具,即实现目标的一个手段"①。在信息技术主导的深度全球化时代,为了满足创新驱动发展的需要,促进知识向实际应用转化,大学需要适当淡化作为"世俗教会"的精神性,强化作为一个知识组织的工具性。如果说在"象牙塔"或研究型大学范式下,人们进入大学还是基于某种忠诚或信仰,那么在创新创业新范式下,人们选择进入大学将主要是因为只有在大学这样的专业组织中才能得到创新创业教育,才能更好地通过知识创造价值。基于此,"大学面临的最大挑战是,它们需要调整自己的研究功能以适应知识生产的弥散式特征。大学对知识生产所起到的作用就是,从垄断性的提供者变为国内与国际环境中的合作者。这种变化势必会在学术、职业抱负、学科贡献以及对体制的忠诚等方面对'卓越'二字进行重新定义。现在轮到大学必须探索利基市场专门化的策略的时候了"②。当然,我们时代强调大学之于创新创业的工具性,强调知识创造价值,并不是要彻底否定大学本身所特有的非市场价值以及大学传统所富含的社会凝聚力,而是意味着在创新驱动发展和经济全球化的新时代,有必要更加凸显大学的市场价值,并对在加速时代大学随时可能的失灵保持警惕。

---

① 彼得·德鲁克.巨变时代的管理[M].朱雁斌,译.北京:机械工业出版社,2019:193.
② 迈克尔·吉本斯.知识生产的新模式:当代社会科学与研究的动力学[M].陈洪捷,等译.北京:北京大学出版社,2011:139.

第一节　速度构成挑战

所谓"加速时代"(the Age of Accelerations)是托马斯·弗里德曼借鉴全球气候和环境变迁研究中的思想和观点,对当前的时代特征的一种形象描述或诊断。如他所言:"市场、大自然和摩尔定律的同时加速构成了'加速时代',这就是我们现在身处的时代。这些力量是今天驱动世界机器运转的核心部件。这三种力量的加速也在相互影响,摩尔定律的加速驱动了全球化的加速,全球化的加速驱动了气候变化的加速,而摩尔定律的加速也对气候变化和我们面临的许多其他挑战提供了更多的潜在解决方案,同时也在改变现代生活的方方面面。"[①]与弗里德曼的看法略有不同,冯达旋认为,世界的平坦化主要源于"互联网的光速、物流的声速,通过适当教育来增强获取知识的速度"。他认为,目前这三种"速度"在根本上正在影响人类现状。随着我们慢慢深入 21 世纪,这三种"速度"使得国家之间的界限将会慢慢消失。相应地,高校也将会慢慢服务和迎合更广泛地区,甚至是整个世界的需要。因此,它们也将会在地理、网络和人才等方面,与其他较远地区的高校交流更加密切广泛。[②] 综合弗里德曼和冯达旋的相关论述可以发现,加速时代的"加速"虽然会体现在人类社会生活的不同方面,但究其根源在于摩尔定律,即信息技术革命。因此,也可以说,在我们时代信息技术革命改变了一切,其中最突出的就是信息传播与处理"速度"的变化。简言之,在整个人类社会信息系统中,当"时间"成为竞争的武器,速度就成了核心竞争力,而伴随着信息技术的

---

① 托马斯·弗里德曼.谢谢你迟到[M].符荆捷,朱映臻,崔艺,译.长沙:湖南科学技术出版社,2018:24.

② 冯达旋.全球化下的教育复兴:冯达旋谈高等教育[M].魏晓雨,译.哈尔滨:哈尔滨工业大学出版社,2018:108-110.

快速变化,社会观念与体制的重构将不可避免。

作为加速时代的一种社会"景观",在技术领域,1 000 年前要让世界的面貌焕然一新可能需要 100 年,到了 20 世纪重大科技进步出现的周期缩短到了 20—30 年,而到了 2016 年已经缩短到了 5—7 年,技术创新的周期越来越短。① 从技术创新的扩散来看,从第一台晶体管收音机登上商店的柜台到普及,经过整整 38 时间,无线广播才在全世界拥有芸芸 5 000 万之众的用户。时隔数年后,作为当今时代的最重大发明的 Internet,只用了 5 年时间就拥有了 5 000 万常常以"网虫"自居的痴迷用户。② 而在经济领域,时间压缩也体现了高科技在价值创造上无可比拟的优势。比如,惠普公司花了 47 年的时间才达到 10 亿美元的市值;微软公司用了 15 年,雅虎用了 2 年,而 NetZero 只用了 9 个月左右的时间。③ 时间的压缩和速度的加快不仅出现在技术和经济领域,大学的发展也同样如此。"新的氛围要求决策以不同于以往的次序来进行,形成一种机制能够在一周之间改变某种议题的战略重要性,做到机遇面前善于把握,在危险面前毫不退缩。大学和私营部门一样意识到'时间已经变成公司的竞争策略',大学机制变得越灵活就越能够赢得竞争的优越性。不能对事件和外部可能性做出迅速应对的大学会不可避免地丧失自己的竞争力。"④

从中世纪到近代早期,大学的成长往往以"世纪"为单位。即便是"在文艺复兴期间,同一所大学中的学生最大范围也就是同一个大洲,并且与他的同龄人群面对面相见是非常困难的……智力活动在欧洲内的传播,往往需要几个世纪的时间"⑤。因此,无论是博洛尼亚大学、巴黎大学,还是牛津大学、

---

① 托马斯·弗里德曼.谢谢你迟到[M].符荆捷,朱映臻,崔艺,译.长沙:湖南科学技术出版社,2018:25 - 26.

② 张景安,亨利·罗文,等.创业精神与创新集群——硅谷的启示[M].上海:复旦大学出版社,2002:53 - 54.

③ 李锺文,等.创新之源:硅谷的企业家精神与新技术革命[M].陈禹,等译.北京:人民邮电出版社,2017:112.

④ 迈克尔·夏托克.成功大学的管理之道[M].范怡红,主译.北京:北京大学出版社,2006:44.

⑤ 冯达旋.全球化下的教育复兴:冯达旋谈高等教育[M].魏晓雨,译.哈尔滨:哈尔滨工业大学出版社,2018:97.

剑桥大学的"成名"都可以看作"时间的结晶"。19世纪初,柏林大学的建立开创了大学发展的新范式。凭借着卓越的科研成就,经过一个多世纪的积累,柏林大学在20世纪20年代便达到了事业巅峰,使德国成为欧洲乃至世界的学术中心。"从1901年到1932年间,德国共有化学界、医药界、物理界的32位科学家获得诺贝尔奖这样的荣耀。"①与柏林大学的兴起相比,美国研究型大学崛起的速度更快。在19世纪末,哈佛大学校长艾略特曾对洛克菲勒说,创建一所研究型大学需要5 000万美元(约为现在的50亿美元)和200年的时间。但进入20世纪,芝加哥大学从洛克菲勒处获得了5 000多万美元,仅花了20年的时间就取得了世界顶尖的地位。②不只是芝加哥大学,第二次世界大战之后,伴随着世界学术中心从德国向美国的转移,还有许多建立于19世纪末或20世纪初的美国大学,比如斯坦福大学、洛克菲勒大学、加州理工学院、约翰·霍普金斯大学等,凭借天时、地利、人和,从初建到成为"一流"都只用了半个多世纪的时间。

20世纪80年代以来,大学发展的速度进一步加快。在大学排行榜的助推下,以排名为参照,凭借着"初创优势"(小规模、高起点、国际化)和"后发优势",一些新建大学以"加速"(accelerated)的方式追求卓越,在很短时间内就超越了很多百年老校,成为世界知名大学。这些短时间内从概念和想法一跃成为现实中国际知名的大学被学术界称之为"新兴大学"(Accelerated University)或"新兴研究型大学"(Accelerated Research University)③。比如,中国的香港科技大学、新加坡的南洋理工大学均建立于1991年,十年有成;而沙特的阿卜杜拉国王科技大学建立于2009年,中国的南方科技大学建立于2012年,也都在10年之内成为世界知名的高水平大学,并引发全球性关注。根

①　王莉华,王素文,汪辉.世界一流大学学科竞争力[M].杭州:浙江大学出版社,2015:8.
②　菲利普·阿特巴赫,贾米尔·萨尔米.世界一流大学:发展中国家和转型国家的大学案例研究[M].王庆辉,王琪,周小颖,译校.上海:上海交通大学出版社,2011:47.
③　菲利普·阿特巴赫,莉斯·瑞丝伯格,贾米尔·萨尔米,伊萨克·弗鲁明.新兴研究型大学:理念与资源共筑学术卓越[M].张梦琪,王琪,译.上海:上海交通大学出版社,2020:1.

据《泰晤士高等教育》THE 世界大学排名 2023 年发布的世界大学排行榜,南方科技大学位于国内高校第 8,世界排名第 166。而阿卜杜拉国王科技大学在 2019 年软科世界大学学术排行榜上排名 201—300,在国际教育市场咨询公司(Quacquarelli Symonds,简称 QS)2019 年世界大学排行榜上排名第 256。为了公开展示这些年轻大学在短时间内所取得的快速进步,QS 从 2012 年开始发布"全球年轻大学排行榜"。《泰晤士高等教育》THE 世界大学排名 2012 年也推出了"世界年轻大学排行榜"。2018 年,作为年轻大学排名的一部分,《泰晤士高等教育》THE 世界大学排名还创造了 3 个子集排名:千禧一代(2000 年至今成立的大学)、Y 世代(1986 年至 1999 年建立)和 X 世代(1968 年至 1985 年建立)。

大学的发展之所以在"时间性"上有如此巨大的差异,核心在于时代不同,大学发展的范式不同,变革的时间尺度也会不同。中世纪乃至近代早期,大学主要是教化机构,受教会控制。大学在人才培养方面声誉的积累是一个漫长的过程。近代以来,随着自然科学的进入,大学的科研职能迅速制度化,成为"科研的公司";以学术发表为媒介,大学承认的范围和路径在迅速扩大。由于评价标准相对简单和固定,大学脱颖而出的时间迅速缩短。第二次世界大战以后,尤其是 20 世纪 80 年代以来,在各种大学排行榜的影响下,关于大学的评价标准以及指标体系进一步被简化,以排名论一流成为某种"潜规则"。一流大学涌现出的数量与大学排行榜的数量密切相关。近年来,依靠资源驱动,并基于科研优先和量化排名的逻辑,很多年轻的研究型大学迅速崛起。某种意义上,我们时代是一个需要"一流大学"的时代,也是一个产生了大量"一流大学"的时代。但客观来看,排名的一流只是大学从优秀走向卓越的第一阶段。"在第二阶段及以后,追求进一步理智的前进,需要的将不仅仅是财政资源。"[①]"在'第二阶段'和之后,如果想提高到下一个或者几个级别的优秀程度的话,则需要大学更加顺畅地运转。……人们需要如同激光般聚集到如何追求卓

---

① 冯达旋.全球化下的教育复兴:冯达旋谈高等教育[M].魏晓雨,译.哈尔滨:哈尔滨工业大学出版社,2018:27.

越的心态,并通过内在的自信如何建立战略态度。"①从大学革新和转型的角度看,近年来基于排行榜的"一流大学"的大量涌现,既是现代大学范式取得的极大成功,也是最大的失败。说其成功是因为它体现了在排名体系下研究型大学作为主流范式的比较优势,可以满足政府扩大高等教育规模,增加高等教育投入,提升高等教育美誉度的合法性需求;说其失败是因为这种基于资源驱动和文献计量的排名上的成功有可能会阻碍大学发展范式的转换,不利于创新创业型大学的创建,难以满足创业革命和创新驱动发展的新时代对于大学作为创新引擎和知识中枢的战略需求。

对于一个组织而言,技术环境与制度环境密切相关。新的技术进步通常会催生新的制度,新的制度安排同样也会诱发相关的技术。"新生产技术通常会产生新的社会技术,反之亦然。现代公司是社会技术和自然技术(有限责任制、汇票、电话、地铁等)相互作用的复杂改革产物。"②与现代公司类似,现代大学也是社会技术和自然技术相互作用的产物。具体而言,现代大学的产生与繁荣,一方面得益于资产阶级革命所造就的政治环境与制度创新;另一方面也得益于印刷技术革命所造就的信息环境与技术进步。没有现代印刷术的普及,现代大学的教学和科研职能就难以真正制度化。而没有民族国家和现代企业制度的建立,现代大学的教学和科研就难以形成持续稳定的社会需求,现代大学作为一种组织和制度形式也不可能迅速在全球扩散。但当前在信息技术革命的背景下,现代大学既有的技术与制度环境面临瓦解。与以蒸汽机为代表的第一次机器革命相比,以数字化技术为代表的第二次机器革命对于人类社会,包括大学的影响将更加深刻。在一个以知识为基础、以技术为引擎的新型社会里,以人工智能和大数据为代表的信息技术将会颠覆

① 冯达旋.全球化下的教育复兴:冯达旋谈高等教育[M].魏晓雨,译.哈尔滨:哈尔滨工业大学出版社,2018:31.
② 思拉恩·埃格特森.并非完美的制度:改革的可能性与局限性[M].陈宇峰,译.北京:中国人民大学出版社,2017:35.

学校教育的现有形态。德鲁克就预言："今后 50 年,学校和大学将发生更为彻底的变革,到那时,学校和大学的形式将与其现在的形式大为不同,而现在的形式他们已经沿用了 300 多年,当时他们的重组行为是以印刷版书籍为中心的。"①一般来说,"技术"分为自然(物理)技术和社会技术;二者相互支撑,并保持一种动态平衡。"社会技术指的是我们进行组织的方式,来捕获合作——非零和博弈——的益处。物理技术和社会技术一同进化。物理技术的创新使新的社会技术成为可能,就像化石燃烧技术使大规模生产成为可能,智能手机使共享经济成为可能一样。反之亦然,社会技术使新的物理技术成为可能,史蒂夫·乔布斯不可能在没有全球供应链的情况下造出智能手机。"②在信息技术加速进化的时代,大学作为专业性的社会组织既要适应并促进自然技术的创新,也要适应并促进社会技术的革新。正如信息技术革命对于社会的冲击不是"技术"而是"信息"。③ 未来真正决定大学发展的理念与制度、组织与结构的也主要是信息的存在形式、传递方式以及处理和利用信息的方法,而不是"覆盖"在信息表面或隐藏在数据背后作为硬件的技术。相较而言,对于自然技术的更新,大学比较容易掌握,而对于社会技术的创新,则需要各利益相关方的持续努力。"任何制度适应变革的能力都取决于这种变革的重要性,但也取决于这种变革的快速性。"④究其根本,对于大学,更新课程内容和专业设置、培养掌握新技术的人才相对容易,但造就一种新的社会制度并培养出这种制度所需要的人则并非易事。因此,从短期来看,以人工智能和大数据为代表的自然技术对于大学的冲击更大,但从长远来看,如何适应以创新创业为主流范式的社会制度则是现代大学面临的最严峻挑战。

---

① 彼得·德鲁克.巨变时代的管理[M].朱雁斌,译.北京:机械工业出版社,2019:68.
② 托马斯·弗里德曼.谢谢你迟到[M].符荆捷,朱映臻,崔艺,译.长沙:湖南科学技术出版社,2018:180.
③ 彼得·德鲁克.21 世纪的管理挑战[M].朱雁斌,译.北京:机械工业出版社,2019:119.
④ 菲利普·G. 阿特巴赫.变革中的学术职业:比较的视角[M].别敦荣,主译.青岛:中国海洋大学出版社,2006:131.

第二节　知识驱动转型

　　加速时代,变革成为一种常态。唯一不确定的就是变革的速度会加到多快。由于变化的不断加速,吉姆·柯林斯和莫滕·汉森认为:"这个世界上并不会出现一种'新常态',而只会存在一系列持续的'非常态'时期。"①因为经济、技术和社会的加速变化,我们时代在高等教育领域不再存在毕其功于一役的改革,无论多么重大的改革都只能是整个高等教育系统持续变革的一个环节、细节,抑或一段插曲,必然会被接下来的新的改革所替代或覆盖。由于技术本身以及因为技术进步而带来的社会体制持续不断的变革,在相当长时期内,我们都无法坐下来享受高等教育改革的成果,而会一直处在"无尽的转变"中,时刻感受并经历着变革所带来的焦虑和压力。与过去相对稳态的社会环境相比,在以知识和信息技术为基础的新型经济和社会里,技术与社会变化的速率正越来越快,并不断地加速。如果说在过去的农业社会和工业社会,技术变迁的速率通常低于社会的变迁抑或技术变迁与社会变迁基本同步,那么我们时代技术变迁的速率已经远远超过社会变迁。"任何想要将网络中的位置凝结为特定时间及空间之文化符码的企图,都会造成网络的废弃过时,因为它会变得过于僵化,无法适应信息主义之多变几何形势的要求。信息主义的精神是'创造性破坏'(creative destruction)的文化,而此创造性破坏的速度已达到处理光电信号反馈的速度。"②其结果,由于社会技术的变化无法与自然技术的进化保持同步,我们时代人类对于技术的适应能力已经跟

---

① 吉姆·柯林斯,莫滕·T. 汉森.选择卓越[M].陈召强,译.北京:中信出版社,2012:257.
② 曼纽尔·卡斯特.网络社会的崛起[M].夏铸九,王志弘,等译.北京:社会科学文献出版社,2006:190.

不上技术的进步。"现代的创新过程已经造成了技术和社会两个领域的长期不均衡现象。"①鉴于此,在信息技术革命以及全球化加速进步的新时代,大学无法通过某个单项改革来适应自然技术或改变社会技术,而必须实现整体性变革("范式革命")以应对信息革命和社会转型的挑战。如果放任大学基于旧范式自主决策,那么将会贻误大学转型发展的历史机遇。

当前工业社会已接近尾声,即将到来的社会有三个核心支柱,第一个是信息技术,第二个是知识经济,第三个是创新创业。具体而言,从技术的角度切入,未来的社会将是信息社会或网络社会;从资源的角度切入,未来的社会是知识社会;从动力机制的角度切入,未来的社会可以称为创业社会。但事实上,未来的社会无论称为信息社会、知识社会还是创业社会,它的本质都是一样的,即它是一个后工业社会,原先适用于工业社会的技术与制度,在新的社会情境下必须做出改变或调整。从技术的角度看,与工业社会的机械技术相比,信息技术遵循摩尔定律,更新的速度更快,智能化程度越来越高;从资源的角度看,工业社会依赖于石油、煤炭和电力,稀缺性是难以克服的危机。由于资源禀赋差异,工业社会中不同地区的产业政策经常是"零和博弈",很少能够"双赢"。与之相比,知识社会以知识作为主要的资源,只要制度安排适当,人力以及智识资本的充裕性完全可以克服经济社会发展中自然资源稀缺性的制约。"世界上生产资源密集型产品的工作岗位也许是有限的,但生产知识密集型产品的工作岗位却是无穷无尽的。"②未来社会中随着知识和创新经济的兴起,人力以及智识资本将变得和自然资源同等重要,甚至更加重要。最后,从动力机制看,工业经济的发展主要以扩大就业为基础,经济好坏通常会反映在就业率和失业率上。在创业社会里虽然就业人口仍然会存在,但将不再是经济活力的主要来源,创新创业的活跃度及其成败将取代就业率

---

① 罗伯特·W.里克罗夫特,董开石.复杂性挑战:21世纪的技术创新[M].李宁,译.北京:北京大学出版社,2016:44.

② 托马斯·弗里德曼.世界是平的:21世纪简史[M].何帆,等译.长沙:湖南科学技术出版社,2008:210.

和失业率成为衡量社会经济发展好坏的核心指标。

由于工业社会以自然资源为基础,经济发展基本上以民族国家或地区为基本单位,即国家经济和区域经济。虽然有国际贸易存在,但各经济体之间在资源、资金、劳动力以及相关制度安排方面都是相互区隔的,相互间存在一定的壁垒。与工业经济相比,知识经济本质上就是世界经济。"知识没有国界。世界上没有'国内知识'与'国际知识'之分。有的只是知识。随着知识成为关键性资源,即使个别组织的日常经营活动只局限于本国、本地区甚至当地,我们看到的也只有一个世界经济。"①作为工业社会的产物,研究型大学也是服务于国家经济和区域经济的。工业社会中大学虽然追求"国际化"或"全球化",但本质上仍是"国家大学"和"地方大学"。基于国家的中心与边缘地位,大学也相应地被区分为中心与边缘。在一国之内,中心与边缘的逻辑也同样如此。随着知识资源取代自然资源成为经济社会发展的关键性资源,国家经济和区域经济也必将被世界经济所取代。在一个世界经济体系中,大学将像其他所有组织一样,为其自身在世界经济中的地位而在全球范围内谋求发展。此时,所有的大学都将成为世界的大学,需要以知识创造价值的程度为绩效标准展开合作与竞争。

在基于知识的社会里,除了关键性资源的差异,隐藏在国家经济和世界经济背后的还有组织形式和目标的变迁。工业社会中的组织是以有形的生产资料或设备为中心,而知识社会的组织主要以无形的知识为中心。在工业社会中,组织中的个人通常依附于生产资料,而在知识社会中,组织的关键性资源则依附于知识人身上。在工业社会中组织的主要目标是提高效率,而在知识社会中组织的核心使命则是创新创业。当然,这并不意味着工业社会中的组织不关心创新创业,也不意味着知识社会中的组织不注重效率,而只是表明在不同社会形态中组织的中心任务有所区别。值得注意的

---

① 彼得·德鲁克.巨变时代的管理[M].朱雁斌,译.北京:机械工业出版社,2019:208.

是,与其他社会组织相比,在工业社会中大学对于效率的追求似乎呈现出一种悖论:一方面与其他生产性组织相比,工业社会中的大学被认为是低效率组织;但另一方面从大学自身对于科学管理和量化考核的推崇来看,大学,尤其是那些研究型大学又分明是高效率的组织。事实上,受工业化效率至上的制度逻辑的影响和制约,工业社会中的大学和工厂一样都是效率型组织。之所以产生大学是低效率的假象,完全是因为我们习惯于用企业组织的生产效率来衡量大学。如果从大学自身的转型发展来看,中世纪大学和现代大学最显著的区别就是人才培养、科学研究和社会服务的效率显著提升。

当前伴随着工业社会向知识社会的转型,大学对于规模和效率的追求要让位于创新创业。对基于知识的经济和社会来说,"质量是产出的精髓。在知识工作者的生产率方面,我们首要的目的是取得质量,即取得最佳的质量,在可能的情况下,能取得最高的质量最好。然后,我们才能问:'完成了多少工作量?'"[①]。遗憾的是,当前以研究型为范式的大学仍然在按照效率逻辑在运行。在以量化评价为主导的排行榜的影响下,全世界的大学正在卷入一场科研的竞赛,以争夺一流大学的锦标。其结果是,虽然每一年度人才培养和科研论文发表的数量在不断增加,但真正的创新性成果却没有同比增加。大学对于经济社会发展的贡献与其所获得的巨额投入不成比例。对于一个组织而言,"功能层面的管理和效率是市场竞争的必要条件。但是,只有在完成了重要的用户目标,为用户创造出价值时,这样的效率才有价值。成功的企业不会为了追求运营效率而牺牲用户想要完成的任务"[②]。大学的发展也需要遵循同样的规律。如果说在工业社会中,由于大学发展范式与经济发展范式不匹配,某个国家或地区还会出现大学发展好,经济发展差,抑或经济发展好,大学发展差的窘境;那么在基于知识的创业社会里,一个国家或地区大学

---

① 彼得·德鲁克.21世纪的管理挑战[M].朱雁斌,译.北京:机械工业出版社,2019:163.
② 克莱顿·克里斯坦森,等.创新者的任务[M].洪慧芳,译.北京:中信出版社,2019:212.

发展水平与经济发展水平将具有高度的一致性。

究其原因,与工业社会中经济的命脉主要维系于制造业不同,在后工业社会里能够支撑信息技术、知识经济和创新创业的只有教育,尤其是高等教育。在某种意义上,后工业社会也是一个"教育社会",即以教育为中心的社会。与工业社会里教育发展一直受到政治、经济、文化等的决定性影响不同,在后工业社会里,教育本身将成为决定性因素。如德鲁克所言:"教育将成为知识社会的中心,学校将成为知识社会的关键性机构。每一个人需要掌握什么样的知识? 每一个人需要具备什么样的知识组合? 学习与教学的'质量'是什么? 所有这些将不可避免地成为知识社会关心的主要问题和主要政治问题。正规知识的获得与传播在知识社会的政治生活中的地位将同财产与收入的获得与分配在两三个世纪以来,即在我们所谓的资本主义时代中的地位不相上下。"[1]与自然资源的可交易性相比,知识资源具有人身依附性。"无论医学院的学生愿意给神经外科医生多少钱,神经外科医生都无法将知识卖给他,当然也不能将知识转让给他,而这种知识是神经外科医生创造出绩效和取得收入的基础。"[2]实践中某项具体的知识成果或许可以买卖,但知识本身只能随着知识人流动而流动。因此,表面上看,在知识社会中知识是第一资源,实质上人才才是第一资源,而人才的根本在于教育,尤其是高等教育。在某种意义上,知识社会也是"教育社会",知识经济也可谓"教育经济"。当然,知识社会中教育地位的"反转"并不意味着现有的教育机构在后工业社会必定会更加繁荣。毕竟,主观的期待不等于客观的现实。理论上的可能要转变为现实还取决于现有教育机构是否可以提供适合后工业社会需要的合适的教育。知识社会中教育的地位既不取决于机构的身份,也不取决于教授的内容,而主要是看其综合能力,即能否为信息技术革命、知识和创新经济的发展以及全社会的创新创业做出不可替代的贡献。

---

① 彼得·德鲁克.巨变时代的管理[M].朱雁斌,译.北京:机械工业出版社,2019:185.
② 彼得·德鲁克.巨变时代的管理[M].朱雁斌,译.北京:机械工业出版社,2019:212.

总之,在基于知识的社会中,由于技术、资源和动力机制的革新,知识工作者成为经济社会发展中最活跃的因素。100年前,韦伯曾将大学里那些大型的医学和自然科学研究机构形容为"国家资本主义形态"的企业。他认为,大学教师对于这些机构的依赖就像工厂的雇员对于经理的依赖。[①] 韦伯之后的一个世纪里,以研究为中心的第一次学术革命逐渐完成了使命,以创业为中心的第二次学术革命逐渐兴起。"相比在韦伯时代,现在科学家们对于自己并不拥有的大型研究工具的依赖更严重,但是结果却与韦伯时代相反,研究人员对于知识的运用能力已经取代了无产阶级的科学家。"[②]同样的境况之所以出现相反的结果主要是因为研究者所处的经济和社会形态发生了根本变化。在工业社会,"产业工人对资本家的依赖程度远远高于资本家对于产业工人的依赖程度,而在知识社会,所有组织对知识工作者的依赖程度远大于知识工作者对任何组织的依赖程度"[③]。在知识社会中,"由于知识工作者掌握生产资料,因此他们是易于流动的。组织对他们的需要程度大于他们对组织的需要程度。对于大多数知识工作者和组织而言,他们之间的关系是相互依存的关系,是谁也离不开谁的关系"[④]。作为高等教育新的合法性基础,知识和知识工作者在经济社会发展中地位的"反转"将对大学的发展产生颠覆性影响。面对挑战,大学只有顺应加速时代"技术—经济"发展范式的转型,引领创新创业才能在新的社会环境中成就新的卓越。作为知识和知识工作者的主要供给方,大学需要成为具有创新思维的创新者和具有创业精神的创业者,努力在持续失衡的技术环境中维持大学人才培养与技术更新之间的动态平衡。

---

① 马克斯·韦伯.学术与政治[M].冯克利,译.北京:生活·读书·新知三联书店,1998:19.
② 亨利·埃茨科维兹.三螺旋创新模式:亨利·埃茨科维兹文选[M].陈劲,译.北京:清华大学出版社,2016:180.
③ 彼得·德鲁克.巨变时代的管理[M].朱雁斌,译.北京:机械工业出版社,2019:195.
④ 彼得·德鲁克.21世纪的管理挑战[M].朱雁斌,译.北京:机械工业出版社,2019:170.

第三节 选择成就卓越

无论在哪个时代,也无论在哪个国家,同一时期创立的许多大学,后续的发展进程中总是很快会出现分化:有的大学迅速走向卓越,有的大学则长时间陷于平庸;有的平庸之后走向卓越,有的卓越之后又转向平庸;还有的则一直平庸。相比之下,一直卓越的大学总是比较少出现。究其原因,"卓越是一种非常脆弱的状态,既难以达到,也难以维持。攀登卓越高峰的道路非常陡峭,一步没有踩稳就很容易迅速下滑,而一旦下滑,再往回攀登会变得更加困难"①。从清末到民国初年,伴随西学东渐,我国迅速建立起了第一批西式的大学。在 19 世纪末 20 世纪初所建立的那一批大学里,有的大学凭借初创时的创业精神迅速从平庸走向卓越,比如北大、清华经由蔡元培校长和梅贻琦校长的"经营",迅速成长为中国最好的大学,其显赫地位历经百年而保持不变。除北大、清华之外,还有不少建立于清末民初的大学,命运各异。有的一直平庸,有的平庸之后转向卓越,也有的在卓越之后又趋于平庸。大学的世界里为什么有这么大的差异呢?为什么只有极少数的大学一直保持卓越呢?那些卓越的大学与平庸的大学在发展历程中到底有哪些根本的区别呢?

吉姆·柯林斯和莫滕·汉森曾针对"卓越的公司的那些共同点将它们同与之直接比较的公司区分开来"进行过深入研究。结论就是:"选择成就卓越。"他们认为,"从根本上讲,卓越的实现并不在于环境,而首先在于明智的选择和纪律。一家公司(即便它面临的是一个混乱的、充满不确实性的世界)能否真正走上卓越之路,起决定性作用的主要还是人。公司遇到了什么并不

---

① 王莉华,王素文,汪辉.世界一流大学学科竞争力[M].杭州:浙江大学出版社,2015:405.

重要,重要的是它们创造了什么、做了什么以及做得有多好"①。汤因比在《历史研究》一书中也断言,帝国的崩溃必然是由"自我毁灭式的治国之道"所致。② 由此可见,无论是公司还是国家,真正决定组织命运的往往不是"控制权"而是"选择"。与公司、国家相比,大学更缺乏可以改变或控制环境的能力。在特定时空背景下,对于大学的成长而言,它所做的事情也要比它所遇到的事情更加重要;决定大学平庸还是卓越的关键,既不是时代的好坏也不是环境的优劣,而是大学和大学人自己的选择,即他们"创造了什么、做了什么以及做得有多好"。比如,中国抗战期间的西南联大,时代背景和外部环境对于大学的发展均十分不利,但西南"联合大学以其兼容并包之精神,转移社会一时之风气,内树学术自由之规模,外来民主堡垒之称号",以 8 年多一点的时间成就了世界大学史上难以复制的传奇。实践证明,如果一所大学坚定地选择了卓越作为组织目标,那么它后来的所有行动都会围绕成就卓越来进行。如果一所大学放弃了对于卓越的追求,那么它所能成就的只能是平庸。虽然我们无法预测对于卓越的追求是否一定可以成就卓越,但即便最终结果不如预期,大学仍应志存高远,止于至善。"卓越并不仅仅是一种商业追求,它也是我们人类的一种追求。"③如果一所大学一开始就不以卓越为目标,那么它永远不可能成就卓越。长时段来看,大学的卓越没有丝毫运气可言。一个稳态的社会如此,加速时代同样如此。无论何时,只有选择卓越、践行卓越,才能成就卓越。当然,对于卓越的追求和践行并不意味着高调的口号、浮夸的动作,而是要将追求卓越的精神融入组织文化,使之成为大学的核心价值观。"成功的创业活动的本质在于创造性的想象力和行动力。"④大学追求

---

① 吉姆·柯林斯,莫滕·T. 汉森.选择卓越[M].陈召强,译.北京:中信出版社,2012:242.

② 转引自:戴维·兰德斯,乔尔·莫克尔,威廉·鲍莫尔.历史上的企业家精神:从古代美索不达米亚到现代[M].姜井勇,译.北京:中信出版社,2016:43.

③ 吉姆·柯林斯,莫滕·T. 汉森.选择卓越[M].陈召强,译.北京:中信出版社,2012:17.

④ 戴维·兰德斯,乔尔·莫克尔,威廉·鲍莫尔.历史上的企业家精神:从古代美索不达米亚到现代[M].姜井勇,译.北京:中信出版社,2016:2.

卓越的实践同样如此。如果卓越目标背后没有踏实的办学行动作为支撑,那么也不可能成就卓越的大学。

近年来,有些新兴研究型大学(建校时间通常少于 50 年)凭借后发优势,迅速崛起,引起了全世界的关注。一方面这些大学的成功证明了在加速时代大学的发展也在加速,另一方面我们也必须注意这些大学的成功仍然是暂时的。大学对于卓越的追求是一个漫长的过程。过去的正确的选择成就了今天的卓越,今天的选择则决定着大学在明天是否依然卓越。过快地收获成功或高排名会使这些大学变得保守,失去早期的创业精神,自我保护本能会导致速度放慢、依赖于早期的成功并停滞不前。这些新兴大学要避免陷入"早期局部成功综合征",必须提防早期成功和局部成功的"诅咒"。[①] 以奥林工程学院为例,其在 15 年内,独辟蹊径,小有所成,结果就是产生了自我满足现象,校园内实施改革的阻力日益增加。有一种声音越来越强烈,那就是如果继续对学校课程进行重大改革,可能会造成巨大损失。然而,从长远来看,作为一所致力于创新创业的高校,成功与否将取决于学校是否具备敞开怀抱拥抱改革的能力。满足当今职业需求的最佳培养模式在 10 年或 20 年后不一定还是最佳模式。[②]

我们时代由于信息技术和全球化的加速推进,经济社会发展与组织的持续性之间的矛盾日益尖锐。"物理技术按照科学的速度快速进化,并且进化速度按指数级不断加速,而社会技术则是以人类改变的速度进化,相比之下速度要慢许多。我们的物理技术的进化不会放慢脚步,摩尔定律会胜利,所以在这场赛跑中,我们的社会技术必须迎头赶上。我们需要更加深刻地理解个体心理、组织、体制以及社会运作的方式,并找到办法来提高他们的适应能

① 菲利普·阿特巴赫,莉斯·瑞丝伯格,贾米尔·萨尔米,伊萨克·弗鲁明.新兴研究型大学:理念与资源共筑学术卓越[M].张梦琪,王琪,译.上海:上海交通大学出版社,2020:91-92.

② 菲利普·阿特巴赫,莉斯·瑞丝伯格,贾米尔·萨尔米,伊萨克·弗鲁明.新兴研究型大学:理念与资源共筑学术卓越[M].张梦琪,王琪,译.上海:上海交通大学出版社,2020:111.

力,并加快进化速度。"①具体而言,一方面组织之所以称之为组织的一个特性就在于其持续存在;但另一方面为了因应经济社会的快速变化,尤其是信息技术的加速进步,所有的组织又需要持续变革,甚至是根本转型。面向未来,为了跟上信息技术的进步,所有的社会组织都需要根据新的技术环境,重新定义自己的核心使命和发展范式。大学作为历史悠久的专业性组织,素以保守著称,在加速时代面临的挑战尤其严峻。在即将到来的知识社会里,由于政治、经济、社会、文化、技术等都将发生长期而深远的变化,持续变革将成为高等教育领域的常态。当然,持续变革并非变动不居或为了变革而变革,持续变革仍需要以组织制度的连续性为前提。此外,持续变革也不只意味着政府的相关政策是否有连续性,还意味着一旦政府的政策激励结束,大学的改革成果能否持续下去。无论何时,真正有效的变革一定是"变中有不变,不变中有变"。"变革和连续性不是一对矛盾体,而是一个事物的两个方面。一个组织越接近变革的引导者,它就越需要保持内部和外部的连续性,越需要在快速的变革和保持连续性之间取得平衡。"②任何一个组织,若无法在持续变革与连续性之间保持平衡,都有可能失灵。为了建立一种追求卓越的自我驱动机制,在变化不断加速的时代里大学需要通过创新创业精神在变革与可持续性之间保持平衡。"任何事业,无论是公司、社会、国家、教堂、社会企业、学校、医院、军事单位、管弦乐队、团队,还是其他任何人类组织,都需要不断地在持续性和变革之间寻找一种平衡。没有任何一项人类事业能够在缺乏持续性的情况下取得巨大成功。如果你的努力中缺乏前后一致的概念和严格的方法论,那么环境的变化就会让你遭受重创,到时你的命运就不会再掌握在你自己的手中。同理,也没有任何一项人类事业能够在缺乏有效演变的情

---

① 托马斯·弗里德曼.谢谢你迟到[M].符荆捷,朱映臻,崔艺,译.长沙:湖南科学技术出版社,2018:181.
② 彼得·德鲁克.21世纪的管理挑战[M].朱雁斌,译.北京:机械工业出版社,2019:102.

况下取得巨大成功。"①历史上，近代早期的大学由于拒绝变革而遭遇"冰河期"。近代以来，大学的复兴则得益于在坚守传统的同时积极朝向现代化进行革新。现代高等教育系统就是中世纪大学经由近代化转型而来，但现在又面临再次转型。"即使像大学、医院和政府机构这样长盛不衰的组织，在已经拉开帷幕的转型期也将面临急剧变革。即使它们能够继续存在，它们也需要改变它们的组织结构、工作方式、需要的知识和使用的人。"②

　　当前，面对经济、社会以及技术的快速变化，对于大学的变革有三种不同的选择或思考方法。第一种方法是基于现有范式的思考，即在既有制度框架下追求持续性创新。基于这种方法，现代大学的主流范式是研究型大学，高等教育改革发展最容易做的就是以世界一流为目标，持续建设研究型大学。第二种方法是跳出现有范式之外进行思考，即通过引入一种新范式以实现某种破坏性创新。基于这种方法，可以引入创新创业这种新范式，促进研究型大学向创新创业型大学转型。第三种方法是"无范式"，即对于现代大学的发展不持特定的立场，对于改革的各种可能性持开放性态度。理论上，第三种方法具有优越性，但事实上很难做到。在特定情境下，无论是个体还是组织都不可能将自己的立场完全悬置起来，更不可能完全摆脱既有理论或范式的束缚。比较务实的做法仍是从现实出发，为旧范式寻找具有"可更进性的"备选方案。"卓越的创新者不是根据现况来预测未来的走向，而是逼着自己跳出既定的假设，去思考是否有更好的方式。"③历史上，大学一直处于相对稳定的环境中，稳定的环境造就了大学相对保守的文化性格和制度安排，正因此，大学才能更好地适应了稳态的社会环境。由于保守的文化性格以及相对稳定的技术与制度环境，长期以来无论是大学内的个体还是大学组织本身对于创新创业精神相对陌生。面对周遭环境的快速变化，相对企业、政府以及其

---

① 吉姆·柯林斯，莫滕·T.汉森.选择卓越[M].陈召强，译.北京：中信出版社，2012：193.
② 彼得·德鲁克.21世纪的管理挑战[M].朱雁斌，译.北京：机械工业出版社，2019：185.
③ 克莱顿·克里斯坦森，等.创新者的任务[M].洪慧芳，译.北京：中信出版社，2019：17.

他机构,大学的反应总是相对迟缓。之所以如此,主要是因为组织惯性和路径依赖。因为习惯于一切从历史出发,"凡是已经做过的事情,总有着我们曾经看到的和经历过的一切事情的鲜明的现实性,而新的事情就只是我们想象中的虚构。实现一个新计划,和根据一个习惯的计划去行动,是两件完全不同的事情,就像建造一条公路和沿着公路行走是两个不同的事情一样"①。在加速时代,无论对于组织还是个人,也无论是政府、企业还是大学,创新创业精神都是最佳选择。新加坡国立大学前校长施春风在一次演讲中曾提及:"优质大学重视教学,卓越大学重视转化。"②但更准确点或许应该说,优质大学重视教学和科研,卓越大学重视创新创业。一方面,创新创业精神的注入可以促使大学从教学型、研究型向创新创业型范式转换;另一方面,待创新创业成为大学发展的主导范式后,创新创业精神又会成为维持创新创业型大学持续发展的保障。

总之,加速时代里,大学要成就卓越需要成为变革的引导者,而要成为变革的引导者就必须具备驾驭"变革的变革"的能力,而要成功驾驭"变革的变革"就意味着必须具备创新创业精神。"所有一切都暗示,在这个新的变革的世纪里,大学不能像白垩纪后期的恐龙那样只知道仰望若隐若现的星空,而是要有所行动。我不相信大学会绝迹,反而会认为它的有效运行会支持这种变化,尽管这些变化中一些是革命性的,几乎所有的都是不受欢迎的,还有少数被认为是有害的和破坏性的。大学的未来和其贡献很可能会依赖于它如何创造性地利用过去的管理经验和学习模式去适应新世纪终身学习社会的需要。"③面对信息技术革命和经济全球化创造出的发展机遇,只有凭借创新

---

① 约瑟夫·熊彼特.经济发展理论[M].何畏,等译.北京:商务印书馆,2019:97.
② 冯达旋.全球化下的教育复兴:冯达旋谈高等教育[M].魏晓雨,译.哈尔滨:哈尔滨工业大学出版社,2018:210.
③ 弗兰克·罗德斯.创造未来:美国大学的作用[M].王晓阳,蓝劲松,等译.北京:清华大学出版社,2007:272-273.

创业精神,大学才可以及时做出调整和改进,"创造出有目的的、集中的变革"①,以展示其对于经济社会发展的潜力。只有创新创业精神能帮助个人和组织在纷繁复杂的变化中有效识别出哪些是发展的机遇,哪些可能只是"噪音"②。如果大学缺乏创新创业精神,没有选择创新创业这种新范式,面对迅速变化的现实,很容易陷入慌乱,倾向于将全部或大部分的精力用于应对各种变化。其结果,由于在关键时刻缺乏决断力,大学变革无法跟上环境的快速变化,所谓的改革经常沦为"折腾"。为在加速时代成就新的卓越,大学需要做出战略选择,以创新创业精神为建立创新型经济和创业型社会提供更优的解决方案。

---

① 特里萨·M. 阿马布勒,等.突破惯性思维[M].李维安,等译.北京:中国人民大学出版社,2001:144.
② 吉姆·柯林斯,莫滕·T. 汉森.选择卓越[M].陈召强,译.北京:中信出版社,2012:185.

第三章　世界高水平大学的"年轻化"

　　传统上,一所大学的卓越至少需要上百年,甚至数百年的积淀。长期以来,历史悠久也是人们在评价一所好大学时最喜欢挂在嘴边的话,似乎大学历史的长短与大学的好坏有密切的关系。1998 年,顾伊诺在一个颇有趣的研究中曾提到,"欧洲的最有名的研究型大学中,只有 8％是战后年代创立的。他将欧洲大学根据研究业绩分成不同的类别:在排行榜中领先的 64 所大学中,他发现大部分都可追根溯源至中世纪;相反的情形是处于排行末尾的 192 所大学中,基本上都是战后成立的学校"①。但事情并非如此简单。现在情况已经发生了很大的变化。21 世纪以来,伴随"经济—技术"发展范式的变化,大学在经济社会发展中的重要性凸显。得益于政府的重点建设和学术锦标赛的刺激,有越来越多的年轻大学开始超越那些老大学,成为世界大学群体中的翘楚和新贵。无论是在欧洲还是欧洲以外,很多国家的情形已经不太符合顾伊诺的发现。比如,英国的 7 所一流高校中有 3 所创立于中世纪,2 所创立于 19 世纪,另外 2 所成立于 20 世纪 60 年代;如果分析前 15 名,3 所创建于中世纪,7 所建立于 19 世纪,5 所成立于 20 世纪 60 年代。② 正如英国《泰晤士高等教育》THE 世界大学排名编辑菲尔·贝蒂所说:"要在数年间创造出能

---

① 迈克尔·夏托克.成功大学的管理之道[M].范怡红,主译.北京:北京大学出版社,2006:12-13.
② 迈克尔·夏托克.成功大学的管理之道[M].范怡红,主译.北京:北京大学出版社,2006:13.

与百年大学争一日之短长的学府并不是不可能的事,维也纳医科大学和南洋理工大学就是最好的例子。在国际学术舞台上,新势力已经崛起,传统大学面对史无前例的激烈挑战,不可掉以轻心。"①根据软科 2019 年世界大学学术排行榜,1965 年建校的加州大学欧文分校位列第 80 名,1969 年建校的洛桑联邦理工学院位列第 78 名,1981 年建校的南洋理工大学位列第 73 名,1960 年建校的加州大学圣地亚哥分校位列第 18 名。而根据《泰晤士高等教育》THE 世界大学排名(THE2020),洛桑联邦理工学院位列第 38 名,南洋理工大学位列第 48 名,建校于 1991 年的香港科技大学位列第 47 名。在 2020 年 QS 世界大学排名百强榜单上,南洋理工大学位列第 11 名,洛桑联邦理工学院位列第 18 名,香港科技大学位列第 32 名,建校于 1971 年的韩国科学技术院位列第 41 名,建校于 1965 年的华威大学位列第 62 名,建校于 1986 年的浦项科技大学位列第 87 名。总体来看,上述这些高校建校时间最长的尚不足 60 年,最短的还不到 30 年,已经高居世界大学排行的百强,有些大学在有些排行榜上甚至已进入了前 10 名,成为世界公认的一流大学。我们时代年轻大学的迅速崛起反映了大学发展的加速,加速的结果就是世界高水平大学呈现出"年轻化"趋势。

第一节 世界高水平大学建校时间分布

关于目前全世界到底有多少所大学,因为各国关于大学的认定标准不同,很难有统一的结果。有统计说 40 000 所左右的,有统计说 20 000 所左右的,也有统计说 5 000—10 000 所的。虽然世界各国大学的总数没有定论,但综合各个排行榜的上榜情况,对于世界上哪些大学是主要的大学,哪些大学

① 转引自:武建鑫.全球顶尖年轻大学的学科布局及其战略选择——兼论后发型国家建设世界一流学科的制度空间[J].中国高教研究,2017(5):68.

是高水平大学,这些大学大致建立在什么时间,人们还是有一定的共识。从最早的建校时间来看,据克拉克·克尔的统计,西方世界 1520 年之前建立的大学,一直存在到今天的有 70 所。① 而据程莹和刘念才的统计,若以 1640 年(英国资产阶级革命)为界,欧洲到现在还有 107 所建立于中世纪的大学。② 若以具体国家来看,安东尼·史密斯和弗兰克·韦伯斯特曾指出:"在英国,当提到'大学'一词,人们想到的一定是具有悠久历史和传统的教育机构,但事实上,现在的大学中历史悠久的为数很少,超过四分之三是在 20 世纪 60 年代以来成立的。非常具有戏剧性的是,其中 30 所是在 1992 年一年间被冠以大学之名的。"③英国的大学如此,那么英国之外的非欧洲国家其大学建立的时间将更为短暂。由此可见,虽然从起源上看,作为一类组织大学的历史非常悠久,但若具体到每一个国家的每一所大学,今天在世界范围内真正历史悠久的大学只是极少数;与那些历史特别悠久的中世纪大学相比,今天绝大多数的大学都是非常年轻(20 世纪以后建立)或比较年轻(19 世纪以后建立)的机构。在《世界知名大学建校时间的实证分析》一文中,程莹和刘念才对于世界各国主要大学以及上海交通大学高等教育研究所"世界大学学术排行 2005"(ARWU2005)中的 500 强高校的建校时间进行了统计(见表 3 - 1)。

表 3 - 1　世界各国主要大学的成立时间分布④

单位:所

时间段	世界各国主要大学	500 强高校
16 世纪以前	104	72
17 世纪	19	12
18 世纪	45	28

①　克拉克·克尔.大学之用[M].高铦,等译.北京:北京大学出版社,2008:86.

②　程莹,刘念才.世界知名大学建校时间的实证分析[J].清华大学教育研究,2007(4):61.

③　安东尼·史密斯,弗兰克·韦伯斯特.后现代大学来临?[M].侯定凯,赵叶珠,译.北京:北京大学出版社,2010:3.

④　程莹,刘念才.世界知名大学建校时间的实证分析[J].清华大学教育研究,2007(4):57.

时间段	世界各国主要大学	500 强高校
19 世纪	317	202
20 世纪以来	522	188
合　计	1 007	502

　　通过表 3－1 可以看出,世界各国主要大学建立于 19 世纪之后的约占 83%,其中建立于 20 世纪之后的约占 52%,而建立于 19 世纪之前的只约占 17%。与之相比,ARWU2005 的 500 强高校中建立于 19 世纪之后的约占 78%,其中建立于 20 世纪之后的约占 37%,而建立于 19 世纪之前的则约占 22%。如果以世界各国主要大学成立时间的分布作为"常模",那么 ARWU2005 的 500 强高校中建立于 19 世纪之前的历史悠久的大学在比例上略高,而建立于 20 世纪之后的年轻大学比例略低。为了呈现那些历史特别悠久的中世纪大学(107 所)的办学水平,作者还分别统计了其在 ARWU2005 的 500 强高校中的具体分布(见表 3－2)。

表 3－2　中世纪大学在各层次大学中的数量和比例[①]

名次范围	中世纪大学数/所	占所有中世纪大学的比例/%
前 100 名	17	16
101—200 名	20	19
201—300 名	13	12
301—400 名	14	13
401—500 名	11	10
500 名以后	32	30
合　计	107	100

　　综上所述,可以得出如下结论:(1) 世界各国主要大学建立于 20 世纪之

---

① 程莹,刘念才.世界知名大学建校时间的实证分析[J].清华大学教育研究,2007(4):62.

后的超过 50%，建立于 19 世纪之前的约占 17%。（2）以 ARWU2005 的 500 强高校为参照，世界高水平大学中建立于 20 世纪之后的年轻大学占比约为 37%，建立于 19 世纪之前的约占 22%，其中建立于 1640 年之前的中世纪大学占比为 15%。（3）以世界各国主要大学建校时间分布作为参照的"常模"，在 2005 年时世界高水平大学中历史悠久（建立于 19 世纪之前）的大学相比年轻的（建立于 20 世纪之后）大学在比例上占有一定的优势。

第二节　近 20 年来世界高水平大学建校时间分布的变化

由于技术的飞速进步，我们处于一个加速变化的时代。但"谈论'变化'本身毫无意义。我们不得不追问：'变化的是什么？衡量的对象又是什么？'"。[①] 为便于理解大学发展的加速变化，笔者把建立于 19 世纪之前的大学看作历史悠久的大学，把建立于 20 世纪之后的看作"年轻的大学"。那些建校时间在 19 世纪至 20 世纪之间的高校属于历史悠久大学和年轻大学的"过渡地带"。本文中"世界高水平大学"主要指软科世界大学学术排行榜上的 500 强高校。所谓"年轻化"主要通过呈现不同年度不同建校时间的高校在软科世界大学学术排行榜上所占比例变化来显示。之所以选择软科的排名作为参照，主要有两个原因：一是软科世界大学学术排名发布时间最早，时间跨度最长；二是软科的排行榜指标客观，指标体系从未修改，不同年度排名可比性强。在排行榜年份的选择上，由于相邻年度的大学排名差异不大，笔者没有逐年分析，而是根据时间跨度均等的原则，分别选择了 2003 年、2011 年和

---

① 丹尼尔·贝尔.后工业社会的来临[M].高铦,等译.南昌:江西人民出版社,2018:62.

2019 年的软科世界大学学术排行榜数据作为分析对象,在排行名次上分别选择前 100 名、201—300 名和 401—500 名,以具体呈现 2003 年以来世界高水平大学在建校时间分布上的变化。

在 2003 年世界大学学术排行榜上,进入百强的最年轻的大学是建校于 1982 年的伊利诺伊大学芝加哥分校。在 2011 年世界大学学术排行榜上,进入百强的最年轻的大学是建校于 1965 年的加州大学欧文分校。在 2019 年世界大学学术排行榜上,进入百强的最年轻的大学是建校于 1981 年的南洋理工大学。

表 3-3 2003 年、2011 年与 2019 年世界大学学术排行前 100 名大学建校时间分布

单位:所

统计年份	建校时间											
	1000—1099	1100—1199	1200—1299	1300—1399	1400—1499	1500—1599	1600—1699	1700—1799	1800—1849	1850—1899	1900—1949	1950
2003 年	1	0	3	3	4	2	5	9	19	39	12	4
2011 年	1	0	3	1	4	3	3	12	17	41	14	2
2019 年	1	0	3	1	5	3	4	10	14	37	17	6

注:各校建校时间主要通过百度百科查询,并根据需要通过学校的官网进行核对。涉及合并的高校,以合并之前建校时间较早的高校的建校时间进行统计。下同。

据表 3-3,对比三份榜单前 100 名大学建校时间分布可以发现:首先,在 2003 年、2011 年和 2019 的百强榜单中建立于 19 世纪之前的高校都是 27 所。其次,在三份榜单上世界大学学术排行前 100 名的大学都是建立于 1850—1899 年间的数量最多。在 2003 年的排行榜上,前 100 名的大学中建立于 1800 年之后的有 74 所,其中建立于 1850 年之后的有 55 所。在 2011 年的排行榜上,前 100 名的大学中建立于 1800 年之后的有 74 所,其中建立于 1850 年之后的有 57 所。在 2019 年的排行榜上,前 100 名的大学中建立于 1800 年之后的有 74 所,其中建立于 1850 年之后的有 60 所。在 2003 年和 2011 年的百强榜单上,1900 年之后建立的高校都是 16 所,占比约为 16%;而在 2019 年的百强榜单上,1900 年之后建立的高校有 23 所,占比约为 23%。由此可见,2019 年上榜的百强高校中建校时间短的高校在增多。

整体来看,从 2003 年到 2019 年排名前 100 名的高校相对稳定,建立于 19 世纪之前的大学没有减少。2003 年的前 100 名榜单与 2019 年的前 100 名榜单相比,有 78 所高校完全相同。2003 年前 100 名共计 101 所高校,只有 23 所没有出现在 2019 年的前 100 名榜单上。

在 201—300 名位次榜单上,2003 年上榜的最年轻大学,是建立于 1991 年的香港科技大学和那不勒斯菲里德里克第二大学。2011 年上榜的最年轻大学,是建立于 2004 年的维也纳医科大学。2019 年上榜的最年轻大学,是建立于 2009 年的阿卜杜拉国王科技大学。

表 3-4 2003 年、2011 年与 2019 年世界大学学术排行 201—300 名大学建校时间分布

单位:所

统计年份	建校时间												
	1000—1099	1100—1199	1200—1299	1300—1399	1400—1499	1500—1599	1600—1699	1700—1799	1800—1849	1850—1899	1900—1949	1950—1999	2000
2003 年	1	1	0	2	7	2	2	5	21	31	8	20	0
2011 年	1	1	1	2	7	4	2	5	18	23	10	25	1
2019 年	1	0	2	2	8	2	2	2	13	22	16	25	2

据表 3-4,和前 100 名榜单上的高校相比,排名在 201—300 名的高校更加年轻化,建立于 1950 年之后的高校开始占据相对多数。在 2003 年榜单上,排名在 201—300 名的高校中,1850 年之后建立的有 59 所,其中 1900 年之后建立的有 28 所,1950 年之后建立的有 20 所;在 2011 年榜单上,排名在 201—300 名的高校中,1850 年之后建立的也有 59 所,其中 1900 年之后建立的有 36 所,1950 年之后建立的有 26 所;在 2019 年的榜单上,排名在 201—300 名的高校中,1850 年之后建立的有 65 所,其中 1900 年之后建立的有 43 所,

1950 年之后建立的有 27 所。

整体来看,在 201—300 名榜单上,建立于 19 世纪以前的高校数量也相对稳定:2003 年的榜单上有 20 所,2011 年的榜单上有 23 所,2019 年的榜单上有 22 所。但从 2003 年到 2019 年,在 201—300 名榜单上建立于 1900 年之后的高校开始显著增多(从 28 所增加到 43 所)。

在 2003 年世界大学学术排行榜上,401—500 名榜单上最年轻的大学是建校于 1991 年的奈良科技大学。在 2011 年世界大学学术排行榜上,401—500 名榜单上最年轻的大学是建校于 2004 年的格拉茨医科大学。在 2019 年世界大学学术排行榜上,401—500 名榜单上最年轻的大学是建校于 2011 年的南方科技大学。

表 3 - 5 2003 年、2011 年与 2019 年世界大学学术排行 401—500 名大学建校时间分布

单位:所

统计年份	建校时间												
	1000 1099	1100 1199	1200 1299	1300 1399	1400 1499	1500 1599	1600 1699	1700 1799	1800 1849	1850 1899	1900 1949	1950 1999	2000
2003 年	1	0	3	1	2	4	8	4	4	22	22	29	0
2011 年	1	0	1	3	2	2	2	2	5	18	28	35	1
2019 年	0	0	0	1	2	4	3	1	12	20	24	31	2

据表 3 - 5,和前 100 名以及 201—300 名榜单上的高校相比,排名 401—500 名的高校年轻化趋势更加明显,建立于 1950 年之后的高校开始占据明显多数,建立于 19 世纪之前的高校显著减少。在 2003 年的榜单上,排名在 401—500 名的高校中,1850 年之后建立的有 73 所,其中 1900 年之后建立的有 51 所,1950 年之后建立的有 29 所;在 2011 年的榜单上,排名在 401—500 名的高校中,1850 年之后建立的有 82 所,其中 1900 年之后建立的有 64 所,1950 年之后建立的有 36 所;在 2019 年的榜单上,排名在 401—500 名的高校中,1850 年之后建立的有 77 所,其中 1900 年之后建立

的有 57 所,1950 年之后建立的有 33 所。在 2011 年的榜单上开始有一所 2000 年之后建立的高校,而在 2019 年的榜单上有 2 所 2000 年之后建立的高校。

整体来看,百强高校中建立于 19 世纪之前的大致占 27％,201—300 名的高校中建立于 19 世纪之前的约占 21％。而 401—500 名的高校中建立于 19 世纪之前的比例显著降低:在 2003 年的榜单上,建立于 19 世纪之前的高校还有 23 所;在 2011 年的榜单上,建立于 19 世纪之前的高校数量降到 13 所;而在 2019 年的榜单上,建立于 19 世纪之前的高校只有 11 所。

表 3-6　2003 年、2011 年、2019 年世界大学学术排名 1—100 名、201—300 名、401—500 名年轻高校建校时间比较

单位:所

世界排名		1—100 名			201—300 名			401—500 名		
建校时间		1850—	1900—	1950—	1850—	1900—	1950—	1850—	1900—	1950—
统计年份	2003 年	55	16	4	59	28	20	73	51	29
	2011 年	57	16	2	59	36	26	82	64	36
	2019 年	60	23	6	65	43	27	77	57	33

据表 3-6,从趋势上看,无论在哪个排名区间,建立于 20 世纪之后的高校都在增加。其中在前 100 名中年轻高校的数量相对稳定,增加的幅度比较有限,从 2003 年的 16 所增加到 2019 年的 23 所;在 201—300 名区间,建立于 20 世纪之后的高校显著增加,从 2003 年的 28 所增加到 2019 的 43 所,其中建立于 1950 年之后的高校从 2003 年的 20 所增加到 2019 年的 27 所;值得注意的是,在 401—500 名区间,建立于 20 世纪之后的高校从 2003 年的 51 所增加至 2011 年的 64 所,在 2019 年又回落到 57 所。

整体来看,排名前 100 的高校中那些历史悠久的大学所占的比例相对稳定;而随着排名的降低,那些建立于 20 世纪之后,尤其是建立于 1950 年之后

的年轻大学开始显著增加。与之相应,建立于 19 世纪之前的大学数量显著减少。为了更清晰地呈现世界高水平大学建校时间分布的总体状态,下面对 2019 年世界大学学术排行榜前 500 名的大学的建校时间进行统计,并与前文提及的 2005 年的数据进行比较。

据表 3-7,在软科 2019 年的 500 强榜单(501 所)上,建立于 17 世纪以前的高校有 59 所;建立于 17 世纪的高校 13 所;建立于 18 世纪的高校有 26 所;建立于 19 世纪的高校有 187 所,其中建立于 1850—1899 年的有 122 所;建立于 20 世纪的高校有 211 所,其中建立于 1950—1999 年有 110 所。此外,建立于 2000 年之后的高校有 5 所。根据前面引述的程莹和刘念才的统计(见表 3-1),在 ARWU2005 的 500 强高校榜单(502 所)上,建立于 17 世纪以前的高校为 72 所,建立于 17 世纪的高校有 12 所,建立于 18 世纪的高校有 28 所,建立于 19 世纪的高校有 202 所,建立于 20 世纪以来的有 188 所。二者相较,建立于 17 世纪之前的高校 2019 年较之 2005 年减少了 13 所,建立于 17 世纪的高校增加 1 所,建立于 18 世纪的高校减少 2 所,建立于 19 世纪的高校减少 15 所,建立于 20 世纪之后的高校增加 28 所。若与世界各国主要大学建校时间分布的"常模"(建立于 19 世纪以前的高校占 17%,建立于 19 世纪之后的高校占 83%,其中建立于 20 世纪以来的高校占 52%)相比,在 2005 年的榜单上,建立于 19 世纪之前的历史悠久的大学共计 112 所,占比约 22%,建立于 20 世纪之后的年轻高校 188 所,占比约 37%;而在 2019 年的榜单上,建立于 19 世纪之前的高校共计 98 所,占比约 20%,而建立于 20 世纪之后的高校共计 216 所,占比约 43%。在 ARWU2005 的 500 强高校榜单上,建立于 1640 年之前的中世纪大学为 75 所,而在软科 2019 年的 500 强高校榜单上,建立于 1700 年之前的高校总共才 72 所。二者相对照,在世界高水平大学群体中年轻大学正占据越来越多的份额,那些历史悠久的大学似乎正在丧失固有的优势。

表 3−7　2019 年世界大学学术排行榜前 500 名大学建校时间分布

单位：所

排名	建校时间												
	1000—1099	1100—1199	1200—1299	1300—1399	1400—1499	1500—1599	1600—1699	1700—1799	1800—1849	1850—1899	1900—1949	1950—1999	2000
1—100 名	1	0	3	1	5	3	4	10	14	37	17	6	0
101—200 名	0	0	3	4	6	4	2	4	12	25	22	18	0
201—300 名	1	0	2	2	8	2	2	5	13	22	16	25	2
301—400 名	0	0	1	2	1	3	2	6	14	18	22	30	1
401—500 名	0	0	0	1	2	4	3	1	12	20	24	31	2

第三节　世界高水平大学"年轻化"的原因及启示

　　我们时代是一个需要世界一流大学并且涌现了一大批世界一流大学的时代。与历史上那些曾经一流的大学相比，我们时代的世界一流大学相对年轻或比较年轻。究其根本，基于文献计量学的科研评价的盛行，我们时代评价大学好坏的标准发生了根本的变化。在 19 世纪末，甚至直到 20 世纪中叶，衡量大学好坏或评价大学的优劣尚缺乏明确的量化标准。可以量化的或许就是大学的历史和办学规模。因此，在那个时候历史悠久的或规模较大的大学往往被认为是一流的大学或好大学。有关美国大学排名较早的一个资料来自 1880 年，它实际上是单指标排名，就是根据学生数量由高到低进行的排名。在 21 所领先的院校中，哈佛学院、耶鲁学院、密歇根大学、威斯康星大学和哥伦比亚学院分别排第 1、第 2、第 5、第 7、第 10 名，占据前 10 名的一半名额。这些大学当初只是学生数量领先而已，哈佛学院学生最多，有 886 名，哥伦比亚学院只有 285 名。学生规模在那个时期对大学的生存和发展至关重要,规模就是竞争力。[①] 第二次世界大战以后,研究型大学迅速崛起,大学的科研职能被制度化。21 世纪以来,以基于文献计量学的科研评价为基础的世界一流大学评价和排名体系逐渐建立。以世界大学排行榜为载体,全球所有的大学终于有了可以相互比较和竞争的平台。最终,在创新驱动发展的压力下,在各国政府的重点建设下,围绕着排名竞争和对一流学术锦标的争夺,大学的发展不断加速。"以前有些大学需要一个世纪或更长的时间才能发展成熟,而在纷繁复杂、充满竞争的知识经济新时代,现代大学只需较短的时间就可以取得这些成就。"[②]

长期以来,在常识或经验上人们之所以觉得世界一流大学历史悠久,主要是由极少部分的顶尖大学所造成的错觉。这有点类似于一提到美国的大学,总是有人会认为私立的大学比公立的大学好。如果看世界排名前 10 的大学,的确如此;但如果是看世界排名前 100 的大学就未必如此。如果是看世界排名前 500 的大学就一定不是如此。那些世界一流或高水平的大学是否历史悠久也同样如此。如果我们只是看世界排名前 10 的大学,可能的确如此;但如果是世界排名前 100 名就不是这样的;如果是世界排名前 500 名情况就更加不同。在统计学的意义上,一所大学是否卓越与其建立的时间只有微弱的相关性,逻辑上没有因果关系。世界上最好的大学并非最古老的大学。当然也不可能是最年轻的大学。如果以软科世界大学学术排行榜为参照,那些位于世界百强的大学大多建立于 19 世纪以后,建校时间大致在两个世纪左右。如果我们把选取的榜单不断拉长(世界大学排名前 200、前 300、前 500),上榜高校的平均建校时间将愈来愈短,乃至会缩短到半个世纪左右,建校时间最短的,甚至还不到 10 年。之所以如此,最根本的原因是因为当今世界上绝大多数的高校就是 20 世纪以来,甚至是在第二次世界大战之后才建立的,真正

① 王莉华,王素文,汪辉.世界一流大学学科竞争力[M].杭州:浙江大学出版社,2015:35.
② 菲利普·阿特巴赫,贾米尔·萨尔米.世界一流大学:发展中国家和转型国家的大学案例研究[M].王庆辉,王琪,周小颖,译校.上海:上海交通大学出版社,2011:47.

古老的大学在大学总体中所占比例很小。当然,如果我们将没有上榜的高校也考虑进来,那么目前至少在比例上历史悠久的高校还是比年轻高校更加优秀一些。但这种比例上的优势与其说是反映了建设时间对于大学的影响,不如说是反映了分母的差异。

理解大学建校时间与大学发展之间关系的重要维度可能不是时间本身的长短而是"有效时间"。在千年的大学史上,每一个世纪都会有每一个世纪最卓越的大学。但19世纪之后,大学发展的范式发生了根本的变化。在19世纪之前表现卓越的欧洲大学,在19世纪之后有些已不再卓越,有些甚至不可逆转地走向衰落。相反,那些在19世纪之后新建立的大学,凭借研究型的范式迅速赢得了学术荣誉,建立了卓越的声望。在当前以卓越科研为主导的世界大学排行榜上,很多历史悠久的大学在漫长的历史中并没有产生或积累下多少可以为今天的排行提供加分的"数据"。倒是那些建立于19世纪之后或在19世纪之后迅速完成从教学型到研究型转变的大学,顺应科学革命和大学发展范式的转移,迅速积累了科研方面的优势,从而在各种大学排行榜上名列前茅。时间本身是无意识的,时间的积累无法直接造就大学的卓越,唯有大学人的积极作为才能造就大学的卓越。因此,与人的因素相比,悠久的历史从来不是成就一所卓越大学的必要条件,更不是充分或充要条件。此外,无论建校的时间长短,对大学发展产生真正影响的时间也不是均匀分布的。每一所伟大的大学背后都有其"关键期"。"除校长外,哈佛大学在创办85年之后,耶鲁大学则是在创办50年之后才有了各自的第一位教授。"[①]而斯坦福大学在20世纪60年代以前都不是一所有声誉的学术机构,到60年代,它得益于冷战期间的国防合同以及加州经济繁荣一跃成为顶尖大学。[②] 也有学者认为,"斯坦福大学是在1955到

---

① 马万华.多样性与领导力:马丁·特罗论美国高等教育和研究型大学[M].北京:教育科学出版社,2011:5.

② 丽贝卡·S. 洛温.创建冷战大学:斯坦福大学的转型[M].叶赋桂,罗燕,译.北京:清华大学出版社,2007:8.

1975 年间崛起为举世闻名的大学"①。整体上,直到内战结束,美国都还没有一所可以和欧洲的一流大学一争高下的真正的大学。对于美国的大学而言,1869年艾略特就任哈佛大学校长极具象征意义。在此之后,追随艾略特、吉尔曼、怀特等一批先驱的脚印,约翰·霍普金斯大学、康奈尔大学、耶鲁大学、哥伦比亚大学、克拉克大学、斯坦福大学、芝加哥大学等一批世界级的研究型大学在 19 世纪后半叶先后建立或转型。美国大学在 20 世纪称雄世界的格局在这个阶段大体形成。② 由此观之,如果以大学发展的现状回溯,真正对一所大学发展产生关键影响的往往是几个时间点或某个时间段,而不会是涵盖整个大学史的全部时间。也正是因为如此,世界大学发展中才会不断涌现出"后起之秀",而不是"越老越好"。

就建校时间与大学卓越之间的相关性来看,不同时代也有不同的特征。在 19 世纪之前,由于大学主要是一个教学和教化的机构,历史的悠久往往与大学的卓越成正相关。19 世纪之后,大学逐渐由教育机构转型为教学与研究并重的学术机构,那些建立于中世纪的传统大学就逐渐失去了比较优势。一些新建立的近代大学或率先完成向近代化转型的中世纪大学逐渐走向繁荣,而那些在近代化过程中没能及时向研究型范式转换的大学则逐渐没落。受到第一次学术革命的影响,加之第二次世界大战的驱动,20 世纪中叶成为全球范围研究型大学加速发展的一个关键的节点。第二次世界大战后,以哈佛大学、斯坦福大学、麻省理工学院为代表的美国研究型大学迅速崛起,使美国取代德国成为新的世界学术中心。根据克拉克·克尔的统计:"二战末期,美国大概有 6 所大学可称为研究型大学,其教师的活动主要从事科学研究……到 20 世纪 60 年代初,约有 20 所大学成为研究型大学,它们所获得的联邦高等教育研发基金占全部高校总数的一半。到 2000 年,美国已至少拥有 100 所

---

① 迈克尔·夏托克.成功大学的管理之道[M].范怡红,主译.北京:北京大学出版社,2006:155.
② 程星.美国大学小史[M].北京:商务印书馆,2018:319 - 329.

研究型大学,而且还有很多高校正在跃跃欲试,竞相成为研究型大学。"[1]21世纪以来,在信息技术革命驱动下,凭借巨额投入和新的知识生产模式,亚太地区一批更加年轻的大学迅速崛起,使世界高水平大学的发展进入到"加速"阶段。事实也证明,"建成一所世界一流大学并不需要一个世纪或者更长时间"[2]。

概括起来,近20年来世界高水平大学"年轻化"的原因大致可以归结为以下四个方面:(1)世界各国主要大学建立于20世纪之后的"年轻大学"原本就占多数;近20年来世界高水平大学中"年轻大学"所占比例的上升符合相关概率分布。就目前而言,建立于20世纪之后的"年轻大学"在世界高水平大学中所占的比例距世界各国主要大学中"年轻大学"所占的比例还有一定的差距。随着世界一流大学建设运动的持续推进,世界高水平大学中"年轻大学"所占的比例还会继续上升。(2)近20年来世界高水平大学中"年轻大学"的迅速崛起主要得益于社会和"经济—技术"发展范式的转型。21世纪以来,伴随工业社会向后工业社会转型,知识和创新经济的重要性日益凸显,大学作为"创新的引擎"在经济社会发展中的地位显著提高。各国政府,尤其是那些新兴经济体,基于经济社会发展和提升国家竞争力的综合考量,不断加大对高等教育的投入并推行重点建设,为"年轻大学"的后来居上提供了政策激励和经费保障。(3)21世纪以来,以研究型大学作为标准范式,各类世界大学排行榜的"横空出世"为"年轻大学"实施赶超战略提供了标杆。传统上,世界高水平大学的评价主要取决于声誉,"年轻大学"在与历史悠久大学的竞争中处于相对不利的地位。以文献计量学为基础的世界大学排行榜为大学评价提供了新范式,从根本上改变了世界高水平大学的判定规则。很多"年轻大学"正

① National Research Council of the National Academies.研究型大学与美国未来——美国繁荣与安全的十大突破性举措[M].朱健平,主译.长沙:湖南大学出版社,2015:30.
② 菲利普·阿特巴赫,莉斯·瑞丝伯格,贾米尔·萨尔米,伊萨克·弗鲁明.新兴研究型大学:理念与资源共筑学术卓越[M].张梦琪,王琪,译.上海:上海交通大学出版社,2020:前言2.

是凭借在世界大学排行榜上的卓越表现成为世界公认的高水平大学,甚至是世界一流大学。(4)信息技术的加速发展,尤其是互联网的普及为大学评价结果的快速传播提供了技术支持,使大学排行的最新信息能够即时呈现在全世界关心大学发展和评价的利益相关者面前,从而为那些迅速崛起的"年轻大学"尽快获得世界范围内的认可提供了技术上的便利。

需要指出的是,笔者指出世界高水平大学"年轻化"主要是陈述一个事实,并不意味着世界高水平大学中"年轻大学"比那些历史悠久的大学更有优势,更不意味着大学越年轻越好。"在全球排名中取得成功的故事是个例而非常态。"[①]事实也证明,"排名的提升速度会随着时间的推移而下降;改革需要的时间总是比预期的更长;改革的成本总是比最初设想的更高"[②]。此外,由于对高水平大学的评价主要参照排行榜上的排名,相对忽视了人才培养和大学与经济社会发展的联系,有可能会误导大学发展的方向。"各国政府往往在压力的驱使下去追求立竿见影的效果,冒着轻率决定的风险,并且忽略了建立一个强大的研究型大学是一个长期的过程的客观事实。"[③]世界范围内那些迅速崛起的"年轻大学"主要得益于政府的巨额投入,强化了公立大学在学术竞争中的垄断性。新建的私立大学很难成为一流。以美国为例,"几个著名的高等私立院校都成立于19世纪90年代,包括斯坦福大学、芝加哥大学和加州理工学院。但只有少数几个私立院校在20世纪之后成立,此时期成立的院校也没有那么著名。一些基本情况在世纪之交的时候发生了变化,使得优秀的高等教育机构的成立变得更加困难,尤其是私营的教育机构。这一变化主要来源于竞争压力下所需的较大规模和宽覆盖面造成的进入障碍。财

① 玛丽亚·优德科维奇,菲利普·阿特巴赫,劳拉·E.朗布利.全球大学排名游戏:变革中的高等教育政策、实践与学术生活[M].苗耘,马春梅,王琪,译.上海:上海交通大学出版社,2021:14.
② 玛丽亚·优德科维奇,菲利普·阿特巴赫,劳拉·E.朗布利.全球大学排名游戏:变革中的高等教育政策、实践与学术生活[M].苗耘,马春梅,王琪,译.上海:上海交通大学出版社,2021:27.
③ 菲利普·G.阿特巴赫.世界级大学领导力[M].姜华国,译.北京:中国人民大学出版社,2014:224.

政资源和学院的声誉开始变得越来越重要。因此,新的机构在这种环境下很难成长并取得竞争优势"①。尽管如此,世界高水平大学"年轻化"的发展趋势仍给我们以启示:在加速变革的时代不但不能再将过去作为未来的指南,即便是坚持从现在出发也有可能会贻误"战机",唯一正确的选择就是创造未来。"那个让大学适应的世界的最大特征就是:时光流逝是缓慢的。……这样的世界正在消失,而且其消失的速度之快,是大学几个世纪以来获得的重新适应和调整的能力所不能企及的。"②对于大学,尤其是那些以世界一流为目标的大学而言,在"反刍"悠久的传统和灿烂的文化的同时,也不能忘记今天的世界正在发生深刻的系统变革,"范式革命"不可避免。

总之,在加速变革的时代,过去那些大学曾经引以为傲的传统与文化正在离大学远去,曾经被大学视为固有的组织属性也正在被重新建构。"大学管理者、教育工作者必须认真思考以下这些问题。首先,未来社会需要什么样的人才?或者什么样的人才才能适应未来社会?其次,什么样的大学才能培养出这样的人才?再次,人类未来遇到的最大的挑战是什么?大学怎样帮人类迎接这些挑战?这些思考和战略性的定位,可为大学在此轮重组中赢得生存的基础、健康发展的道路、超越的可能。"③按阿什比的说法,大学是遗传和环境的产物④。但这里的"遗传"只是一个隐喻。大学不是有机体,也不可能有生物学意义上的"遗传"。在生物学的意义上,遗传是持久而且带有强制性的,可以精确地复制;而大学的"遗传"则"可能在极短的时间内遭到破坏和被遗忘"⑤。准确地说,大学在历史长河中所发生的只是"传承"而不是"遗传"。与其说大学是遗传和环境的产物,不如说大学是历史性和现实性的紧

---

① 克劳迪娅·戈尔丁,劳伦斯·凯兹.教育和技术的竞赛[M].陈津竹,徐黎蕾,译.北京:商务印书馆,2015:355-356.
② 安东尼·史密斯,弗兰克·韦伯斯特.后现代大学来临?[M].侯定凯,赵叶珠,译.北京:北京大学出版社,2010:42-43.
③ 席西民."范式革命",大学逃不过[N].上海文汇报,2015-06-19.
④ 阿什比.科技发达时代的大学教育[M].滕大春,滕大生,译.北京:人民教育出版社,1983:7.
⑤ 卡尔·雅斯贝尔斯.论历史的起源与目标[M].李雪涛,译.上海:华东师范大学出版社,2018:44.

密结合。基于此,我们需要思考的问题就是,哪些历史性的因素会对大学的现实造成显著影响? 现实的哪些变化又会导致我们重新思考大学的历史性存在? 我们时代虽然历史对于大学仍然很重要,它奠定了大学的文化底蕴,赋予了大学发展的现实可能,但从实际出发,真正决定大学好坏的只能是大学的现实性,即大学在当下的选择和行动。以纽约大学为例,该校建立于1831 年,一直处于名不见经传的位置,但从 20 世纪 80 年代中期到 90 年代中期,该校通过大力筹集资金而招聘世界级一流教员,并提高学生的入学层次,在仅仅 10 年间,就一跃而挤入美国一流大学的行列。① 在一个加速的时代,对于大学而言,无论辉煌或不辉煌的历史都已是过去且无可更改,追求卓越的大学需要从现实出发,并致力于创造未来。为了成功应对人类社会面临的诸多挑战,无论是历史悠久的大学还是年轻的大学都站在共同的起跑线上,需要为了共同的利益和确保大学作为知识社会的轴心机构而共同努力。

---

① 迈克尔·夏托克.成功大学的管理之道[M].范怡红,主译.北京:北京大学出版社,2006:13.

第四章 教育计划、量化评估与一流大学

恩格斯在评价文艺复兴时曾指出:"这是一次人类从来没有经历过的最伟大、最进步的变革,是一个需要巨人而且产生了巨人——在思维能力、热情和性格方面,在多才多艺和学识渊博方面的巨人的时代。"①与之类比,或许也可以说,我们时代是一个需要世界一流大学而且产生了世界一流大学的时代。所不同的是,文艺复兴时代产生的"巨人"是差不多没有一个"不曾做过长途的旅行,不会说四五种语言,不在几个专业上放射出光芒",而我们时代产生的或"速成"的世界一流大学则主要在大学排行榜上"放射出光芒"。具体来看,所谓"需要世界一流大学"意味着我们时代需要的不再是创建更多的大学,而是建设更好的大学;所谓"产生了世界一流大学"意味着我们时代为了满足政府、社会、企业以及大学自身对于"更好的大学"的需要,学术界和传媒合作,基于量化评估的方法,对"什么是世界一流大学"给出了明确的判断标准。最终,以世界大学排行榜为参照,我们时代需要的"世界一流大学"被"批量生产"出来,并公开展示。在排名的意义上,每一年都会有新的世界一流大学"涌现",但实质上,那些基于量化评估的大学排行榜而"涌现"出的世界一流大学,可能并非适合我们时代经济社会发展和实现全球共同利益需要

---

① 恩格斯.自然辩证法[M].于光远,等译.北京:人民出版社,1984:6.

的"更好的大学"。相反,那些得益于政府的教育计划和第三方的量化评估而"速成"的世界一流大学固化了大学发展范式,不利于大学在基于知识的后工业社会里发挥轴心机构的作用。"在世界范围内,进入大学排名榜单的研究型大学几乎均陷入了排名之争,这些学校最终都被关进了声誉与排名之争的'铁笼'难以脱身。"①为了适应创新驱动发展和创业革命的需要,也为了实现对于全球共同利益的承诺,大学发展尤其是世界一流大学建设需要超越政府的教育计划和第三方的量化评估的羁绊,以创新创业作为中心任务,切实提高办学水平和服务经济社会发展的能力,在全球、国家和区域等不同层面服务于全人类的共同利益。

第一节　教育计划与一流大学

计划是人类生活的一部分,教育活动也不例外。教育中没有什么事情是完全无计划的,我们需要避免的只是将计划作为教育的主导性原则抑或试图将教育整体计划化。整体计划化反映了人类对于理性的自负,最终会导致集体的非理性。"致力于全盘控制人们所做的和所想的体制,如果不是先从其内部破裂,也最终会在自身的重压下坍塌。"②近代以降,在公立学校制度下,教育逐渐成为国家的事业,政府成为教育发展的主导力量。第二次世界大战以后,为了恢复国家的经济,政府在教育,尤其是高等教育发展中的权力进一步扩大。在公共教育制度下,一方面是进行教育计划的冲动,另一方面是大规模实施"计划教育"的代价。教育计划的危害不在"计划"本身,而在于计划

---

① 吴燕,王琪,刘念才.世界一流大学:面向全球共同利益　服务本土社会[M].陈珏蓓,江雨澄,田琳,译.上海:上海交通大学出版社,2020:79.
② 格特·比斯塔.教育的美丽风险[M].赵康,译.北京:北京师范大学出版社,2018:11.

背后的控制和命令。"关键的问题是:那些能通过计划而成为可能,以及不可能通过计划获得成功的事情,它们之间是否有存在界限? 如果存在这样一条界线的话,它能被确定吗?"①理论上,教育中可以计划与不可以计划的事情的界限一定是存在的,但实践中这条理论上存在的界线会充满弹性,并缺乏约束力。质言之,教育中什么能通过计划而成为可能,什么不能通过计划而获得成功,这主要由权力配置和资源配置的方式所决定。经验表明,权力和资源的过分集中会扩大教育计划的范围,权力和资源的适当分散则可以削弱教育计划的可能性。作为国家的公共事业和人类的共同利益,我们时代的高等教育改革与发展不可能处在放任状态,而是需要必要的计划。我们时代"有组织无政府状态"的大学如果不是完全不可能的,那么也是非常脆弱的。然而,需要注意的是,高等教育发展属于无法通过整体性计划而获得成功的领域,所谓"必要的计划"只能是"有限的计划",这也就意味着统一的教育计划要为诸多的"例外"留有足够的空间。

理论上,大学作为知识密集型组织对于计划化的危险应保持有足够的警惕,并拥有丰富的文化底蕴可以与整体计划化的企图相对抗。但实践中经常恰恰相反。由于受到整体知识和技术主义的诱惑,加之功利主义的驱动,在权力相对集中的高等教育管理体制下,大学反而成为计划思维和行动最为顽强的专业组织。20 世纪末,尤其是 21 世纪以来,面对知识经济的挑战,为了加速高等教育发展,在世界上很多国家,政府与大学之间的权力边界被重构。政府的教育计划之于大学发展的重要性被凸显。"出于提升民族自豪感和国际声望的考量,越来越多的国家政府启动了'卓越计划'(Excellence Initiatives),其中包括投入大量额外经费以快速、切实地提高其顶尖大学的绩效表现。"②纵观世界各国的一流大学建设运动,虽然规模有大小之别,目标有

---

① 卡尔·雅斯贝尔斯.论历史的起源与目标[M].李雪涛,译.上海:华东师范大学出版社,2018:211-212.
② 吴燕,王琪,刘念才.世界一流大学:面向全球共同利益 服务本土社会[M].陈珏蓓,江雨澄,田琳,译.上海:上海交通大学出版社,2020:92.

高低之分，但共同的特征就是均由政府的教育计划主导。具体而言，面对即将来临的知识社会，为了加快推进世界一流大学建设，当今世界主要国家的政府纷纷将世界一流大学建设纳入各种不同的"教育计划"，希望经由意向性的或理想导向型的政策，尽快实现各自的世界一流大学建设目标。据统计，1989 年至 2004 年有 13 项"卓越计划"在不同的国家启动，而 2005 年至 2015 年全球共推出了近 40 项"卓越计划"。① 这一轮的世界一流大学建设之所以呈现出明显的"计划化"特征，一个根本的原因就在于，面对经济社会转型发展的压力，政府企图以财政为杠杆驱动大学加速发展，尽快建成世界一流大学，以实现创新驱动发展。由于世界一流大学建设并非由知识驱动，而是为了满足经济社会发展对于大学的功利主义和实用主义的现实需要，改革完全由政府主导，"焦点归结于财政，因此改革方案不得不制定为具体的计划"②。此外，我们时代普遍接受了将世界一流大学作为国家竞争工具的思想，政府有计划地建设世界一流大学也获得了普遍的社会认可和正当性，甚至成为一种制度优势。最终，作为一种教育计划的"世界一流大学建设"从根本上改变了大学与政府的关系。为实现世界一流大学建设的目标，政府在高等教育改革和发展中的权力不断扩张，政府既是世界一流大学建设的"资助者""受益人"，又是"裁判员"。

实践证明，政府通过教育计划的强力介入和深度参与的确加速了大学的发展。近年来，世界范围内那些年轻的新建大学或重组大学之所以能够迅速崛起，成为"世界一流"大学，绝大多数都得益于政府的大力支持。③ 但事情的另一面在于，由政府主导的教育计划在取得暂时成功的同时也面临着大量质疑和严峻挑战。因为无论多么长期的教育计划，相比于大学的发展都是短周

① 吴燕，王琪，刘念才.世界一流大学：面向全球共同利益　服务本土社会[M].陈珏蓓，江雨澄，田琳，译.上海：上海交通大学出版社，2020：222.
② 金子元久.高等教育财政与管理[M].刘文君，编译.上海：华东师范大学出版社，2010：22.
③ 菲利普·阿特巴赫，莉斯·瑞丝伯格，贾米尔·萨尔米，伊萨克·弗鲁明.新兴研究型大学：理念与资源共筑学术卓越[M].张梦琪，王琪，译.上海：上海交通大学出版社，2020：192.

期的。那些受教育计划驱动的"世界一流"大学,一旦离开教育计划的支持是否还能保持原有的地位具有极大的不确定性。以新加坡为例,在政府的主导下,依靠国家投资,新加坡的 4 所研究型大学在国际排名上稳步攀升,但排名的上升在多大程度上提升了国家的经济效益,以及这种模式能否在经济或政治上保持长期的可持续性都令人怀疑。① 究其根本,无论是经验上还是逻辑上,世界一流大学建设的"计划化"都面临着内在紧张或矛盾。大学的发展尤其是世界一流大学的成长是不可能人为计划的。一旦政府将世界一流大学建设纳入教育计划就意味着政府要制订并控制世界一流大学的评价标准,否则教育计划本身的实施效果或进展将无法评估。而任何一项教育计划如果无法进行绩效评估就无法问责,进而就无法获得财政支持上的合法性。结果就是,为满足政府实施教育计划以及对于大学进行问责的需要,基于精确测量的评估开始在高等教育领域获得合法性。最终,以大学排行榜为代表的一元性的外在评估,受到了政府和社会的普遍认可甚至是推崇。原本作为一个整体的世界一流大学被分解成了不同的指标;原本作为一个过程的世界一流大学建设被精确到了不同的时间点,不同国家的政府纷纷确定将在哪一年争取有几所大学进入世界一流的行列或前列;与之相应,不同的大学也纷纷确定本校将要在什么时间点实现整体的世界一流或某个指标的世界一流。这种精确测量的逻辑可能符合建设世界一流大学的教育计划的政策意图,但并不符合大学发展和世界一流大学成长的规律。经过有计划地建设和有针对性地改进,某个大学在某个排行榜上或在某些指标上或许可以迅速实现世界一流的目标,但大学自身作为一个整体未必可以发挥出世界一流大学应有的教育、科研和创新功能。2021 年,为加快构建中国特色"双一流"建设评价体系,克服评价工作对于"双一流"建设的负面影响,教育部学位管理与研究生教育司负责人在就"双一流"建设成效评价工作答记者问时特别强调指出:

---

① 吴燕,王琪,刘念才.世界一流大学:面向全球共同利益 服务本土社会[M].陈珏蓓,江雨澄,田琳,译.上海:上海交通大学出版社,2020:70.

"无论是高校自评、专家评价和第三方评价的结果，还是综合评价的结果，都不是高校或学科建成一流与否的评判。对'双一流'建设的长期性、复杂性和艰巨性要有充分认识。'双一流'建设高校要坚持正确办学方向，坚持服务国家需求，坚持久久为功，把精力聚焦到人才培养上，放在建设项目上，踏踏实实开展建设，用服务贡献的实绩体现特色、增强实力、展现水平，为建设高等教育强国发挥应有的引领示范作用。"①

从财政的角度看，建设世界一流大学不能没有政府的支持，也不能没有计划。但从大学发展的角度看，任何的教育计划一旦沦为"政府计划、大学执行"就将失去现实意义，甚至会危害大学的发展。作为国家政策体系的一部分，教育计划应是纲领性的、简洁明了的、方向性的，而不能是"总括的、被技术性地精练了的"②。换言之，计划不能成了行政命令或权力控制的托词。然而，事实总是恰恰相反。围绕世界一流大学建设的很多的教育计划最核心的内容都是"目的地""时间表""路线图"。本质上，大学的发展是一个模糊的、充满不确定性的、漫长的过程，世界一流大学的形成更是需要一代代大学人永不停息的创业精神和创造力，相比之下，任何一项教育计划无论如何"长期"，都是短期的、有明确期限的政府项目。从时间的可持续性出发，建设世界一流大学的主体只能是大学自己，政府必须将世界一流大学建设的自主权交给大学自己。政府可以给予大学额外的资助并提出远景目标，但绝不能也不应凭借教育计划对大学的发展进行实质的控制或"下命令"。政府必须清楚，额外的资助与大学的发展之间并不存在必然的因果关系，绝不是因为政府资助了一流大学建设或发布了某项"卓越计划"，大学就一定要或能够成为一流大学。一所大学能不能成为世界一流受诸多因素的综合影响，绝不仅仅是政府的教育计划可以单方面决定的。一旦政府以行政权力赋予教育计划

---

① 教育部.加快构建中国特色"双一流"建设评价体系——教育部学位管理与研究生教育司负责人就"双一流"建设成效评价工作答记者问[EB/OL].(2021 - 03 - 23)[2022 - 11 - 12]http://www.moe.gov.cn/jyb_xwfb/s271/202103/t20210323_521943.html.

② 金子元久.高等教育财政与管理[M].刘文君,编译.上海:华东师范大学出版社,2010:68.

以强制力,强化政府对于世界一流大学建设目标的问责,抑或给出实现目标的时间点,大学就会利用信息不对称性和评估指标的多样性有选择性地向政府和社会提供"利己信息",自我"宣称"或通过第三方"宣称"自己全面建成了世界一流大学。结果就是,教育计划的相关目标按时完成,但大学本身可能并没有真的成为世界一流。

第二节　量化评估与一流大学

对于大学评估中基于指标的测量和排名,理论界存在不同的看法。一种看法认为指标是无效的。无论何种指标,一旦被用于利害攸关的测量就会失去指标本身应有的含义。另一种看法则认为,虽然任何单一的指标都有局限性,但通过指标体系的建构和调整,以及不同指标的相互支撑,大学评估中基于指标的测量可以得到不断的优化。关于指标有效性争议的背后其实是大学评估的方法论问题。强调"指标无效"意味着大学评估需要基于那些熟谙大学发展原理及精通诸学科高深知识的专家的独立判断。强调"指标虽有局限,但可不断优化"则意味着大学评估可以由评估专家来主导,从基于同行专家的主观判断走向基于数据或证据的客观测量。大学评估中强调专家意见的重要性意味着评估主要是一种实践性知识,这种知识依附于专家本人,属于个人知识,难以复制和大规模传播。与之相比,强调测量的重要性则意味着大学评估主要是一种程序性知识和统计方法,可以迅速复制,并在世界范围内进行比较。20世纪80年代以前,大学评估主要依赖学科专家和大学高层管理者的定性意见,即基于实践经验和智慧的个人判断,评估中即便有指标的设计也完全或主要由各学科的专家主导。但80年代以后,基于指标的客观测量逐渐取代专家意见开始在大学评估中居于主导。"越来越多的大学正在设计(或者说是摆弄)排名,以期在排名中上升几位,甚至现在一些大学有所谓的排名主管来为学校领导团队提供建议并影响大学的战略计划。"①在部分国家,大学评估几乎完全被大学之外的第三方机构所垄断,评估专家取代学科专家和管理专家成为大学评估的绝对主角。

高等教育中以大学排名为代表的量化评估的兴起受内外部多种因素的影响,但主要源于大学在经济社会发展中重要性的凸显以及政府在教育计划中对于大学进行问责的政治需要。在世界一流大学建设运动兴起之前,基于量化评估的大学排名就已经存在,但其社会关注度和认可度相对较低;在政府以"卓越计划"介入世界一流大学建设之后,基于量化评估的世界大学排名才迅速成为很多国家高等教育重点建设政策的指标。究其根本,简洁明了的排名满足了政府和社会对于大学进行问责与绩效评价的需要。吊诡的是,政府基于大学之于经济社会发展的重要性推出了世界一流大学建设政策,而为了检验世界一流大学建设成效又选择了量化评估,最终"以排名论一流"的操作反倒冲淡了大学之于经济社会发展的重要性。近年来,在那些商业或半商业、独立或半独立的排行榜上,大学像商品或普通物品一样被展示、被排名。大学之于经济社会发展,尤其是创新创业的重要性在那些排名中即使不是完全被忽视,也是基本上被忽视了。在精确的排名之下,对于大学的好坏或优劣的判断只基于有限的可测量的指标,那些无法测量的活动都被排除在了评估的范围之外。参照大学排行榜的评估指标体系,大学的发展路径基本是确定的,世界一流大学的建成也是可预测的或可计划的。为避免"不可预测的风险",以集中资源快速提升大学排名,凡不属于评估指标要测量的活动,都会在大学发展中受到有意无意的抑制或忽视。"一旦资源分配错误,组织的生产力和效率都将遭受损害。"②世界一流大学建设也不例外。在一元性的评

---

① 吴燕,王琪,刘念才.世界一流大学:面向全球共同利益　服务本土社会[M].陈珏蓓,江雨澄,田琳,译.上海:上海交通大学出版社,2020:69.

② 杰瑞·穆勒.指标陷阱:过度量化如何威胁当今的商业、社会和生活[M].闾佳,译.上海:东方出版中心,2020:147.

估指标体系中，办学资源将被集中于有利于排名提升的领域，大学发展逐渐被精确的排名战略所主导，被预先设定的一组可测量的目标所"锁定"，创新创业精神会被打压和抑制，大学发展的同质化不可避免。基于指标的测量强调评估结果的精确，而创新创业需要的是从不确定性中寻找和创造机会。

当前以排名为参照，中国的世界一流大学建设取得了显著进展。这种进展甚至被上升为"中国模式"的高度，似乎中国在建设世界一流大学方面已经取得了成功，并具有了独特的经验。21世纪以来，得益于政府的财政驱动，中国大学在世界上的排名不断上升是客观的事实，但这恐怕和"中国模式"没有直接的、必然的联系，也不能证明中国的世界一流大学建设政策已经取得成功，这种情形主要是量化评估和排名的产物。否则的话，在过去更长的时间里，中国的大学为什么没有因为"中国模式"或"中国经验"而成为"世界一流"呢？因此，对于中国通过"211工程""985工程""双一流"建设等重点政策建设世界一流大学取得的进展应客观、理性看待，现在远未到将其理论化为"中国模式"或"中国经验"的时候。与世界其他国家相比，中国建设世界一流大学的确有"中国"特色，但中国大学排名的上升仍然主要得益于我们对西方大学长期发展过程中所确立的"游戏规则"（评估指标）的遵循。事实上，不仅是中国，其他的很多亚洲国家的大学在政府的额外资助下，只要围绕着那些排名指标进行努力，也都显著提升了本国大学在世界上的排名，个别国家的大学甚至比中国最好的大学的排名表现还要突出。现在问题的关键在于，排名的一流并非真正的一流。世界大学排行榜上的名列前茅也并不必然意味着世界一流大学的全面建成。如果我们现在急于将中国建设世界一流大学的成功当作一个客观的事实，然后去追问这种成功背后的原因，进而提出所谓的"中国经验"或"中国模式"，可能会适得其反。

我们之所以习惯上这样做是因为我们需要将暂时的成功体制化、符号化或作为一种象征物，以获得一种确定性或所谓的自信。但这种习惯性的思路本身可能存在问题，甚至是风险。大学的发展或世界一流大学的建设绝不能

"本质化"，不能认为世界一流大学建设只能如此或一贯如此。中国大学的现状或世界排名只是"历史的如此"①，并不是必然如此。对于大学而言，通往世界一流的道路不是唯一的，也不存在某种一劳永逸的模式或捷径，要实现世界一流大学的建设目标单靠计划和排名是远远不够的，需要的是大学各利益相关方为了共同利益的永不停息的努力。短时期内排名的上升可能由很多因素造成，并不必然意味着世界一流大学的建成，我们更不可能知道这种显著上升的大学排名到底可以给中国大学以及中国经济社会发展带来什么，更不清楚这种排名意义上的"世界一流大学"能否实现大学对于全人类共同利益的承诺。基于若干指标的排名或许可以给中国大学带来诸如"世界一流""世界高水平"或"世界知名"的光环效应，但排名本身并不意味着、更不直接代表大学的真实能力。退一步而言，即便仅仅是在排名的意义上，我们也很难保证中国大学的排名在世界大学排行榜上会持续上升。在现有体制下，如果没有制度创新，仅仅靠资源驱动排名的天花板很容易也很快就会出现。高等教育制度环境和知识传统在世界一流大学形成中的作用是十分强大的，远远超过任何个人或组织在短时期内的计划或努力，更不是巨额的资金或资源能够简单地改变或决定。无论是理论界还是实践界都要警醒"以排名论一流"可能对中国建设世界一流大学造成的威胁，以及如何在世界一流大学建设中努力克服教育计划和量化评估可能带来的消极影响。如果我们将排名的上升当成全面建成世界一流大学的证据，而忽视了排名背后隐藏的巨大的教育危机和创新创业失灵的风险，那么中国大学将很难成为真正的世界一流大学，最好的结果也只会被认为是大学排名锦标赛的优胜者而非真正的强者。

21 世纪以来，在全球范围内兴起的世界一流大学建设运动主要受政府的"教育计划"和第三方机构的"量化评估"驱动。政府通过"教育计划"为世界一流大学建设提供了额外资源，而第三方机构提供的以大学排名为代表的量

---

① 项飙,吴琦.把自己作为方法:与项飙谈话[M].上海:上海文艺出版社,2020:186.

化评估结果则为政府"教育计划"的合理性和有效性提供了"科学"依据。"教育计划"和"量化评估"既促进了大学的加速发展,也"锁定"了世界一流大学建设的路径。大学的发展需要思考如何在参与和超脱全球大学排名之间进行定位。① 从长远来看,为了满足基于知识的经济和社会发展,也为了实现对全球共同利益的承诺,世界一流大学建设必须超越教育计划和量化评估的羁绊,将创新创业作为衡量大学发展水平的核心要件,从为排名而竞争转向为创新创业而努力。

要实现大学发展范式的转换,首先要改变对于大学的评价。如果评价的尺子是错误的,那么大学的管理者以及政府的官员以看似客观精确实则错误的信息所做出的决策也必然是错误的,最终以排名的进展作为世界一流大学建设的进展,不但会贻误大学的发展,而且会影响整个经济社会的繁荣。实践证明,排名只适合作为验证结果的手段,而不是结果本身。② 当前大学评估中的指标、测量、排名与政府、社会对于大学的激励和承认等相互交织在一起。单独致力于任何一个要素的改变都不可能取得真正的成功,而同时致力于所有要素的改革更是难以启动。这正是我们时代大学实现"范式革命"面临的最大困境。所谓"困境"也就意味着,所有人都知道问题所在,但没有人知道如何解决问题或没有解决问题的完美方案。③ "没有人知道如何可以解决"或"不可能有完美的解决办法",并不等于这个问题不能解决,而只是意味着该问题的解决不可能有"处方式"的完美方案,这需要人们在实践中根据具体情况灵活应对。面对创新驱动发展和创业革命的压力,大学评估改革的方向远比具体的方案或对策建议更加重要,经济社会发展实践将倒逼我们时代的大学从

① 玛丽亚·优德科维奇,菲利普·阿特巴赫,劳拉·E. 朗布利.全球大学排名游戏:变革中的高等教育政策、实践与学术生活[M].苗耘,马春梅,王琪,译.上海:上海交通大学出版社,2021:148.
② 玛丽亚·优德科维奇,菲利普·阿特巴赫,劳拉·E. 朗布利.全球大学排名游戏:变革中的高等教育政策、实践与学术生活[M].苗耘,马春梅,王琪,译.上海:上海交通大学出版社,2021:37.
③ 冯·哈耶克.知识的僭妄——哈耶克哲学、社会科学论文集[M].邓正来,译.北京:首都经济贸易大学出版社,2014:141.

旧范式向新范式转型。现在的问题是，在范式转型的十字路口，由于受量化评估的"指挥棒"影响，无论是大学的教师、管理者还是政府的官员，对于发展或建设旧范式的大学仍然有浓厚的兴趣和足够的动力，对于创新创业新范式之于大学转型发展的重要性的认识仍然没有上升到战略的高度。对于大学评估中常见的指标、测量和排名，大学的教师、管理者和政治家的不满主要集中于"口头上的抱怨"，而在办学实践和政策实践中仍然会赋予那些基于指标和测量的排名以极大重视，并努力根据指标的设定和测量的结果推进大学改革和发展。

要改变对大学的评价方式，首先要承认大学及其评估的复杂，要敢于接受大学内部的很多事务是无法测量的客观现实。"有时候承认可能存在的局限性，它却是智慧的开端。不是所有的问题都能够得到解决，能够依靠指标解决的问题更少。并非一切都可以通过测量得到改善，也不是所有能被测量的东西都能够得到改善。"[①]世界一流大学建设中如果我们无法破除对于测量的迷思，对于指标的迷信，对于排行榜的崇拜，就无法避免评估中对于大学发展实践的过度"简化"或"简单化"，那么以各种指标体系优化的名义进行的量化评估就无法避免。而如果基于指标和测量的排名仍然普遍存在，如果政府、社会以及大学自身仍然主要以排名作为治理和驱动大学发展的政策工具，那么大学就不可能将工作重心放在创新创业上。

第三节　超越计划和排名的羁绊

如果说 20 世纪是高等教育规模扩张的时代，那么 21 世纪的高等教育发展必须从规模向质量转变。与 20 世纪迅速推进的工业化相比，进入 21 世纪

---

① 杰瑞·穆勒.指标陷阱：过度量化如何威胁当今的商业、社会和生活[M].闫佳，译.上海：东方出版中心，2020：178.

之后,那些发达的工业化国家正在加速向基于知识的后工业社会转型。除了必要的资源和资本之外,工业社会的经济增长还得益于劳动者平均受教育水平的提高。与工业社会相比,后工业社会更加依赖于人的素质。但问题的关键在于,由于智能技术的加速进步,后工业社会里很多原本需要受过中等教育或高等教育的人才能胜任的工作岗位实现了自动化,那些机械化程度和重复性高的专业性工作面临被人工智能技术替代的危险。近几十年的经济社会发展也证明,"基于创新和技术进步的国民经济增长,在很大程度上不再取决于国民的平均受教育水平,而是取决于那些掌握顶级知识、能力和技能的人的水平"[①]。这可能也就是为什么21世纪以来有越来越多的国家加入世界一流大学建设运动中的原因。在工业社会中,工业经济的核心竞争力之一是规模化和标准化,而在后工业社会中,知识经济的核心竞争力则是创新创业。为了匹配工业经济的标准化和规模扩张,高等教育的规模也需要不断扩张,以满足经济规模扩张对于人力资本的需要。当前面对经济社会发展从工业化向后工业化转型的大趋势,为了确保在基于知识的经济和创新中拥有足够的竞争力,单单靠高等教育的规模(大众化或普及化)是远远不够的。在高等教育普及化背景下,无论是对于个人还是对于国家,"大学"本身并不能充分表示其作为教育机会的质量,"怎样的大学"才是需要关注的问题。[②] 究其根本,知识经济对于人才的需要主要是"高质量"而不是"大规模和标准化"。在那些前沿领域,一百个、一千个拥有大学学位的普通人才可能都不如一个杰出人才对于经济社会发展的贡献大。在创新创业而非就业主导的后工业社会里,那些只是在规模上实现了高等教育大众化甚至普及化而没有世界一流大学的国家,经济增长和社会发展将面临停滞甚至下滑的压力。

当然,这样讲并不意味着我们时代高等教育发展的规模不重要,也并不

① 杰瑞·穆勒.指标陷阱:过度量化如何威胁当今的商业、社会和生活[M].闾佳,译.上海:东方出版中心,2020:72.
② 金子元久.高等教育财政与管理[M].刘文君,编译.上海:华东师范大学出版社,2010:138.

意味着国民的平均受教育水平和专业人才培养可以忽视。毕竟无论在哪个国家，世界一流大学建设都需要基于一个一流的高等教育体系，在那些一流的高等教育体系中通常会有少部分的世界一流大学，但更多的则是对一流大学起支撑和辅助作用的其他类型和层次的高等教育机构。世界上不可能有任何一个国家的所有大学都是世界一流大学，相反，可能有很多国家的所有大学都不是世界一流大学。但无论在哪个国家，如果没有那些其他类型和层次的高等教育机构的存在（"塔基"），都不可能有世界一流大学（"塔尖"）个体或群体的涌现。普通人才和杰出人才的关系也大致如此。杰出人才是"塔尖"，普通人才是"塔基"。如果没有国民平均受教育水平的普遍提高，也不可能有大量的杰出人才涌现。但反之，受过高等教育的人口的急剧增加并不必然意味着一个国家的杰出人才会相应地显著增长。"有人认为，只要扩大教育的对象，社会上所需要的英才特别是第一流的英才，就能在教育领域中自然而然地不断地涌现出来。回顾一下迄今为止的教育发展史，我认为这种观点是没有根据的。在英才形成中，'无形的手'是不起作用的，不要认为把教育阵地扩大一百倍，给社会输送的英才就会按比例地增加一百倍。恰恰相反，倒是容易出现反比例的情况。即便是研究生院能够培养英才，而研究生院以下的学校体系如果不具备符合培养英才的机能，那么仍然难以培养出英才。"①实践中，杰出人才的涌现与一个国家高等教育质量以及政治、经济环境密切相关。如果忽视了其他的制约因素，仅仅通过规模的扩张，不仅不会增加杰出人才的比例，有时还会导致劣质的高等教育机构充斥市场，就像"柠檬"（指"次品"或"不中用的产品"）占领二手车市场一样。②

　　从当前及未来经济社会发展的趋势看，"世界一流大学越来越多地被视

①　麻生诚.英才的形成与教育[M].王桂，王振洲，译.长春:吉林人民出版社，1987:203.
②　程星.世界一流大学的管理之道——大学管理决策与高等教育研究[M].北京:北京大学出版社，2011:45.

为容纳科研人员、促进知识和全球科学人员跨境流通的最佳机构"①,既是国家竞争的工具,也是全球共益物品的创造者。现在关键的问题是,我们需要什么样的世界一流大学,以及通过什么途径来建设世界一流大学。当前受基于测量的评估以及排行榜的影响,政府以及社会对于世界一流大学的判断被大学排名所左右。受政府的政策(教育计划)激励,同时也是为了获得社会的承认,很多大学都将注意力转向了基于文献计量学的排名竞争。"大学排名中对于国际地位的追求首当其冲:'危害了高校的国家使命与社会相关性,而这两点正是高校的目标与生命力所在','导致高校与本土区域以及国家责任脱节'。"②最终不同的国家在不同的大学排行榜上收获了各自需要的"世界一流大学",但大学对于各自国家经济社会发展的贡献并未显著增加,大学的科学研究和人才培养仍明显滞后于经济社会发展,尤其是创新创业实践的需要。我们时代经济社会发展已经在从工业化向后工业转型,但大学发展范式仍然是"工业化"的,仍然在通过组织规模的扩张以寻求在各类排行榜上的优势地位。而那些排行榜更是旧时代的旧思维的产物,主要通过高度简化的方法对大学进行精确测量以吸引政府和社会的关注,赚取商业的或非商业的利益,而不顾及所谓的精确测量是否会误导大学的发展方向。其结果,在排行榜的诱导下,大学的发展路径被指标"锁定",其组织内部适应经济社会发展需要的创新创业精神被抑制,指标的优秀被等同于了学术的优秀,排名的一流被当作了大学的一流。

当前在教育计划和量化评估的相互作用下,世界一流大学建设一片繁荣,但排名意义上的"世界一流大学"既无法满足创新驱动发展的需要,更无法实现对于全人类共同利益的承诺。我们时代大学发展的危机没有因为政

①　吴燕,王琪,刘念才.世界一流大学:面向全球共同利益　服务本土社会[M].陈珏蓓,江雨澄,田琳,译.上海:上海交通大学出版社,2020:14.
②　吴燕,王琪,刘念才.世界一流大学:面向全球共同利益　服务本土社会[M].陈珏蓓,江雨澄,田琳,译.上海:上海交通大学出版社,2020:177.

府的额外资助而缓解,反而因为量化评估的影响而不断加剧。"全球排名可以成为大学'脱嵌'(或分离)的来源,因为排名强加的目标和技术解决方案可能与大学与其学术团体或整个社会的关系背道而驰。"①面对知识经济、创新驱动发展以及创业革命的挑战,人们期待或预测大学将在后工业社会起到轴心作用,但主观的期待并不意味着大学必然或实际上已经起到轴心机构的作用。大学的发展与经济社会的发展之间,知识的创造与资本的运行之间,并非一一对应的关系。工业社会中是这样的,后工业社会中也会是这样。"如果某些知识是为了达到商业应用目的、专门创造商业应用价值的话,那么由商业机构来创造这种知识将会更有效率。在大学内创造的知识可以验证是有用的,但没有必要一定在大学内创造。"②基于此,我们需要破除对于大学,甚至是世界一流大学的迷思。在后工业社会中大学将不可避免地失去对于高深知识的垄断,与之相应,非大学的知识机构将蓬勃发展。后工业社会的根本特征是知识创造价值,至于这种知识是来自大学还是其他知识机构则充满不确定性。面对后工业社会的来临,有些国家的大学适应经济社会发展的需要,成功实现了转型发展,成为创新创业意义上的世界一流大学,就有可能会成为后工业社会经济社会发展的动力源泉和轴心机构。而另一些国家的大学面临危机反倒趋于保守,进而错失了向创新创业型大学转型发展的历史机遇,最终成为或沦为排名意义上的世界一流大学,则有可能被后工业社会中其他的知识机构所淘汰。

---

① 玛丽亚·优德科维奇,菲利普·阿特巴赫,劳拉·E.朗布利.全球大学排名游戏:变革中的高等教育政策、实践与学术生活[M].苗耘,马春梅,王琪,译.上海:上海交通大学出版社,2021:213.
② 金子元久.高等教育财政与管理[M].刘文君,编译.上海:华东师范大学出版社,2010:226.

第五章　量化评估与大学发展

　　人世间的任何事物都难以逃脱人的理性的"计算"或直觉的"判断"，而无论是基于理性的"计算"还是基于直觉的"判断"都是一种"评估"。自大学产生以来，对于大学的评估就以不同的形式存在，但将大学评估结果加以"量化"或"精确化"，却是我们时代独特的产物。历史上，对于大学好坏的评价大多依赖分散的、相互独立的"专家意见"，经过时间的沉淀，逐渐形成所谓的"声誉"。所谓"评估"往往只有整体的判断，没有什么具体的标准，也没有一级、二级指标，更不可能有基于测量得分的排名。某种意义上，大学与大学之间基于教育和研究声誉而形成的等级秩序是长时间演化而成的，而非依据某一年度的数据人为地塑造。"人们各自采取的行动往往会产生一种秩序——尽管这种秩序是未意图的和未预见的，但是它却被证明是人们实现他们为之努力的各自目标所不可或缺的。"①相比之下，我们时代更相信客观的测量以及具体的排名。在排行榜上，大学的好坏与相应指标的统计得分的高低相对应。部分排行榜在量化排名的过程中即便引入了同行评价，专家的主观意见也必须量化为客观的分数。原本极其复杂，甚至难以实施的大学评估变为一种极其"简化"或"简单化"的数字游戏或算法。"评价从一种需要专业知识与

---

　　① 冯·哈耶克.知识的僭妄——哈耶克哲学、社会科学论文集[M].邓正来，译.北京:首都经济贸易大学出版社,2014:10.

技能的实践行为转变为一种自动化的机械操作。"①那些擅长设计和操纵指标体系的人,凭借可以快速处理大数据的计算软件,取代了那些深谙大学发展原理以及精通诸学科高深知识的人成为大学评估的专家。究其根本,一方面无论是大学教育发展水平还是大学科研水平都是整体性的存在,难以测量,更不可能精确测量;但另一方面受时代精神的影响以及政治思潮、政策环境、经济社会发展趋向的左右,对于大学的评估和绩效评价又势在必行。虽然理论上大学评估的复杂性远非人的理性可以完全掌控,但为了满足现实的需要,人的有限理性可以对评估的对象做出种种"变通"。最终,由于对现实需要的满足而非理性的有限被置于首要地位,评估指标体系的合理性以及测量方法的科学性等问题往往被有意或无意遮蔽。换言之,受诸多内外部因素的影响,高等教育改革和发展实践中"量化"本身成了评估的目的,至于量化结果的有效性、科学性以及非计划性后果往往少有人关注。即便偶有关注,通常也认为政府和社会对于大学的量化评估和绩效评价具有现实的必要性和合理性。在没有更合适的政策工具出现之前,最多只能通过"元评估"对现有评估进行改进,而不可能不进行量化的评估。

第一节　大学量化评估的内部动因

当前大学评估之所以趋于以排名为标志的"精确化"有多种原因。首先是对测量的迷思。受自然科学研究范式的影响,很多研究者认为只要在统计方法上做出改进或变通,对大学的评估就可以像其他事务一样,精确地进行

---

① 伊夫斯·金格拉斯.大学的新衣? ——对基于文献计量学的科研评价的反思[M].刘莉,董彦邦,王琪,译校.上海:上海交通大学出版社,2019:48.

测量。其次是指标主义的"暴政"。基于对测量的迷思,同时受文献计量学和循证实践的影响,很多研究者认为只要能设计出一套指标体系或尽可能多的指标体系,就可以实现基于证据的大学评估。再次就是排名成为一种高等教育的管理时尚和大学治理的政策工具。由于信息的不对称,消费者很难直接判断高校的质量,对作为消费者的公众,大学排名作为一种"相对价值"较之抽象的教育质量更加简明易懂。[①] 面对政府的问责以及绩效评价的压力,排名的不断提升自然而然地成为大学回应政府和社会关注的最佳手段。最终,测量、指标与排名相互强化,"对社会测量的反馈进一步强化了测量当中的期望或预期,即通过鼓励符合评估的行为来提高评估的有效性的过程"[②],使关于大学的评估,尤其是评估结果的呈现愈来愈精确化,评估对于大学优劣的判断也越来越"武断"。量化评估的科学基础主要是统计学,而统计学对于数据的处理有两个重要的方法论原则:"第一,化复杂为简单;第二,有意把它所计算的个别要素看成是毫无系统联系的孤立要素予以对待。"[③]作为专业组织和社会制度环境的一部分,无论是大学教育水平还是科研水平都无法"化复杂为简单",更无法在实质上将系统中紧密相关的各要素相互孤立开来。至少在当前社会科学还没有发达到可以对大学办学水平进行科学的评估和精确的测量。

在量化评估中有一种观念认为,自然界那么复杂都可以被测量,并基于测量发现规律,大学难道比自然界更复杂吗?本质上,大学和自然界是两种完全不同的复杂系统。大学评估对象的复杂与自然界的复杂也完全不同。"各种不同的领域之间实际上存在着很重要的区别……我们不应当在社会科

---

① 程星.世界一流大学的管理之道——大学管理决策与高等教育研究[M].北京:北京大学出版社,2011:46.

② 玛丽亚·优德科维奇,菲利普·阿特巴赫,劳拉·E.朗布利.全球大学排名游戏:变革中的高等教育政策、实践与学术生活[M].苗耘,马春梅,王琪,译.上海:上海交通大学出版社,2021:47.

③ 冯·哈耶克.知识的僭妄——哈耶克哲学、社会科学论文集[M].邓正来,译.北京:首都经济贸易大学出版社,2014:100.

学各领域中不经思考就轻易地接受那种被自然科学家视作是他们可以泰然受之的——尽管是一种令人遗憾的——必然的趋势。"[1]相较而言,自然界的复杂是客观的、有限的,只要研究方法和技术不断改进,这种复杂性可以转变为可理解性或简单性。但大学评估对象的复杂则是人为的、动态的、无限的,无论我们采取何种先进的方法和技术,都注定无法将其复杂性转变为一种可以测量的简单性。在大学这样一个人为的但又不是人的理性可以完全设计或控制的系统里,自然科学的方法并不具有普遍适应性,甚至完全不适用。"即便是最有影响力的排名所解决的仅是小部分研究型大学以及大量学术成果和衍生品的测量问题。"[2]如果我们忽视了大学评估对象的复杂性和特殊性,在指标主义意识形态的控制下,量化评估不仅误解了大学教育的本质,还会把大学发展看得过于简单化了。结果就是,那些所谓的有效的指标一旦被作为指标长期使用,立即就会面临失效的风险。"任何指标一旦创建和应用,该指标就会不断增长,因为指标吸引了我们的注意力。"[3]最终依据这些指标进行的测量以及依据这些测量结果给出的排名,所提供的只能是一种模拟的或虚拟的信息,甚至可能是错误的信息,根本无法准确反映大学自身的真实情况,更不要说鉴别大学的优劣。如穆勒所言:"有些事物可以测量,有些事物值得测量。但能被测量的东西,不见得总是值得测量;得到测量的东西,跟我们真正想知道的东西,有可能毫无关系。被测量的东西,有可能让我们从真正在乎的事情上分散精力。测量给我们带来的或许是扭曲的知识——看似可靠,实则具有欺骗性的知识。"[4]大学量化评估的困境也正在于此。大学

---

①　冯·哈耶克.知识的僭妄——哈耶克哲学、社会科学论文集[M].邓正来,译.北京:首都经济贸易大学出版社,2014:125.

②　吴燕,王琪,刘念才.世界一流大学:面向全球共同利益　服务本土社会[M].陈珏蓓,江雨澄,田琳,译.上海:上海交通大学出版社,2020:58.

③　伊夫斯·金格拉斯.大学的新衣?——对基于文献计量学的科研评价的反思[M].刘莉,董彦邦,王琪,译校.上海:上海交通大学出版社,2019:44.

④　杰瑞·穆勒.指标陷阱:过度量化如何威胁当今的商业、社会和生活[M].闾佳,译.上海:东方出版中心,2020:3-4.

里有些活动可以测量也值得测量,但能够被测量的并非总是值得测量,值得测量的也并非总是可以测量。所谓的量化的评估只是测量了可以测量的,而忽略了那些至关重要但可能是不可测量的东西。遗憾的是,"目前没有看到任何解决各种缺陷的希望。甚至,一些排名用户都不能对应该被限制使用的各种数据缺陷和矛盾有一个大致的认识。吸引眼球的是总的排名名次,而不是排名创造的复杂性"①。面对大学评估的复杂性,我们必须摒弃对于测量的迷思,那种认为一定可以找到一种完美的方法对大学进行精确测量的思维是一个极大的误区。自然科学领域用来发现真理的测量与统计,在大学评估领域并不具有普遍的适用性,而只会滋长我们对于数据和排名的迷信。

作为大学评估中精确测量的典型代表,排名原本是大学之外的第三方机构,尤其是媒体对大学的"评估"。客观上,这些机构的优势是"传播力"而不是"科学性"。长期以来,在各类媒体上所发布的大学排名和娱乐新闻一样,主要目的是吸引公众的注意力,从而提升杂志或报纸的销量。排名结果并不被大学、政府和社会所重视,也很少有严肃的高等教育研究者会关注这些排名的指标设计是否合理或有效。但 20 世纪末,尤其是进入 21 世纪以来,随着世界一流大学建设运动席卷全球——迄今为止世界一流大学重点建设计划已经涵盖了全球 30 个国家(地区)的 60 余个计划,遍及欧洲、美洲、亚洲和大洋洲以及发达国家、新兴经济体和发展中国家或地区②——加之网络信息传播的加速,大学排名受到了广泛的关注。一些主要的世界大学排行榜甚至成为很多国家制定高等教育政策和发展战略的重要参考。专业的高等教育研究者和研究机构也开始积极介入大学评估/排名的研究,并发布各类大学排行榜和学科排行榜。专业的高等教育研究者和研究机构很清楚大学量化评估/排名的难度,如果按照学术或学理的逻辑,无论哪个排行榜都经不起认真

---

① 玛丽亚·优德科维奇,菲利普·阿特巴赫,劳拉·E. 朗布利.全球大学排名游戏:变革中的高等教育政策、实践与学术生活[M].苗耘,马春梅,王琪,译.上海:上海交通大学出版社,2021:284.
② 冯倬琳,刘念才.世界一流大学评价与建设[M].上海:上海交通大学出版社,2019:137.

的推敲。尽管如此，为了在测量的时代保住评估专家的身份，学术界还是愈来愈多地卷入了基于测量的大学评估/排名。"只要公众期望过多，那么就总会有人假装——也许是真诚地以为——他们能够在满足公众需要的方面做出远远大于他们实际上能够做出的贡献。"①学术界的介入原本是为了增强高等教育研究的话语权，并提升大学评估/排名的科学性，结果却事与愿违。排名有排名的逻辑，量化有量化的理由。专业的高等教育研究者和研究机构如果试图基于测量进行大学评估，也只能服从量化/排名的逻辑而放弃对学术逻辑的坚守。这也就是为什么由专业的高等教育研究者与研究机构参与和主导的量化评估，同样忽略了高等教育的本质和对大学发展深层次的哲学思考，同样是将注意力集中在指标体系的设计上，选择以可测量的指标对于原本十分复杂的大学发展进行简单的测量。

当然，如果专业的高等教育研究者和研究机构不介入大学排名，而是对大学评估进行更加系统和长期的理论研究，是不是一定会使大学评估具有科学的根基，并可以通过科学的评估促使大学不断改进也未可知。科学或许可以帮助我们从理论上更好地理解大学与社会其他子系统的互动，并增进在相关领域的知识积累，但对于如何精确地测量大学，直到今天，人类的科学仍然无能为力或收效甚微。实践中对于大学的评估只能是"大致的正确"。"在这些领域中，我们只能够获致这样的知识，因此对这种知识采取不予信任的态度也肯定是于事无补的。"②在大学评估这个如此错综复杂的领域，面对排名的盛行，专业的高等教育研究者丢掉专业的判断是容易且危险的。评估中大学不是绝对地不能基于测量进行排名，排名本身对于大学也不是完全没有任何积极的影响，而是必须牢记在大学评估中可以量化的事项是极其有限的，而且这些可测量的领域未必是大学至关重要的部分，因此决策时不能将排名

---

① 冯·哈耶克.知识的僭妄——哈耶克哲学、社会科学论文集[M].邓正来，译.北京：首都经济贸易大学出版社，2014：199.
② 冯·哈耶克.知识的僭妄——哈耶克哲学、社会科学论文集[M].邓正来，译.北京：首都经济贸易大学出版社，2014：86.

置于大学的本质之上，以量化的精确评估替代大学发展的实质。那种认为只要通过量化评估将大学置于"竞争环境"就可以提高"效率"的想法不过是一种凭空的假设。① 本质上，大学的发展事关"学以成人"和"创新创业"，绝不是简单的排名可以"评估"的，更不能"以排名论一流"。目前由于专业研究者和学术机构的深度介入，加之政府和社会的承认或变相承认，在公众心目中排名似乎具有科学意义，抑或大学排名本身就成了一门值得研究的科学，那些碰巧可以测量的指标成了大学评估得以实施以及大学评估理论得以建构的基础。专业的高等教育研究者和研究机构也开始围绕评估/排名问题展开学术研究，使原本出于商业或行政原因而发布的评估结果或排名因为学术界的参与而被贴上了"科学"的标签。原本只是媒体"自娱自乐"的排行榜也"披上了科学的外衣"，逐渐在量化评估中占据了主导的地位，并成为政府和社会评价大学发展的主要参考。当政府和社会无法判断大学的好坏抑或某项改革的进展时，自然而然地就想起了大学排名。各利益相关方也会理解并同意这一做法。

直到今天，受制于大学自身的复杂性以及高等教育研究进展的有限性，大学评估的专业性仍然缺乏充分的依据。和自然科学研究不同，高等教育研究中理论和实践之间没有明显边界。理想情境下，每一个从事理论研究的必须熟悉高等教育实践，同样从事实践工作的也必须熟悉高等教育理论。表面上看，大学评估属于技术性工作，主要是对于高等教育实践活动的统计分析，不涉及高深的教育理论，但实质上，由于高等教育活动的复杂性，如果大学评估的专家只懂评估技术而不懂高等教育基本原理，那么量化评估的结果对于大学发展将十分不利，甚至有害。"我们绝不能把人们能够据以辨识某种特定类型的理论性情形的标准描述成一种简单且几乎像机械定理一般的标准，而只能够去培养某种类似于观相术的感觉。因此，我们几乎无法把应用我们

---

① 金子元久.高等教育财政与管理[M].刘文君,编译.上海：华东师范大学出版社,2010：164.

知识的事情交给其他人去实施,而必须亲自去实践——我们既是医生又是生理学家。"①在这种意义上,评估专家必须既精通高等教育理论,又熟悉高等教育实践。但现实情况是,大学评估仍主要被作为一项技术性工作,评估专家精通统计和测量技术,对于评估背后的教育哲学缺乏反思。大学评估从指标体系上看越来越丰富,形式上也越来越合理,似乎在尽可能地满足和照顾大学的特殊性以及诸利益相关者的关切,但隐藏在评估背后的仍然是测量主义而非人文主义的哲学。参照量化评估结果,政府和社会的资源配置自然倾向于排名更高的大学而不是更低的大学。因为如果说没有证据证明排名靠前的大学比排名靠后的大学对于经济社会发展的贡献大,那么就更没有证据证明排名靠后的大学比排名靠前的大学对于经济社会发展的贡献大。如此一来,以排名的方式来呈现大学评估的结果就具有某种合理性(政治正确性和经济正确性)。在测量时代高等教育研究本身并不拥有超越量化评估的学术话语权,也无法基于大学自身的复杂性发展出符合大学实际情况的评估理论和技术。现有高等教育知识和常识理性告诉我们,过度量化的评估与排名对于大学发展是不利的,但面对政府问责的压力以及社会对于大学的不满,基于测量的评估又不可避免。在利益相关方看来,把评估大学的权力交给那些不懂大学的人是一件危险的事,但如果无法对大学做出评估可能意味着更大的风险。其结果,随着各种基于统计和测量的评估大行其道,无论是政府、社会还是大学都开始把排名式的评估看成一种自然的或正常的事。

综上所述,对大学进行科学的量化评估是不可能的。"排行榜本应将大学对社会所做贡献的核心部分——教育及研究的活力进行评估,但事实上排行榜却未能达到这一目的。"②根源在于人的有限理性不足以理解大学发展的

---

① 冯·哈耶克.知识的僭妄——哈耶克哲学、社会科学论文集[M].邓正来,译.北京:首都经济贸易大学出版社,2014:136.

② 金子元久.高等教育财政与管理[M].刘文君,编译.上海:华东师范大学出版社,2010:190.

所有细节,也不可能设计出符合大学发展实际的指标体系,更不可能进行精确的测量。这也就注定我们只能大致地知道大学的好坏,而不可能对大学进行精确的测量。理论上,洞悉理性的限度乃是有效运用理性的前提;不承认理性的力量所具有的限度实际上也就趋于使人之理性变成了一种较为低效的工具。^① 但实践中人总是高估理性的可能并为了证实这种可能而采取各种"变通"。在有限理性无法转变为完全理性的前提下,为了完成对大学的精确测量,评估主体能够做的就是将大学的复杂性进行"简化",并以"简化"后的大学作为对象来设计评估指标体系,赋予不同指标以不同的权重,然后进行精确测量。基于此,讨论大学量化评估结果或排名之前必须清楚,量化评估或排名针对的是"简化"后的作为评估对象的大学模型,而不是真实世界中的大学。基于量化的逻辑,评估结果只有在特定指标体系下才能够得到有效的解释,量化评估的结果和大学当前发展的实际水平或真实状态之间没有直接的关系。换言之,量化评估结果只对评估指标体系负责,而不对大学负责。排行榜上那些排名靠前的大学,有时可能只是与排名指标体系吻合度高的大学,而不一定是真正卓越的大学。

第二节　大学量化评估的外部诱因

近年来,大学量化评估的盛行除了有其"内部的动因"之外,也与大学所处的外部社会环境和时代精神状况密切相关。与传统社会不同,现代社会的制度体系呈现出一种需要相互信任但又相互不能信任的复杂状态。为了满足对于信任的需要或维持彼此最低限度的信任,现代社会中无论是组织还是

① 冯·哈耶克.知识的僭妄——哈耶克哲学、社会科学论文集[M].邓正来,译.北京:首都经济贸易大学出版社,2014:7.

个人都需要不断地改进机制设计,并提供"证据"以证明自己值得信任、可以信任。"进入 20 世纪 80 年代以来,随着政府支出的普遍性削减,高等教育也已经不再是神圣领域。同时社会普遍对于大学的看法日趋严格,过去对于大学人充分信任的氛围已日趋淡薄。"①在此背景下,所谓"评估"就是大学为获得信任的"自我证明"和"被证明",即通过展示评估的结果向政府和社会证明自己是值得信任的。但事实上,如果认真分析,"自我证明这个概念是个悖论。要证明自己其实就是没有自己,意思是说,要通过已经预设的原则和标准、别人的逻辑和流程来证明自己的存在,其实是取悦别人,把自己搞没有了。前提当然是自卑。自我证明是很危险的"②。在量化评估的过程中,大学无论是"自我证明"还是"被证明",在赢得一种信任的同时也在失去另一种信任。"对指标的信任导致对判断的信任不断减少。"③具体来说,以测量为目的的大学评估在向政府和社会证明大学的绩效的同时,也在削弱大学以及大学人对于自身所做专业判断的信心。作为一种"外部的压力",大学评估可以强化外部人和内部人对于大学的双重控制,但无法从根本上弥补大学人与大学以及大学自身与政府、社会之间的制度性的不信任。许多研究型大学通过排名驱动的学术"军备竞赛"来应对经济、政治和竞争带来的压力。④ 从长期来看,模拟市场化不能形成安定的社会或政府与大学的关系,评估主义不过是近代大学模式走向新的大学模式的过渡期的产物。⑤ 我们时代如果无法克服这种制度性的不信任,现代大学改革有可能掉进评估主义的陷阱,错失在后工业社会中可持续发展的战略机遇。

在传统的政府与大学关系中,法定的权力是政府实现大学外部治理的主

① 金子元久.高等教育财政与管理[M].刘文君,编译.上海:华东师范大学出版社,2010:149.
② 项飙,吴琦.把自己作为方法:与项飙谈话[M].上海:上海文艺出版社,2020:230.
③ 杰瑞·穆勒.指标陷阱:过度量化如何威胁当今的商业、社会和生活[M].闾佳,译.上海:东方出版中心,2020:41.
④ 玛丽亚·优德科维奇,菲利普·阿特巴赫,劳拉·E. 朗布利.全球大学排名游戏:变革中的高等教育政策、实践与学术生活[M].苗耘,马春梅,王琪,译.上海:上海交通大学出版社,2021:128.
⑤ 金子元久.高等教育财政与管理[M].刘文君,编译.上海:华东师范大学出版社,2010:185.

要媒介。但高等教育治理实践中权力的介入经常会干扰大学的办学，引起大学的反感，有时还会激化政府与大学之间的冲突。为了避免权力的冲突，以问责制为基础的绩效评价成为大学治理的重要政策工具。通过将评估结果与财政拨款挂钩，大学的管理者和政府部门的官员通过收集并操纵数据可以控制大学几乎所有的资源以及资源配置方式。在这种新型的治理实践中，通过评估指标的设定并将测量结果透明化，大学发展被问题化。在各种排行榜上除了第一名其余大学都呈现出这样或那样的不足或缺陷。为了解决存在的问题，在内部大学被管理者"控制"，在外部则被政府"控制"。同权力的干预相比，以绩效评估作为"治理术"，政府成功地将原本属于大学教授的学术权力转移到行政部门和评估专家手中。大学里的学者尽管在不同学科受过长期的专业训练，熟谙本学科的专业知识体系，但在评估指标和绩效评价的"暴政"下，学者失去了对于大学、学科以及自身学术发展水平的评估权和判断力，大学、学科以及学者自身的发展都被外在的评估指标体系所制约。在这种体制下，大学和学科的发展，甚至学者自身的成长都由那些评估专家来设计和规划，再由政府和大学的管理者负责监督、控制和强制执行，大学、学科以及学者似乎只要按照评估专家设定的指标体系努力就行了。事实上，那些评估和排名的专家只是精于分析和操纵大学评估的指标和数据，缺乏关于大学发展的经验和实践性知识。他们以及他们发布的排行榜也不需要对大学发展负责。吊诡的是，很多大学在制定发展规划，尤其是在制定建设世界一流大学方案时却经常向那些大学评估或排名的专家进行咨询，或者直接参考排名的结果制定发展战略。究其根本，相比充满不确定性、模糊性和晦涩的高等教育理论研究成果，那些排行榜提供的信息更加简洁、清晰且容易理解，精确的数据似乎也更加科学或客观，更适合于作为政府官员和大学的管理者进行决策的依据。结果就是，那些发布大学排名的评估专家被认为是高等教育的专家，而严肃的高等教育研究成果反倒无人或少人问津。但那些看似科学的排名未必科学，甚至一定不科学。量化评估追求更为"正确"和"精

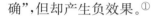

确"，但却产生负效果。①

当前在制度性不信任的框架下，大学量化评估产生的一个重要诱因就是，政府和社会对于大学花费巨额资金而没有做出与之相应的贡献心存不满，遂尝试通过评估促使大学提高资金使用效率，并培养更多的专业人才、产出更多的科研成果，以更好满足经济社会发展的需要。"在知识的经济价值不断增大的同时，对大学所提出的要求，明显地多样化，并且在急速变化。……过去社会对大学所抱的无条件信任发生了动摇，要求大学更有效率地为社会做贡献。"②量化评估的蓬勃发展丰富了政府的政策工具，迫于问责与绩效评价的压力以及经费削减的恐惧，大学在政府面前变得更加"温驯"和"听话"。政府和社会推行量化评估的本意是要发现大学办学中存在的不足并促使其不断改进，以更好地服务于经济社会发展，但各种基于测量的评估都显示大学很优秀或一直在有计划地取得进展。对于政府和社会而言，量化评估失去了诊断和改进大学的意义，反倒是成为大学证明自己高效率运营的数字游戏。以英国的研究卓越框架（Research Excellence Framework）为例，这个评价体系曾经花费了约 2.5 亿英镑，然后得出了这样的结论：约 3/4 的英国大学为"国际卓越"（46％）或"世界领先"（30％），另外 20％为"国际认可"。但它的真正价值（或管理者们所谓的"增值"）又是什么呢？③ 不只是英国，很多国家的大学评估都面临着这种悖论。只要政府或第三方的评估机构设定了指标，大学就会在相关指标上表现愈来愈好，直到基于相关指标的评估结果因失去真实性或作为政策工具的价值而被废止。任何一种指标一旦被作为用来判断大学优劣的"标志物"，立即就会引发大学对于该指标的"额外"关注，从而导致指标的"腐败"，进而使得基于该指标和指标体系的评价结果失真或失效，并使基于这些评估结果的政策受到质疑。"大学评估机构很可能

① 金子元久.高等教育财政与管理[M].刘文君，编译.上海：华东师范大学出版社，2010：184.
② 金子元久.高等教育财政与管理[M].刘文君，编译.上海：华东师范大学出版社，2010：198.
③ 伊夫斯·金格拉斯.大学的新衣？——对基于文献计量学的科研评价的反思[M].刘莉，董彦邦，王琪，译校.上海：上海交通大学出版社，2019：44.

陷入一方面花费巨额资金,另一方面又未必能够充分说明其对社会的贡献这样的严峻处境。为了避免这种境况,可能会进行大量的评估活动,这样又会使各大学为接受评估做大量的准备工作而阻碍大学自主改善的机制,结果,评估本身成为评估的目的。"①对于大学评估而言,真正重要的并不在于能否找到一组指标来对其进行精确测量并排名,而在于能否选择适合评估大学的理论、方法与技术,把与大学发展相关的诸要素整合起来以呈现出大学发展的"图景"或"愿景",便于对大学现在的概况以及未来可能的方向做出原则性的判断,而非具体的预测或详尽的说明。

除上述"政治"因素之外,大学量化评估还与"经济"因素有关。第二次世界大战以后,受新自由主义的影响,"从大学外部来看,大学似乎在进行着极不透明且非效率的经营。……在这种意义上,在大学内部也具有能够接受导入市场机制的基础"②。如果说基于社会化大生产的工业社会是效率的时代,那么基于信息技术和大数据的后工业社会则是一个测量的时代。就像在效率时代,效率本身就是目的,在测量的时代,测量本身也是目的。即便明知有些事物不可精确测量或不值得测量,仍然会强行去测量;甚至尝试去测量本身成为一种智性的"美德"。究其根本,一方面源于我们不愿意承认理性在评估大学事务时的有限;另一方面则源于我们对于数据的迷思,那些标准化的数据作为决策的证据似乎比基于个人经验的专业判断更为有力。作为现代社会的第二个中心,企业基于对效率的追求显著提高了经济社会的发展水平。对于企业而言,提高生产效率一般有两种途径:一是在质量不变的情况下降低成本或在成本不变的情况下提高质量;二是在降低成本的同时提高质量。现代企业通过技术创新和管理创新满足了政府和社会对于效率的崇拜。"文化传播过程理论认为,观念和价值一般来说是从在一种文化中地位高或

---

① 金子元久.高等教育财政与管理[M].刘文君,编译.上海:华东师范大学出版社,2010:169.
② 金子元久.高等教育财政与管理[M].刘文君,编译.上海:华东师范大学出版社,2010:16.

权力大的团体流向地位低或权力小的团体的。"①统计和测量在企业管理中的成功应用刺激了其他非企业组织对于效率的迷思,甚至幻想那些提高了企业产品质量的方法也可以提高大学的人才培养和科学研究质量。事实上,企业生产效率的提高主要得益于市场化的制度环境,而非量化的管理。与企业相比,大学与大学之间并不存在严格意义上的市场。大学作为社会制度的一部分服膺高深知识生产与传播的逻辑,而非受市场那只"看不见的手"的调节。但近年来,出于对效率的崇拜和对绩效的迷思,政府的很多政策都假定大学就是企业,强行在大学与大学之间以评估作为政策工具,人为地制造了一个"模拟市场"。在这个模拟市场上,以排名为标志的量化评估激化了大学与大学之间的竞争,某种意义上也提高了人才培养和科研生产的效率,但却没有也不可能造就更好的大学。除了做做广告宣传、公关,以扩大学校的名气,那些排名结果不可能给学校带来什么实质的改变。"特别是如果对大学的财政支援过度依赖于短期研究的绩效评价的话,不仅会危害长期性研究的生产效率,而且也会妨碍教育质量的提高。"②根本上,大学的产出无法精确测量,严格按照某些指标进行测量和排名只会导致大学放弃长周期的研究而重点关注那些有短期效益的研究。最终从年度进展来看,每一年那些名列前茅的大学都取得了骄人的成绩,进步明显;但从长期来看,无论是对于人类的知识进步还是对于经济社会的发展,今天的大学并没有比过去的大学做出更杰出的贡献。

　　企业管理时尚的强势只是一方面。基于测量的大学评估之所以风行,也与大学作为专业组织面对经济社会发展挑战时的软弱和脆弱有关。这一点和 20 世纪初教育领域发生的情形非常类似。当时"商业对学校管理者们产生了直接影响,又通过他们对学校产生了间接的影响,这两种影响根源于一对

---

　　① 雷蒙德 E. 卡拉汉.教育与效率崇拜:公立学校管理的社会影响因素研究[M].马焕灵,译.北京:教育科学出版社,2011;英文版序 1.
　　② 金子元久.高等教育财政与管理[M].刘文君,编译.上海:华东师范大学出版社,2010;84.

双生因素,它们好似一枚硬币的正反面:一面是效率时代里学校和教职工的脆弱性,另一面是商业群体和商业哲学的强大冲击力"①。受到商业管理的影响,自 20 世纪初功利主义运动和实用主义运动就开始在大学里弥漫。第二次世界大战以来,随着高等教育规模的扩大以及大学在经济社会发展中地位的提升,政府和社会对于大学的不满和批评也在不断增加。究其根本,更大规模的高等教育需要更多的资金支持,而更多的资金支持也就意味着大学要向政府和社会证明这些资金的使用是合理的、有效的。面对"问责"和"绩效评价"的巨大压力,为了能合理地、持续地得到政府和社会的大力支持,大学面对评估时几乎完全屈从于政府和社会的压力,主动适应评估指标,而放弃了自主性原理。当政府和第三方机构将种种不合理或无效的指标应用于大学评估并基于测量进行精确排名时,很少有大学反抗。即便有少数大学偶尔做出了拒绝参与排名的姿态,稍后也大都会选择妥协。对于大学的管理者而言,迎合大学排名并非被迫做出的决策,相反排名本身成为他们平息社会不满和应对政府问责的一种有力工具。至于这种评估是否有利于实现真正的高等教育或大学的卓越并非他们最主要的关切。最终凭借在各类排行榜上的排名,大学的管理者成功地满足了政府和社会对于大学的问责,但代价却是阻碍了大学的转型发展。在问责与绩效评价的巨大压力下,大学的管理层、教师甚至学生,将大量的资源和精力投入到与排名相关的指标上,而忽视了大学内部其他至关重要但可能与排名无关的核心事务。最终,基于排名的"名气"逐渐替代传统的"声誉"或"名声"成为大学卓越的象征物。"在这种情况下,大学最好的方法是雇用有能力的研究人员,或解雇没有成果的研究人员。于是大学之间形成了激烈的竞争,主要表现在招募争夺对方的研究人员。随之,大学对人员的管理能力需要加强。但是需要注意的是,高等教育界的研究成果的总量并未因此而增加。竞争本身并未提高生产力,至多是内

---

① 雷蒙德 E. 卡拉汉.教育与效率崇拜:公立学校管理的社会影响因素研究[M].马焕灵,译.北京:教育科学出版社,2011:171.

部的竞争,得到零和博弈的结果。"①从短期来看,大学对于排名的迎合或许可以暂时取悦政府和社会,但长远来看,过度重视排名的危害影响深远。排名只能驱动大学对于更高排名的追逐,并不能驱动大学的内涵式发展。研究发现,"排名似乎对学术水平产生了负面影响。清晰、公平并且可识别的绩效指标的缺失,导致'管理主义'在学术绩效评价中抬头,可能会导致学术精神和学术自由的丧失"②。此外,排名的指标化和精确测量极容易并正在使大学发展趋于同质化,高等教育发展模式趋于统一化。然而,真正的"发展"意味着"创造性破坏",而不是"循规蹈矩"和"按部就班"。对于大学而言,如果"没有产生在质上的新的现象",如果没有"从内部自行发生的变化";如果只是"被周围世界中的变化在拖着走",如果只是"不断使自己适应于"政府和社会提出的各种量化目标,那么就谈不上真正的发展,充其量只能看作与高等教育增长相关的"数据的变化"③。

在特定的政治经济条件下,大学在量化评估面前的脆弱不是偶然的,而是由其组织特性和社会经济地位决定的。直到今天,虽然名义上大学在经济社会发展中的重要性在提高,但这种重要性仍然主要是一种工具性。与政府和企业相比,大学仍处于社会的边缘,大学的特殊性以及高等教育管理的专业性仍不为政府和社会所承认,甚至于大学管理者自身对于大学管理的特殊性和专业性也缺乏信心。受管理主义的影响,大学经常主动模仿或复制企业和政府的管理时尚,并将那些被企业和政府淘汰的管理方式引入大学,而政府部门或第三方机构在对大学进行评估时,也更倾向于强调组织间的相似性,而不是大学与其他组织的差异性。基于此,在评估时政府和社会第三方机构参照企业产品质量排名和竞争力排名的一般套路对大学进行排名也就

①　金子元久.高等教育财政与管理[M].刘文君,编译.上海:华东师范大学出版社,2010:225.
②　玛丽亚·优德科维奇,菲利普·阿特巴赫,劳拉·E.朗布利.全球大学排名游戏:变革中的高等教育政策、实践与学术生活[M].苗耘,马春梅,王琪,译.上海:上海交通大学出版社,2021:127.
③　张应强,邬大光,眭依凡,等.中国高等教育70年十人谈(笔会)[J].苏州大学学报(教育科学版),2019(3):45.

不可避免。但事实上,大学的发展事关人类的教育和知识的创新,涉及人的成长和知识的进步。作为历史悠久的专业组织,大学有自己的规则系统,单项的外部规则的简单移植只会破坏和干扰大学内部规则系统的有效运行,而不会导致制度的创新。"如果我们试图根据刻意的安排去改变这种秩序中的任何一个部分,那么我们根本就不可能使这种秩序得到改进,而只能扰乱这种秩序"。"我们所能够指望的也只是一种缓慢展开的逐渐改进的尝试性过程,而不能指望任何一步到位的改革。"①当前大学管理中对于企业管理的简单模仿抑或在大学评估中简单引入市场化机制,将量化评估结果与财政拨款相挂钩,不但不能更好地促使大学满足经济社会发展的需要,反而会导致政府和社会对于大学组织的特殊性的"悬置",甚至会诱发社会对于大学专业精神以及大学作为专业组织的怀疑,进而将对于大学评估特殊性的强调视为大学的自我防御机制,从而进一步削弱大学在经济社会发展中的"领导力"。

第三节 量化评估与大学发展的关系

长期以来,评估虽然与大学共生,但评估结果之于大学发展并无显著影响。对于大学的评估通常以非制度化的形式隐匿于大学生活中,那些或正式或非正式,或溢美或批评的言辞往往成为大学历史和文化传统的一种点缀。相比之下,今天对大学的量化评估日益制度化,每一次评估结果都可能会成为大学发展中一件利益攸关的大事。"开展自我评估和自我改进,将关系到一个高等教育机构以及作为社会制度的'大学'将来地位。""大学评估对于高等教育的发展在维持高等教育的质量标准,强化大学的自律性经营能力,促

---

① 冯·哈耶克.知识的僭妄——哈耶克哲学、社会科学论文集[M].邓正来,译.北京:首都经济贸易大学出版社,2014:21.

进资源分配的有效性等三个方面具有现代意义。"①我们时代评估之于大学发展之所以显得特别重要，不是因为评估重要，而是因为大学在经济社会发展中的地位变得重要。为了使政府的某些重大政策以及大学内部的战略决策在技术层面更具可行性，那些经过简化之后的大学评估结果往往成为重要的决策参考。近年来，无论是国家层面的世界一流大学建设，还是大学层面的建设世界一流大学，那些主要的世界大学排行榜所发布的排名都在其中起到了重要参考作用。对国家而言，排行榜上的排名成为检验本国高等教育政策效果的标尺；对大学而言，排行榜的指标体系成为学校在短期内迅速提升排名的重要抓手。世界一流大学的形成需要的是对于大学内外部各种力量的长期培育，而不是在大学成长的过程中基于评估指标进行人为的计划和控制。"世界一流大学的联合潜力远不仅仅是新自由主义模式下大学的'自我服务公司'（self-serving firm）角色以及由排名位置决定的品牌价值。"②遗憾的是，虽然在认识层面上，无论是政府还是大学都清楚不应围绕排名办学，但实际操作中在没有找到更为合适的政策工具之前，排名结果及其指标体系仍然实实在在地影响着国家的科研战略和大学的发展方向。

　　在评估主义的氛围下，并非所有的高等教育政策都是出于理性选择，有些政策完全是对政治经济思潮或时代精神的无意识反应。当社会上充斥着各类大学排名，当世界各国都在大力推进大学评估的精确化，那些暂时还没有将基于测量的排名纳入大学评估范围的政府会面临舆论压力。为了顺应时势或基于从众心理，政府只好假定大学可以根据某些指标进行排名，而这些排名结果也可以作为政府政策或决策的参考。即便是具有同质性传统并长期奉行均衡发展政策的德国高等教育系统，为应对全球排名的压力，也放

① 金子元久.高等教育财政与管理［M］.刘文君,编译.上海：华东师范大学出版社,2010：126-127.
② 吴燕,王琪,刘念才.世界一流大学：面向全球共同利益　服务本土社会［M］.陈珏蓓,江雨澄,田琳,译.上海：上海交通大学出版社,2020：16.

弃了高校在法律上的平等地位,打破了所有学校平等的禁忌,于 2005 年推出了"卓越计划"(The German Excellence Initiative),增加了学校之间的竞争性,使高校间的质量和绩效差异更加凸显。① 此外,在普及化时代,随着院校组织规模的增大,大学的管理者也愈来愈热衷于"行政管理"而不是"学术事务"。由于日益远离学术的前沿与核心,大学管理者在做学术决策时通常优先考虑政策的可操作性而非科学性。"本着'问责'精神而创建'透明'绩效指标的愿望,往往转化成采用标准化的集中指标,因为远离一线操作领域的上级和公众更容易理解这类指标。通过定量测量来传达的观察,往往被视为'实证性的',而以定性形式传达的观察,往往又被认为不够可靠。如今的发展趋势是把一件主要是艺术、需要基于经验判断的事情,当成纯粹的、可测量的科学来处理。"②在过度简化和量化的指标体系下,大学评估结果越来越精确,但评估本身对于大学发展的影响很难说是正面的。

实践中以过度量化的方式展示大学评估的结果,除了方便利益相关方在大学发展议题上达成共识之外,并不能切实促进大学提高教育和科研质量。如果将评估结果直接与财政拨款挂钩更是会威胁高等教育的高质量发展,并抑制创新创业的可能性。虽然不能排除有研究者和管理者真诚地相信排名可以促进大学的改进,但实质上,大学排名的结果更像是利益相关方的自我保护。相比于大学评估或排名的结果是不是客观、公正,大学管理者更加在乎的是评估或排名的社会影响。面对排名,大学管理者关注的几乎全部重点都在于如何提高排名上,而不是排名背后的指标是否合理或有效,更很少去批判性地思考和讨论以排名为代表的评估对大学发展的危害。高等教育实践中大学的改进或成长是缓慢的,基于测量的大学评估隐含的假设,却是大学在每一年或任一时间区间都在发生显著的可以测量的进步。结果就是,

① 玛丽亚·优德科维奇,菲利普·阿特巴赫,劳拉·E. 朗布利.全球大学排名游戏:变革中的高等教育政策、实践与学术生活[M].苗耘,马春梅,王琪,译.上海:上海交通大学出版社,2021:86-92.
② 杰瑞·穆勒.指标陷阱:过度量化如何威胁当今的商业、社会和生活[M].闾佳,译.上海:东方出版中心,2020:133.

"测量的进步取代了实际的进步,变成了对成功的模拟"①。"以排名论一流"的倾向迫使大学更加重视短期业绩的优秀,而忽略了追求长期目标的卓越,从而加剧了量化评估之于大学发展的风险。对于大学评估,我们必须承认理性的有限,必须克制对于测量的热衷。大学的发展涉及人的成长与塑造,涉及知识的创新与扩散,精确地评估几乎是不可能的事。为评估而评估,对于某些指标的精确测量会造成非预期的负面后果。那些被强化的指标表现优秀,但并不意味着大学表现的优秀,而只是指标的优秀。相反,那些被忽视的指标背后对应的大学实践必然遭到削弱,从而不利于大学的可持续发展。尤其重要的是,强势的评估以及精确的排名固化大学的学术秩序,抑制组织的创新和创业精神。量化评估通过对与大学发展相关数据的简单整理,提供了若干单项以及综合的得分以供不同国家的不同大学相互比较,这种极端简化的信息以定量的方式扭曲了人们对于大学的理性认知。原本多样性的大学被以一元性的尺度排列在不同的位次上,大学自身独特的历史传统与学术文化等全被消解。

当然,这样讲并不意味着要反对大学评估,甚至也不是要反对通过测量的方式对大学进行评估。事实上,从我们时代高等教育改革和发展的实践出发,大学评估是必不可缺少的政策工具,基于指标的测量也是大学评估中一个不可缺少的方法。"全球大学排名是高等教育全球化、国际化和市场力量崛起的结果。"②我们真正需要警惕的是,过度量化的评估以及评估主义。对于大学的发展而言,评估绝不是越精确越好,更不是只有通过量化的评估才能促进大学的发展。不可否认,量化评估可以为人们提供关于大学质量的信息,排名的先后与名次的升降有时也可以间接地反映大学发展的某种状态。

---

① 杰瑞·穆勒.指标陷阱:过度量化如何威胁当今的商业、社会和生活[M].闾佳,译.上海:东方出版中心,2020:20.

② 玛丽亚·优德科维奇,菲利普·阿特巴赫,劳拉·E. 朗布利.全球大学排名游戏:变革中的高等教育政策、实践与学术生活[M].苗耘,马春梅,王琪,译.上海:上海交通大学出版社,2021:220.

但无论如何"精确",评估只是评估,只是评估主体出于特定目的,依据某种标准,对于大学的主观认识或判断,绝不能把量化评估结果等同于大学发展本身。"如果评估结果被用作某种判断标准,则被评估大学就事先设定将来的达成目标,最后变为对大学机构总体的'努力'及'积极性'进行评估这样令人质疑的做法。"①在排行榜上的排名的确可以反映一所大学在世界大学中的相对位置,但如果简单以大学排名来判断哪些大学是世界一流就会存在问题。正如公司的股票在市场上的波动会受到价格泡沫的影响,无法反映公司真实的运营情况,大学的排名也会受"学术泡沫"及其他因素的影响,无法反映大学的真实状况。虽然无论在哪个排行榜上,那些真正一流的大学的排名都是比较靠前的,但这绝不意味着排名靠前的就一定是世界一流大学。本质上,那些真正的世界一流大学早在排行榜出现之前就已经是世界一流;在排行榜出现之后,它们只不过是维持或保持了自己原先固有的地位;对这些大学而言,无论有没有世界大学排行榜,它们一直是世界一流。由此可见,排名或许可以作为判断一所大学是不是世界一流的参考,但绝不能将处于大学排名的某个区间或位次的大学直接等同于世界一流大学。无论排名是多少位次,它只是一种经过计算的客观结果,无法自动转化为价值判断。一所大学是不是世界一流大学,主要取决于大学人的常识理性以及知识相关者的普遍承认。如果一所大学在理念与制度层面上不符合大学人对于卓越大学的认知,如果一所大学在知识领域的贡献无法得到知识相关者的承认,无论它的排名如何靠前都很难说是世界一流大学。"许多重要事项,对判断和阐释的依赖性太大,无法用标准化指标加以解决。归根结底,关键不在于让指标与判断截然对立,而是要让指标为判断提供信息,这就包括知道要为指标分配多大的权重,意识到指标的典型畸变,以及理解什么东西无法被测量。"②对于世界一流

---

① 金子元久.高等教育财政与管理[M].刘文君,编译.上海:华东师范大学出版社,2010:167.
② 杰瑞·穆勒.指标陷阱:过度量化如何威胁当今的商业、社会和生活[M].闾佳,译.上海:东方出版中心,2020:178.

大学的认知和判断同样如此。

从历史与比较的视角看,世界一流大学既不是量化评估评出来的,也不是排行榜排出来的。对全球共同利益的承诺是大学成为"世界一流"的核心①。作为全球"共益物品"(common goods)的重要提供者,真正的世界一流大学既要对人类的经济社会发展做出不可替代的贡献,也要对人的发展做出不可替代的贡献。对于经济社会发展的贡献主要体现在"物的再生产",即通过科技创新不断提升生产力和生产效率;对于人的发展的贡献则主要体现在"人的再生产"②,即让人成为更好的自己。在量化评估模式下,当前世界高等教育发展和一流大学建设主要面向"物的再生产",相对忽视了"人的再生产",即更加重视人力资本对于经济发展的贡献,而相对忽视了"高等的教育"之于人的生活方式和精神世界的重要性。从财政的角度看,一个国家的大学要成为世界一流需要以经济的持续发展为基础。基于此,经济能否保持可持续增长对于大学能否成为世界一流具有决定性的意义。但问题的另一面在于,无论如何经济因素对于世界一流大学建设都只是必要条件之一,而非充分条件。真正的世界一流大学必须高度关注"人的再生产"而不只是人力资本的生产。在从工业社会向后工业社会转型的过程中,"人的再生产"的重要性将愈来愈凸显。从长远看,"人的再生产"决定"物的再生产"。没有"人的再生产","物的再生产"将失去意义和方向。归根结底"人是目的"。人需要的是"美好生活"而不只是丰裕的"物质"。"物的再生产"终究要服务于"人的再生产"。面向未来,世界高等教育发展和世界一流大学建设需要克服以经济建设为中心的结构性困境,更加注重通过"高等的教育"实现"人的再生产"与"物的再生产"的统一,进而成为启蒙和形塑新的社会关系的主要力量。

综上,当前作为大学治理的重要政策工具,评估日益成为影响大学发展

---

① 吴燕,王琪,刘念才.世界一流大学:面向全球共同利益 服务本土社会[M].陈珏蓓,江雨澄,田琳,译.上海:上海交通大学出版社,2020:127.
② 项飙,吴琦.把自己作为方法:与项飙谈话[M].上海:上海文艺出版社,2020:247.

的"指挥棒"。在指标主义和测量主义的相互作用下,以排名为代表的量化评估愈来愈"精确化",但大学发展的道路似乎却越走越窄,甚至有误入歧途的风险。"排名持续的轰炸更多的是在转移人们对长期愿景和战略的注意力,同时又巩固了人们对当前情况的看法。"①作为对于即将来临的后工业社会的一种积极应对,建设世界一流大学至关重要。但在走向世界一流的过程中,大学需要避免掉入评估主义的陷阱。量化评估的结果或许可以作为诊断大学发展中存在问题的参考,但绝不应成为判断大学优劣或好坏的唯一标准。判断一所大学是否是世界一流的标准应是促进经济社会发展和人的发展的综合实力,而不是排行榜上的排名。

---

① 玛丽亚·优德科维奇,菲利普·阿特巴赫,劳拉·E. 朗布利.全球大学排名游戏:变革中的高等教育政策、实践与学术生活[M].苗耘,马春梅,王琪,译.上海:上海交通大学出版社,2021:38.

第六章　高等教育的高质量评估

伴随高质量发展从经济领域到社会领域再到教育领域的渗透,高等教育的高质量发展成为政策的焦点。为促进高等教育的高质量发展,我们需要弄清楚高质量发展中"质量"的内涵,弄清楚到底是什么使一个国家的高等教育体系有效,使一个国家的大学能够持续培养出杰出人才,并生产出创新性的知识。如果对这些根本的问题不清楚,只是盲目地追逐更高的排名,会削弱而不是增强高等教育的竞争力,最终也导致"对全球化的知识经济里'智慧'国家的重要性的彻底误解"①。基于此,在高质量发展阶段对于量化评估的反思不仅是评估方法(论)层面的事,而且还有更广泛的社会和政治含义。"虽然围绕着衡量标准的问题存在诸多口舌之争,争论的重点却不在于此。口舌之争的背后是关于目的和价值的争议。……衡量方法一直是反映更深层次价值的政治冲突的替代品。任何关于政策的意见冲突,其根本问题都会通过我们选择考虑问题维度的方式暴露出来。"②同样,关于量化评估和高质量评估的争议绝不是评估标准或指标的争议,而是关乎高等教育发展观和价值观。在高质量发展阶段,不可能有简单的科学公式可以用来衡量高等教育发展的水平,或评估高等教育之于经济社会发展和人的发展的重要性。以对量

---

① 贾尼丝·格罗斯·斯坦.效率崇拜[M].杨晋,译.南京:南京大学出版社,2020:18.
② 贾尼丝·格罗斯·斯坦.效率崇拜[M].杨晋,译.南京:南京大学出版社,2020:236.

化评估的反思和澄清为切口，以高质量评估为目标，一方面可以检视高等教育发展观的偏差，重申人的全面发展在高等教育发展中的中心地位；另一方面也可以揭示在基于知识和创新的社会里高等教育发展阶段的升级。在新的发展阶段和发展范式下，我们需要更加关注那些在评估中不能量化但同样重要甚至更加重要的高等教育能力。"信息可用性的指数级增长使学生记忆和复述知识变得不那么重要之后，培养学生在现实情境中综合、转化和应用知识的能力变得更加重要，这些能力包括学生的创造力、批判性思维能力、团队协作能力、高效沟通能力和适应快速变化的环境的能力。"[①]基于此，伴随高等教育从高速增长向高质量发展阶段的转变，关于高等教育的评估也需要从量化评估向高质量评估转变。在高质量发展阶段，高质量评估是建设高质量的高等教育体系的核心。为适应并促进高等教育的高质量发展，关于高等教育的评估需要从可量化转到高质量，从关注发展的效率转移到发展的范式，从关注发展的结果转向关注发展的过程，从聚焦高等教育机构的质量转移到聚焦高等教育系统的创新。

第一节　量化的风险

从实践出发，当前高等教育中对于评估尤其是量化评估有两种极端的态度。一种是认为评估至关重要，是高等教育发展的"指挥棒"，所有的政策、项目或工程都需要有评估与之匹配，评估驱动已经成为高等教育改革和发展的新常态。实践中评估的范围越来越广，评估的方式越来越多。评估指标的重

---

① 经济合作与发展组织.为了更好的学习：教育评价的国际新视野[M].窦卫霖，等译.上海：上海教育出版社，2019：112.

要性正在上升,评估和测评结果的应用也越来越广泛。① 另一种是对于评估的蔑视或否定,认为评估,尤其是那些量化的评估,完全不靠谱,以评估驱动高等教育改革和发展将误入歧途。高等教育改革和发展离不开人的理性判断,甚至也少不了基于测量的评估。但需要注意的是,"知识工作,如科研(新知识的创造)和学习(新知识在某个人身上的创造),完全不同于工业生产的成品,因此应由一种完全不同的方式来衡量。我们需要的不是技术,而是思维术(thinkology)"②。现在的问题是,那些基于有限信息的量化评估结果被给予了过度的关注和滥用,从而使理性走向非理性,科学异化为科学主义。对高等教育改革和发展而言,"评估"是从属于"高等教育"的,无论如何"评估"都不能比"高等教育本身"还重要。"我们切莫误认为必要之恶为善。很容易犯这一错误。要是想运送水果,就必须听装,因而也就必须遗失水果的某些好品质。然后总会碰到这样一些人,他们变得喜欢水果罐头,更甚于新鲜水果。"③客观而言,相对于高等教育自身固有的重要性,评估无论如何只能是"次要"的,是"必要之恶"。但实践中为评估而评估、为量化而量化正在僭越高等教育的本质和规律,种种评估指标不是在促进高等教育改革和发展,而是在"规训"和"宰制"高等教育。究其根本,一方面高等教育改革和发展离不开人的理性选择和判断。"我们需要有恰当的评价框架,我们也需要有机构和制度来为促进我们的目标和对价值判断的承诺而工作。此外,我们还需要有行为规范和理性思考来使我们得以实现我们努力争取的目标。"④但另一方面高等教育的改革和发展是人为的,又并非人的理性可以完全计划的。基于人的理性的有限,加之高等教育自身复杂性的约束,人类不可能对于特定时期高等教育发展状况做出可量化的精确的评估。除了复杂性之外,实践中高等教

① 经济合作与发展组织.为了更好的学习:教育评价的国际新视野[M].窦卫霖,等译.上海:上海教育出版社,2019:1-2.
② 玛吉·伯格,芭芭拉·西伯.慢教授[M].田雷,译.桂林:广西师范大学出版社,2020:51.
③ C. S. 路易斯.荣耀之重:暨其他演讲[M].邓军海,译注.上海:华东师范大学出版社,2016:188.
④ 阿马蒂亚·森.以自由看待发展[M].任赜,于真,译.北京:中国人民大学出版社,2002:251.

育发展的实际效果还具有显著滞后性。"在开始改革的初始成本出现的时间和显著的改革预期效益真正实现的时间之间,存在巨大的时间差。……教育改革的滞后时间远远超过典型的改革,例如劳动力或产品市场改革"①。基于此,虽然在高质量发展阶段我们仍需要评估,包括量化评估,但需要的是适度的、有限的、恰当的评估,而不是强制的、武断的甚至是威权主义的评估。换言之,高质量发展需要的是高质量评估而不是正在流行的量化评估。

近年来,受量化评估的影响,学界关于高等教育的讨论越来越关注"一流"和"排名",高等教育"育人"的本质在评估中被忽视。"当前的大学氛围'鼓励学者过度生产包装,为的是掩盖住内容的贫瘠'。'在学术界,传统的评估品质的方式,是基于同行评审和行业判断,靠的是学术纪律的信条,但现在,这种方式正遇到挑战,新的方法重在科研行动的表现力,强调的是多面手、高效率和透明度。'"②对于"一流"和"排名"的关注是高等教育处于高速增长阶段的显著特征。在高质量发展阶段,我们不是不要关注"一流"和"排名",而是需要将其置于"次要"的位置,"次要"的位置并非没有价值。相反,"唯其有价值,故而次要——有价值之物,必定不是价值之源头。说某事'次要',意思是它不能成为自己的理由"③。"一流"和"排名"对于大学或高等教育发展有"价值",但作为量化评估的产物,其只有相对于特定指标体系才有价值,它既不能准确反映高等教育质量的好坏,更不能反映高等教育发展质量的高低。更关键的是,那些来自第三方的量化评估结果或排名只是"评判(judgements),而不是事实陈述(statements about matters of fact),它们是完全可逆的(reversible)"④。长期以来,受量化评估和高速增长发展观的影响,高等教育发展在价值观的层面上往往过度关注效率而不是效果,增长被等同

---

① 经济合作与发展组织.为了更好的学习:教育评价的国际新视野[M].窦卫霖,等译.上海:上海教育出版社,2019:86.
② 玛吉·伯格,芭芭拉·西伯.慢教授[M].田雷,译.桂林:广西师范大学出版社,2020:124.
③ C. S. 路易斯.荣耀之重:暨其他演讲[M].邓军海,译注.上海:华东师范大学出版社,2016:254.
④ C. S. 路易斯.切今之事[M].邓军海,译注.上海:华东师范大学出版社,2015:185.

于发展。大学的发展追求的也是可量化的或有显示度的科研成果或社会贡献，那些无形的不可量化的教育价值被忽略。"效率开始向内部转移，对价值缄口不语，对目标保持中立，对方式却滔滔不绝。"[①]高等教育中的量化评估过度强调绩效和成果导向，忽视了高等教育之所以为高等教育的本质。量化评估以存在某种最佳实践为假设，驱动所有高等教育机构围绕相关指标展开竞争。"用当下流行的语言来说，这是'一个最好的体系'：专家、职业人士、官僚都知道学生们需要何种教育以及提供教育的最佳方式。……在这个意义上说，所谓'一个最好的体系'其实是一个工厂模式：公共教育的组织——即便不是内容——被标准化、均质化，而且被当作大型市场的公共产品提供给社会。"[②]在量化评估模式下，与那些显性的科研成果或可量化的绩效相比，作为过程的人才培养或育人被忽视。

与高速增长阶段对于数量或规模的简单重视不同，当下以高质量发展为名，那些以"一流"命名的各种工程或计划又开始追逐有质的数量。各种评价开始强化代表性成果或标志性成果的重要性。与过去对于数量的简单比较不同，高等教育评价中对代表性成果或标志性成果的强化有其积极意义，但也隐藏着更大的风险。表面上看，对于代表性成果或标志性成果的强调可以淡化量化评估的压力；实质上，由于评价成果本身的方法没有变化，量化思维依然盛行。只不过是由过去直接计算某种级别或类型的论文的数量转换成了考量某些顶尖期刊的论文，抑或某些高影响因子的论文，抑或高频次被引用的论文，抑或获了什么级别奖项的论文。由于可以被作为代表性或标志性成果的期刊资源的高度稀缺，绝大多数的成果因为发表的期刊不够权威或没有被引用而被排除在评估对象之外，由于评估对象的范围进一步缩小，量化评估的风险进一步增加。表面上看，凸显代表性成果或标志性成果淡化了数量本身的重要性，强化了质量的重要性，但实际上如果确定哪些成果是标

---

① 贾尼丝·格罗斯·斯坦.效率崇拜[M].杨晋，译.南京：南京大学出版社，2020：41.

② 贾尼丝·格罗斯·斯坦.效率崇拜[M].杨晋，译.南京：南京大学出版社，2020：120-121.

志性或代表性成果的思路没有变,凸显标志性成果和代表性成果也可能会抹杀高等教育发展过程和成果的多样性。更何况,那些在现有评价体系中被认为是代表性或标志性的成果未必真的就可以代表或标志高等教育发展的水平。从高等教育的本质出发,高等教育发展不能轻易用任何指标或成果来代替。无论是标志性成果还是代表性成果强调的仍然只是最终成果,忽视了高等教育发展的过程和潜力。

单纯从结果或最终成果的视角审视,高等教育发展中一切活动都只是实现目的的手段,其自身固有的重要性被忽视。只有以自由的视角重新审视高等教育发展,高等教育自身固有的重要性才会被凸显。在经济社会转向高质量发展的背景下,高等教育之所以要高质量发展绝不只是为了满足经济社会发展的需要,高质量发展也意味着高等教育发展中人的培养过程需要改进。换言之,高等教育高质量发展不只是为了生产更优质的人力资本或科研成果,在根本上是为了实现"高等的教育"和"人的卓越"。基于此,当前关于高等教育发展的评价需要超越对于绩效和成果的迷恋,更加凸显过程性因素之于高等教育发展的重要性。当然,这并非否定绩效和成果导向之于高等教育发展的积极意义,而是认为在高质量发展阶段需要以更广阔和综合的视角来重新审视高等教育发展观以及大学发展范式。无论是高质量发展还是对于高质量发展的评估都绝不存在一个简单的"公式"或指标体系,它是一个整体性的概念,与各种各样的活动以及机构和制度有关,高质量发展过程中需要综合考量过程层面以及实质性机会层面的多种因素。[1]

表面上看,量化评估是一个评估的技术或方法的问题,但实质上量化评估作为一种范式背后有独特的政治内涵。"在任何时代,效率所谓的技术概念都富有政治内涵,我们的时代也不例外。"[2]如果没有政治和政策的介入,量化评估即便存在也不会对高等教育发展产生深刻影响。同其他各种排行榜

① 阿马蒂亚·森.以自由看待发展[M].任赜,于真,译.北京:中国人民大学出版社,2002:295.
② 贾尼丝·格罗斯·斯坦.效率崇拜[M].杨晋,译.南京:南京大学出版社,2020:87-88.

一样，在 20 世纪的大部分时间里，大学排名也主要是媒体的"自娱自乐"，政府和学界并不关心。20 世纪末以来，随着世界一流大学建设运动的兴起，排名作为绩效评价的重要指标，成为政府部门高等教育决策和重点建设政策制定的依据。正是由于政治和行政权力的介入，原本漏洞百出的排行榜在高等教育评估中被赋予了权威性，并从根本上改变或形塑了学生、教师、校长、公众和政府对于高等教育发展水平的认知以及各利益相关方接受或发展高等教育的动机。"评估和测评在教育系统内的扩展也反映了政府努力使公共部门'现代化'，并将商业实践纳入公共服务管理。"①最终，当评估的方式与高等教育发展的目的脱离，对于测量或可量化本身的需求就成为一种目的。以排名为显著特征的量化评估并不会指明大学或高等教育发展应往哪儿走，它只是告诉政府和办学者应该或如何参照排名的指标在最短的时间内取得最佳的排名，以便在声誉竞争和政府的资源分配中占据有利地位。量化评估作为政府对高等教育资源进行配置的一种政策工具，其本身并不天然地具有权威性，甚至天然地不具有权威性，但因为量化评估结果与资源分配密切相关，其才具有了权威性，乃至影响高等教育改革和发展的方向。就高等教育评估或高等教育发展评估而言，首先应关注的是高等教育本身或高等教育发展本身，其次才是评估，最后才是量化。现在价值序列却恰恰倒过来了，"方法"取代"本体"成为政策和实践关注的焦点。为量化而量化，为评估而评估，成为高等教育评估中的常态，而高等教育本身或真正的高等教育发展被忽略。高等教育高质量发展需要高质量的评估作为支撑。所谓"高质量评估"首先就要超越量化评估中"一流"和"排名"话语的羁绊。"全球排名……不是对'卓越大学'的权威仲裁者，而是作为适度的信息来源和公共关系的推动者，服务于本土的国际化、外部验证和区域知名度的议程。"②如果为了提升或证实高

---

① 经济合作与发展组织.为了更好的学习:教育评价的国际新视野[M].窦卫霖，等译.上海:上海教育出版社,2019:30.

② 玛丽亚·优德科维奇，菲利普·阿特巴赫，劳拉·E.朗布利.全球大学排名游戏:变革中的高等教育政策、实践与学术生活[M].苗耘，马春梅，王琪，译.上海:上海交通大学出版社,2021:43-44.

等教育发展的重要性而在评估中让"一流"和"排名"成为目的,高等教育发展的目标和价值将被"搁置"或"错置",那些量化评估结果很容易成为组织和个人追逐的目标,最终实现数量的增长成为高等教育发展目标和价值的替代物,这样不但会导致对于真正的发展的误解,也不利于高等教育从高速增长向高质量发展阶段的转变。鉴于量化评估的局限性,政府和大学在制定高等教育高质量发展政策时需要摆脱对于数据、证据或指标的迷思,高质量的高等教育政策未必一定建立在高质量的数据、证据或指标的基础上。本质上,高等教育研究和发展都属于人类实践理性的范畴,未必总是能够找到高质量的数据、证据或指标体系作为决策的依据,那些不可量化的经验、传统和实践智慧对于推动高等教育高质量发展也同样重要。

第二节　评估的迭代

本质上,评估作为一种理性判断,是人类心智的产物。"评估并不是简单地在某一天就突然出现的,它是众多相互影响的建构和再建构发展的结果。"[1]关于教育的评估也同样如此。"教育领域内评价是不可避免的。教育概念本身就根本不可能没有评价。"[2]在思维层面上,高等教育评估范式大致可以分为两种:一种是科学范式;另一种是哲学范式。"科学认识论的最基本原则是主客二分。哲学认识论的最基本原则刚好与之相反,是主客合一。"[3]科学范式的评估强调评估方法的科学性以及评估结果与事实的相符性。在科学范式下,基于主客二分,评估活动和评估结果完全由评估机构和评估专

① 埃贡・G. 古贝,伊冯娜・S. 林肯.第四代评估[M].秦霖,蒋燕玲,等译.北京:中国人民大学出版社,2008:2.
② O. F. 博尔诺夫.教育人类学[M].李其龙,等译.上海:华东师范大学出版社,1999:128.
③ 涂又光.教育哲学课堂实录[M].雷洪德,整理.武汉:华中科技大学出版社,2020:17.

家所主导。为了避免影响评估的科学性,利益相关者的主张、怀疑和焦虑作为消极因素完全被排除在评估之外。与之相较,哲学范式的评估强调评估结果与评估对象的相互建构以及评估的过程性。在哲学范式下,评估的过程也是一个思想涌现和知识生产的过程,而不只是信息的收集和数据处理的过程。遵循科学思维,评估对象是客观的事实,通过不断改进评估指标,最终一定可以发展出科学的评估方法,基于科学的方法就可以得到精确的评估结果;遵循哲学思维,评估对象并非完全客观的事实,而是社会建构的"事实",评估指标的选择取决于评估的目的,并不存在唯一的科学的指标体系。由于主体与客体间相互建构,无论基于何种指标体系都不可能得到完全与事实相符的评估结果。"评估是人类思想的建构,它与某些'客观实际'的符合不是也不会成为一个终结。"①当前由于受实证主义、科学主义以及管理主义的影响,高等教育评估中科学思维占据主导地位,无论量化语言多么脱离高等教育实际,使用量化的语言都比使用抽象的概念更容易被政府和社会所接受。基于实证主义和科学主义的方法论,量化评估假定只要找到适合的指标就可以对高等教育进行精确的测量,通过对测量结果的分析,高等教育中存在的问题可以被暴露,高等教育改革和发展所取得的成果就可以被"计算"。为了便于测量,高等教育自身所蕴含的政治、经济、文化价值等被忽略,所谓评估,被"简化"为一个简单的统计或计算过程。"对科学范式的承诺不可避免地导致对正规的定量测量工具的过分依赖。最初,它们被看作科学变量的'操作化',但最后,它们自己也成了变量。"②结果就是,量化评估原本是用来"保卫"高等教育的,即以数据作为客观的证据来为高等教育改革发展寻求合法性,但最终因为量化的准则违背了高等教育发展的规律,导致其正在"摧毁"高等教育。

与科学思维和哲学思维的两分法不同,古贝和林肯将教育评估分为四

---

① 埃贡·G. 古贝,伊冯娜·S. 林肯.第四代评估[M].秦霖,蒋燕玲,等译.北京:中国人民大学出版社,2008:1.

② 埃贡·G. 古贝,伊冯娜·S. 林肯.第四代评估[M].秦霖,蒋燕玲,等译.北京:中国人民大学出版社,2008:13.

代。第一代评估的核心特征是"测量"。它强调对调查变量进行技术性的测量,评估的结果就是测量的结果。第二代评估的核心特征是"描述"。评估者的角色就是描述者,评估就是描述关于某些规定目标的优劣模式。此时,"测量"不再等同于评估,而是作为评估的工具。第三代评估的核心特征是"判断"。评估者扮演评判员的角色,根据绩效来划分人或事务的等级。[①] 评估实践中"测量""描述"与"判断"并非相互替代,今天在高等教育绩效评估中早期的技术性和描述性功能依然存在。鉴于这三代评估中存在"管理主义的倾向、忽略价值的多元性以及过分强调调查的科学范式"三个重大缺陷,古贝和林肯提出了第四代评估的概念。第四代评估以"响应"和"建构"为核心特征。它强调在利益相关者参与的基础上决定要解决什么问题和收集什么信息,并从建构主义的视角赋予了评估全新的含义。在目标上,第四代评估聚焦利益相关者(评估中将面临风险的人或组织)的"主张""焦虑"和"争议"。所谓"主张"是利益相关者提出的有利于评估对象的方案;"焦虑"是利益相关者提出的不利于评估对象的方案;"争议"就是理智的人不一定都赞同的某种事情状态。实践中,不同利益相关者持有不同的"主张""焦虑"和"争议",评估者的工作就是发现这些不同的因素,并且在评估中解决这些问题。[②] 在方法(论)上,建构主义方法论与传统的调查和统计的方法非常不同:后者是线性的、封闭的;前者是往复的、互动的、辩证的,而且有时很直观,多数情况下是开放的。同更严格的、规范的、苛求的传统方法论相比,"没原则、懒散、无知、没有竞争力"的建构主义方法论远不是一种"简便"的方法,它要求甚高,因此多数建构主义者的感觉是焦虑和疲惫。这是一条不同的路,可能点缀着砾石,但

---

① 埃贡·G. 古贝,伊冯娜·S. 林肯.第四代评估[M].秦霖,蒋燕玲,等译.北京:中国人民大学出版社,2008:5-8.

② 埃贡·G. 古贝,伊冯娜·S. 林肯.第四代评估[M].秦霖,蒋燕玲,等译.北京:中国人民大学出版社,2008:5-8.

是却引向奢华而显然未被欣赏的玫瑰园。① 与前三代相比,第四代评估无论是从观念上还是从程序上都发生了根本改变,第四代评估为评估者提供了一种新的思维和行动指南。"第四代评估者承担了前三代评估者的角色,重新定义他们,并把他们融合成一个比以前更有技巧性的实践者。第一代的技师(测量专家、测试制造者和统计专家)转变成人类设备和人类数据分析师;第二代的描述者角色转变成领路人和历史学家;第三代的判断者角色被转变成判断过程中的仲裁者;……第四代评估要求评估者从控制者的角色转变成合作者。评估者不是作为调查者的形象而是担当教与学的角色,评估者的新角色不是发明家而是给现实定型的人。第四代评估者将他自己从被动的观察者的角色中跳脱出来,并认同和接受身为变化媒介的角色。"②

　　第四代评估以改进前三代评估的重大缺陷为目标,具有理念的先进性,也符合教育评估发展的趋势。但和任何一种评估范式一样,第四代评估在其优越性的背后也隐藏着一些难以避免的弱点。"从本质上来说,第四代评估是具有分歧的——它们倾向于提出更多的问题,提出的问题多于回答的问题。总是有无法解决的主张、焦虑和争议,而且现有建构很可能只能支撑一会儿。可能会突然得到新的信息,复杂性也可能突然增加,这时就要重新考虑那些认为已经解决了的主张、焦虑和争议。重新建构几乎任何时候都是适宜的。第四代评估永远不会停下来,它们只会暂时停止。"③鉴于此,如果说传统量化评估方法的明显缺陷和优势在于评估结果的确定性和唯一性,那么第四代评估的最明显的优势和缺陷则在于其评估结果的不确定性与多样性。在建构主义方法论和本体论的指引下,第四代评估强调利益相关者的高度参

---

　　① 埃贡·G.古贝,伊冯娜·S.林肯.第四代评估[M].秦霖,蒋燕玲,等译.北京:中国人民大学出版社,2008:131.

　　② 埃贡·G.古贝,伊冯娜·S.林肯.第四代评估[M].秦霖,蒋燕玲,等译.北京:中国人民大学出版社,2008:191-192.

　　③ 埃贡·G.古贝,伊冯娜·S.林肯.第四代评估[M].秦霖,蒋燕玲,等译.北京:中国人民大学出版社,2008:165.

与,强调评估过程的开放性,强调评估主体与评估对象之间的沟通和协调,从而导致评估的过程十分漫长,且没有明确的结论。在一种理想的情境中,或许评估本来就应如此,好的评估应致力于丰富我们对事物复杂性的理解和想象,并让所有的利益相关者在评估中得到成长,而不是经由简单化的程序给出确定性的结论或建议。"他们确信,他们用一种人们永远不知道事情到底是什么的谦逊方式发现了'实在';他们确信,有关事物是怎样的建构乃是由调查本身创造的,而且不被某种神秘的'本质'所决定。用相对性替代绝对性,用授权替代控制,用局部理解替代普遍性诠释,用谦逊替代傲慢,这就是第四代评估者得到的最明显的收获。"①但在高等教育政策实践中,那些没有明确结论或建议的评估很难实施,即便实施也很难受到重视,即便偶尔受到重视也很难持续。

当前伴随高等教育从高速增长转向高质量发展阶段,高等教育的评估也需要从量化评估转向高质量评估。借鉴评估的哲学范式以及第四代评估的新理念,在高质量评估中,"我们要承认矛盾,接受有些东西无法用同一尺度衡量的事实。我们需要注意的不仅仅是我们可以衡量的东西,更重要的还有那些我们无法衡量之物。关于价值和目的的讨论的确艰深而且苛求,但是如果没有这种讨论,效率就沦为崇拜,责任则成为一场误导人的数学练习"②。实践中,无论宏观的作为一个系统的高等教育还是微观的作为一个组织的大学,都是极其复杂的,涉及人性的、政治的、经济的、文化的、社会的等各种因素,这些因素更多的是社会建构意义上的"主观事实"而非实证主义的"客观事实"。以测量为主导的科学范式的评估,无法反映高等教育事实的整体性,在此过程中即便量化评估发现了某些事实,但由于它遮蔽了高等教育本身的意义,评估自身的价值也要大打折扣。在高等教育评估中,受人性、政治、经

① 埃贡·G. 古贝,伊冯娜·S. 林肯.第四代评估[M].秦霖,蒋燕玲,等译.北京:中国人民大学出版社,2008:21.
② 贾尼丝·格罗斯·斯坦.效率崇拜[M].杨晋,译.南京:南京大学出版社,2020:269.

济、社会、文化等各种因素影响，那些简单的结果不一定被认可，不同的量化评估甚至会得出相互竞争的"真相"或"后真相"，但若仅局限于过程而没有结果，评估活动也将缺乏合法性和合理性。很明显，评估过度关注结果或建议不行，但若没有明确的结果或建议恐怕也不行。过度关注结果或建议会导致其他可能的焦点被忽略，但没有结果或建议也会导致评估自身的目标被忽略。第四代评估通过强化利益相关者思维来克服传统评估方法中主客二分的缺陷，这是其优势也是其弱点。不同利益相关者参与评估的意愿和能力存在差异，其利益诉求也会相互矛盾。通过不同利益相关者的建构与再建构，评估的确可以增进利益相关者对于评估对象复杂性的理解，丰富其对于评估本身的认识，甚至也可以生产出知识，但评估的过程毕竟不同于高等教育的过程，更不同于知识生产的过程。考虑到技术上和制度上的复杂性，过度强调利益相关者的参与和协商并非总是有利于高质量评估，源于不同利益相关者的信息的泛滥会使得那些真正与评估相关的核心信息被遮蔽；与此同时，过度关注评估的教育性功能也会削弱高等教育评估自身的其他功能。高等教育高质量评估不能以评估为目的，但也不能完全不以评估为目的。本质上，高等教育高质量评估应从高等教育实践出发，经由评估的过程，促进高等教育的高质量发展。

第三节　高质量评估的要义

无论是在高等教育领域还是在社会其他领域，基于量化的评估都不是今天才有，而是有着相对漫长的历史。那么为什么今天量化评估成为高等教育改革发展中问题的焦点，引发了广泛的讨论呢？原因有两方面：一个是量化评估的重要性凸显；另一个是高等教育自身的重要性凸显。这两种重要性不是孤立存在，而是相互增强。从高等教育自身的重要性的变化来看，在高等教育发展与经济社会发展之间关系较为疏远的时期,即便有量化评估的存在,也不会引起广泛的关注,量化评估的结果也不会影响高等教育发展的方向。"随着人类社会向知识驱动型经济和社会的发展,教育对国家未来的经济表现和相对的经济地位从未像现在这样重要,而它也使个人能够充分参与经济和社会的发展。在这种情况下,广泛参与教育只是一个方面。……他们对质量的强调也使评估和测评活动更加突出。"①此外,从高等教育评估的发展来看,非量化的经验评估范式一直在高等教育领域中居于支配性地位,从非量化的经验性评估向量化评估的转变极大促进了高等教育发展。在以大众化和普及化为代表的高速增长阶段,量化评估也曾是一种先进的评估范式,满足了政府和社会对于提高高等教育办学效率甚至是办学质量的需求。"市场语言同样以品德之名将效率歌颂。……它赞美生产效率,而且在后工业时代尤为赞美知识的高效生产。"②基于科学思维的量化评估今天所面临的批评,并不能被用来否定其历史上的贡献。在高等教育发展的特定阶段追求效率没有错,量化评估也不是完全没有道理,关键是我们需要什么。"衡量标准的选择相当程度上不仅取决于我们所衡量之物,也取决于我们衡量的原因。"③在高等教育发展需要提高办学效率的时代,量化评估就是一种好的评估范式和方法,当高等教育发展过了高速增长期,需要强调内涵和高质量发展时,那种以效率为主导的量化评估就显得不合时宜。过去为了高等教育高速增长阶段所设计的评估模式很难适应高质量发展阶段。在高质量发展阶段,"绩效测量应该是宽泛的,而不是狭隘的,既包括定量数据,也包括定性数据,还包括高质量的分析"④。高质量发展并非不需要效率,而是不需要高速

---

①　经济合作与发展组织.为了更好的学习:教育评价的国际新视野[M].窦卫霖,等译.上海:上海教育出版社,2019:31-32.

②　贾尼丝·格罗斯·斯坦.效率崇拜[M].杨晋,译.南京:南京大学出版社,2020:69.

③　贾尼丝·格罗斯·斯坦.效率崇拜[M].杨晋,译.南京:南京大学出版社,2020:233.

④　经济合作与发展组织.为了更好的学习:教育评价的国际新视野[M].窦卫霖,等译.上海:上海教育出版社,2019:3.

增长阶段的那种为效率而效率。

　　教育的本质是"育人而非制器"①。由于人性本身的易变性,教育过程中不可避免地存在风险。"教育不是一种可以预料的活动,它不像工程计划那样,人们能够准确地预测其结果。教育本身实际上离不开冒险,即使是最佳的教育活动也总是伴随着失败的可能性。"②不过,为了实现"成人"的目标,教育又是一场值得冒的"美丽风险"③。与"教育自身"的风险性不同,评估尤其是高利害评估会把更多的利益相关者置于风险中。在科学范式下,评估尤其是竞争性的绩效评估,常常涉及诸多利益相关者的重大关切。好的评估结果不仅可以为评估对象增加社会美誉度,还能带来实实在在的利益,而差的评估结果则会使评估对象陷入危机。就高等教育发展而言,那些以排名为特征的第三方评价的结果,经常被政府或大学作为政策工具或治理工具;排行榜上的排名也经常被简单地等同于大学的办学水平;一个国家在某个排行榜上的整体排名则被认为是这个国家高等教育综合实力的反映。为了规避风险,同时也为了维持大学的声誉,很多国家的很多大学根据排行榜的指标来调整发展的策略甚至是战略。短期来看,这种选择是理性的,似乎也是有效的,可以保障大学在一年一度的排名竞争中取得预期的进展;但长期来看,这种以增长为目标的发展使大学及其利益相关者处于高度的风险中。"评估和测评的发展功能可能会在强调问责功能的过程中受到阻碍,因为其中的风险将限制学校负责人在收到反馈后公开暴露自身的弱点,从而无法借此提升他们的实践能力。因此,合理设计如何使用评估和测评结果来问责十分重要,这样可使非预期的影响最小化。"④高风险或许可以带来高激励,甚至会强制性地改变大学的一些文化传统或游戏规则以提高效率,但高风险、高激励不符合

---

① 杨叔子.育人而非制器:杨叔子口述史[M].武汉:华中科技大学出版社,2020.
② O. F. 博尔诺夫.教育人类学[M].李其龙,等译.上海:华东师范大学出版社,1999:48.
③ 格特·比斯塔.教育的美丽风险[M].赵康,译.北京:北京师范大学出版社,2018:1.
④ 经济合作与发展组织.为了更好的学习:教育评价的国际新视野[M].窦卫霖,等译.上海:上海教育出版社,2019:11-12.

大学的组织特性,也不符合高深知识生产、传播与应用的规律。"随着公共问责制日益普遍,控制差错范围的压力与日俱增,虽然消除了失败的风险,但也让成功的可能随其风险一并消失。用来评估研究提案的质量和重要性的'标准'实际上系统性地阻断了开创性的学术研究,并偏向支持更可预测的结果导向性研究。这种盲目崇拜数字的做法造成了巨大的代价,特别是对人文学科和社会科学而言,其微妙而复杂的观念与见解在刺眼的'定量'眼光的审视之下很容易便化为无形。"①即便在最乐观的情境下,那些来自第三方的排名或许可以塑造大学光鲜的社会形象,但亦无助于甚至会损害大学对于杰出人才的培养。因为现有的以测量、描述和判断为主要特征的大学排行榜,更加重视可量化的科研成果的产出,人才培养的质量由于难以量化,往往被量化评估所忽视。

基于此,从风险的角度看,量化评估是高风险的评估。这种高风险,一方面是评估本身的风险,即量化评估仅仅考察了可以量化的事项,而忽略了其他不可量化的重要事项,甚至使量化本身成为目标。为评估而评估,为量化而量化,极大削弱了量化评估的实践价值。另一方面也是对评估结果使用的风险。量化评估以统计学为基础,对于评估结果进行了数学意义上的化简。基于高度简化后的得分进行的排名会把大学之间极微小甚至是毫无意义的差异加以放大,最终影响大学的发展。"评估和测评结果的高利害使用,可能会造成教育进程的走样,因为学校负责人会关注使他们负责的措施。……此外,当评估和测评框架倾向于强调其问责功能时,会产生一种风险,即评估和测评主要被视为对学校负责人问责的工具,用来'控制'和评估其对法规的遵守情况。"②由于高等教育自身的复杂性以及高等教育过程的模糊性、不确定性,那些量化评估的结果并不能准确衡量大学对于人才培养、科学研究和社

---

① 亚伯拉罕·弗莱克斯纳,罗贝特·戴克格拉夫.无用知识的有用性[M].张童谣,译.上海:上海教育出版社,2020:31.
② 经济合作与发展组织.为了更好的学习:教育评价的国际新视野[M].窦卫霖,等译.上海:上海教育出版社,2019:11.

会服务的贡献,更不要说文化的传承和创新创业。排名所收集的有限的可量化信息只关乎大学里那些最简单的事实。因此,虽然那些好的大学也会在排行榜上名列前茅,但在排行榜上名列前茅本身并不能说明大学在现实世界中的真实发展水平或综合能力。那些最终被排行榜列为优秀的大学主要是因为其本来就优秀,这些大学并未从排名中受益;那些原本优秀但因为技术性原因被排除在某些名次之外的大学,则成为大学排名和量化评估的受害者;那些原本并不优秀但因为符合排行榜的指标而排名靠前的大学则会误导公众,影响政府的高等教育投入和政策选择,进而损害公共利益或共同利益。

与量化评估相比,高质量评估是一种低风险的评估。低风险一方面源于高质量评估对于量化指标的超越,另一方面源于对于评估结果的使用。高质量评估将更多的权利赋予利益相关者,尤其是高等教育的办学主体。各利益相关者基于相互信任、责任感和主体性,经过协商和互动共同"创造"高等教育高质量发展的路径。高质量评估虽然也需要对高等教育的质量进行测量和分析,并基于测量和分析的结果做出价值判断,但这并非高质量评估的最主要的工作。高质量评估关注的主要是"高质量的高等教育",焦点是高等教育发展的质量而不仅仅是高等教育质量。与质量评估相比,在高质量评估中关于发展的评估需要更加综合的视角,所涉及的因素也更加复杂,需要综合考虑那些可量化的与不可量化的指标以及其他的相关性证据。与质量评估相比,发展评估的周期相对更长,政府对于评估结果的使用也要更加审慎。当前的质量评估或办学水平评估通常以一年为一个周期,而发展评估则通常以 5 年或更长的时间为一个周期。"大学是具有相对惯性的机构,如果每 6 至 8 年(甚至 10 年)对它们的真正变化进行一次观察,会更有现实意义,同时也节省了成本。"①当然,高质量评估的低风险并不等于无风险。实践中没有无风险的评估。无论何种评估,由于关乎理性判断和价值选择都必然伴随一定

---

① 伊夫斯·金格拉斯.大学的新衣?——对基于文献计量学的科研评价的反思[M].刘莉,董彦邦,王琪,译校.上海:上海交通大学出版社,2019:61.

的风险,无风险的评估是无法实现也不值得实现的理想。问题的关键在于,与量化评估相比,高质量评估中的风险是一种理性的、可以预期的风险,也是一种为了高质量发展而值得冒的风险。

评估的风险与对评估结果的使用相关。一般来说,教育评估通常有两个目的:"问责"和"发展"。问责目的:关注学校;关注学校组织机构;数据驱动,强调结果;定量导向;对于如何实施变革策略缺乏知识;更关注学生学习成果的变化;更关注某个时间点的学校;基于研究知识;关注效能较高的学校;静态导向(学校当前的状况)。发展目的:关注教师;关注学校过程;改变效果的实证评估;定性导向;只关注学校变化;更关注学校提升的过程,而非结果;更关注学校的变化;聚焦于实践者的知识;关注学校如何变得更高效;动态导向(学校过去或未来的状况)。① 高等教育评估中的风险主要与问责有关。量化评估通常以绩效为杠杆,强调评估的问责功能。在高利害的量化评估中,无论是个人、组织还是系统都倾向于"自保",从而使得评估难以获得客观的真实的可靠的信息,不利于促进高等教育高质量发展。实践中由于缺乏客观真实可靠的信息,那些由政府发起的量化评估经常陷入评估主义的陷阱;由于各种"变通"和"妥协"的普遍存在,评估的结果经常不是发现了高等教育系统存在的问题或缺陷,而是"证明"了"优秀"。与量化评估主要强调问责不同,高质量评估更加强调发展功能,即以高质量评估促进高质量发展。高质量评估的主要目的不在于对高等教育发展的现状或水平做出定性的判断,而是为高等教育发展提供可能性或愿景。当然,强化评估的发展功能并不意味着高质量评估就不需要问责。政策实践中没有问责就没有激励,没有激励也很难有发展。高等教育评估中若完全没有问责,评估就会流于形式。关键是要保持评估的问责功能和发展功能的平衡。评估不能"为问责而问责",而是要"为发展而问责"。"精心设计有效的问责制时要注意以下七个核心

---

① 经济合作与发展组织.为了更好的学习:教育评价的国际新视野[M].窦卫霖,等译.上海:上海教育出版社,2019:368.

要素。（1）问责制的原因及其预期目标（预期结果）；（2）使用的绩效衡量标准正确有效，并且应该尽可能采用多种而非单一的衡量标准；（3）设计符合预期目标的体系（例如使用状态、改进或增长指标）；（4）关于处罚和奖励的后果，并监测其有效性；（5）向学校、学校提供者和公众说明问责制及其结果以及它们的局限性；（6）国家支持学校改进，并评估问责制是否有利于高质量的教学；（7）定期评估、监测与改进体系。"①

　　除问责与发展的目的不同，量化评估和高质量评估还有一个重要区别：量化评估倾向于为所有高等教育系统、所有大学提供"一个最好的"模板，这个最好的模板就是每个排行榜上的第一名。那些非第一名的高等教育机构或系统的发展方向就是向第一名看齐，而第一名的任务则是保持现有地位。这是一种非常矛盾的逻辑。由于强调机构或系统之间的可比性和竞争性，量化评估的结果基本上是"零和博弈"。部分量化评估项目从高等教育的复杂性出发，有时也会考虑分类评估或分学科评估，但量化自身的逻辑总是会导向"化简"和"简化"，以求得出一个总的排名。某种意义上，量化评估是与工业化大生产相适应的。在工业化大生产中，一个最好的模式具有最大的适应性。但在基于知识的创新经济中，个性化、多样化、差异化和网络化成为主流。在高质量发展阶段，伴随工业经济（社会）向知识经济（社会）的转型，规模和效率不再是关键词，质量和创新成为高等教育发展的重中之重。高等教育的高质量发展就是为了适应新的经济和社会发展的需要。那种追求最佳实践的量化评估很难持续。"如果只依赖量化标准，缺少耗时良久的质化判断作为补充，会使责任的评估产生重大偏差。"②基于此，评估范式的选择也体现了高等教育最为基本的价值观和目的。选择哪些指标或什么标准来衡量高等教育发展的质量或水平极为重要。指标或标准的选择必须是适当的、有

①　经济合作与发展组织.为了更好的学习:教育评价的国际新视野[M].窦卫霖,等译.上海:上海教育出版社,2019:564.
②　贾尼丝·格罗斯·斯坦.效率崇拜[M].杨晋,译.南京:南京大学出版社,2020:202.

意义的和经过深思熟虑的,因为这些指标或标准一旦被社会接受就会反作用于并左右高等教育发展的方向。如果为了操作的便捷或数据的可比而只选择最容易量化的指标来对高等教育或大学进行评估,会对高等教育体系造成重大伤害。与量化评估相比,高质量评估需要具有更大的包容性和综合性,只有丰富多样的质化和量化标准才能保护并促进高等教育生态系统的多样性。相较而言,如果说量化评估的目的是为了评出一流的高等教育机构,那么高质量评估的目的则是为了构建高质量的高等教育体系和创新生态系统。

第四节　从量化评估到高质量评估

量化评估向高质量评估范式的转变,既受评估范式演变的内在规律制约,也受高等教育自身的发展范式和价值观影响。同高等教育从高速增长向高质量发展阶段转变相适应,关于高等教育质量和发展的评估也可以分为两个阶段。那种基于测量的量化评估可以称为高等教育评估的初级阶段,其目标是以简单的数字对高等教育的事实状态进行量化描述;在高质量发展阶段,评估也需要从量化评估走向高质量评估。"高质量评估"意味着评估并不只是对"高等教育的事实是什么""高等教育应如何发展"进行量化描述,而是对高等教育发展提出有意义的解释,并尝试通过评估来更好理解和建构高等教育发展的制度环境。"评估结果并非终极意义上的'事实',而是由包括评估者(以确保客观公正)以及由于评估而处于风险之中的利益相关者通过互动而实际创造的一种结果。"[①]换言之,量化评估只是尝试"反映"或"描述"高等教育发展的事实或高等教育质量的现状,通过给出一系列结论、建议或排

---

① 埃贡·G. 古贝,伊冯娜·S. 林肯.第四代评估[M].秦霖,蒋燕玲,等译.北京:中国人民大学出版社,2008:前言 2.

行榜来影响高等教育实践,而高质量评估则需要建构一种利益相关者协同机制,共同参与"创造"高等教育质量或高等教育发展质量。高等教育发展中从量化评估到高质量评估的转变可以理解为评估的"范式革命",抑或科学评估范式向哲学评估范式的转变。

与长期以来量化评估主要考虑评估指标的选取、权重的分配、数据的采集以及结果的呈现等不同,高质量评估更加关注影响高等教育发展的内外部因素及其与高等教育发展过程和结果之间的逻辑关系。立足高等教育的高质量发展,评估不应沦为"数字游戏",评估结果与高等教育发展之间不应只是一种可选择的"事实关系",即不同的评估指标可以呈现不同的评估结果。高质量评估不只是评估者对被评估对象的评估,也是被评估对象的自我评估,同时也是诸多利益相关者通过协同机制共同参与高等教育发展的过程。高质量评估追求的不是评估结果的精确性或科学性,评估的目的也不只是为院校的质量管理或政府的科学决策服务,而主要是为了展示或呈现评估本身与高等教育发展之间的逻辑关系,即"以高质量评估促进高质量发展"。具体而言,一方面高质量评估要揭示哪些因素可以促进高等教育发展,以评估促发展;另一方面通过将评估行为与高等教育发展整合或融合成不可分割的整体,其本身也是高等教育高质量发展的一部分。

虽然在理论上从量化评估向高质量评估转变有其合理性,但实践中从量化评估向高质量评估转变并非易事。"对学术质量、声誉进行具体化评价的致命诱惑,对于决策者、政府和大学来说太过强烈,他们可能缺乏相关的知识、时间和耐心对大学进行调查,而选择快速地浏览排名网站。"[①]在旧的范式下,量化评估也符合管理主义和科学主义的规范,其以科学方法论为基础也有现实合理性。此外,范式作为一种基本信念体系,反映了某种固有的偏好。这种偏好不是基于客观的证据,甚至也不是基于理性的分析就可以轻易改

---

① 玛丽亚·优德科维奇,菲利普·阿特巴赫,劳拉·E. 朗布利.全球大学排名游戏:变革中的高等教育政策、实践与学术生活[M].苗耘,马春梅,王琪,译.上海:上海交通大学出版社,2021:59.

变。量化评估的支持者并非不清楚量化评估可能存在的缺陷或弊端,而是认为量化评估虽然有缺陷或弊端,但仍不失为一种好的或最好的评估方法。在这种情况下,单纯强调量化评估的缺点或高质量评估的优点都不足以推动高等教育评估范式的转变。从评估研究者的社会化来看,新的评估范式的普及大致需要经历四个阶段:(1)专心于支配性范式。一个人如果不理解旧范式,那么他也不可能理解新的范式。(2)发现或意识到支配性范式中的问题,并且承担起解决因这些问题而产生的冲突的义务。(3)通过列举具体的批评意见、启发、接受广泛的支持而强化义务、发扬革新的态度和学习新范式方法等形式来解决冲突。(4)在进行新的范式的研究过程中应当更贴近实践和生活,通过反馈循环、修正与拥有相同观点的人交流的方式来保证研究的进行。① 上述四个阶段之间不是线性的或递进的关系,而可能会循环往复。理论上评估的旧范式与新范式截然不同或不可通约,但实践中新旧范式之间并没有明确的分界线,而是存在大片模糊地带或灰色地带。很多评估的研究者和实践者会一直在两种范式之间犹豫和徘徊。高质量评估作为新范式的胜出既有赖于其优点的显现,也有赖于量化评估这种旧范式因其自身弊端的难以克服而逐渐退出评估市场的竞争。

当前高等教育发展中量化评估仍然占据绝对主导地位,属于支配性范式。虽然有研究者和实践者已经发现或指出量化评估中存在的种种问题,并尝试发展新的评估范式,但受高等教育自身发展阶段的制约,即便有政策层面的呼吁和倡导,新的评估范式并没有付诸实践的机会。在范式竞争中,量化评估的支持者经常以科学范式曾在其他领域取得的成功为自己"打气",寄希望于通过不断改进评估的技术和方法以实现科学评估;量化评估的反对者则以量化评估实践中出现的各种有违常识的结果来指责其"不靠谱",寄希望于政府深化教育评价改革,主动放弃以量化为导向的绩效评价政策,转向一

---

① 埃贡·G.古贝,伊冯娜·S.林肯.第四代评估[M].秦霖,蒋燕玲,等译.北京:中国人民大学出版社,2008:45-47.

种更温和、更适当、更符合高等教育发展规律的评估。现在的困境在于,几乎所有人都知道并承认过度量化的评估存在不足,但对于放弃量化评估之后,高质量的评估到底该怎么"做",大家心中并不是十分有数。某种意义上,就像高等教育高质量发展相对于高速增长是一种政策理想一样,作为量化评估对立面而提出的高质量评估现在也还只是一种学术理想,现实中究竟如何操作并没有成功的范例可循。更大的麻烦还在于,高等教育的发展既不是完全可以量化的,也不是完全不可以量化的,很多因素在可量化与不可量化之间。如切斯特顿所言:"我们这个世界真正的麻烦并不是其不合理,甚至也不是其合理。最常见麻烦是这个世界近乎合理,却又还没到那个境界。生活并非不合逻辑,却是逻辑家们容易坠入的陷阱。生活看上去比实际更严谨一些、规律一些;它的精确性显而易见,但它的非精确性却是隐藏的;它的狂野性伺机而动。"[①]高等教育评估所面临的复杂性也大致如此。量化评估从科学主义和管理主义出发,放大了可量化的部分,甚至是强行量化、滥用量化;高质量评估为避免量化评估的缺陷必须关注那些非量化或不可量化的部分,尝试通过更加综合的视角、收集更加多样的信息来衡量高等教育发展水平。

以高质量评估为愿景,在理论上甚至政策上强调评估要关注那些非量化的部分,要强化综合评价、过程评价、增值评价等都比较容易,但实践中如何对于那些非量化或不可量化的因素进行可靠的评估,如何能够实现综合评价、过程评价、增值评价才是真正的困难所在。不过可以肯定的是,当前高等教育从高速增长向高质量发展阶段的转变,为评估范式从量化评估向高质量评估的转变提供了机会、创造了条件。此外,随着量化评估的方法越来越精致,评估结果越来越精确,利害关系越来越广泛,其缺陷暴露得也越来越明显。"一个手段的完美是与它的适应性的权衡——手段越完美,适应性越

---

① 转引自:贾尼丝·格罗斯·斯坦.效率崇拜[M].杨晋,译.南京:南京大学出版社,2020:189.

差。"①量化评估在技术和方法上越完美,其评估结果在接触到高等教育实践时的适应性就越差,因为高等教育本身在技术和方法上不可能是完美的。无论是从高等教育发展阶段的转向还是从评估范式本身的转移来看,从量化评估到高质量评估的"范式革命"都不可避免。随着高等教育的高质量发展逐渐成为一种社会事实,高质量评估作为评估的一种理想类型将逐渐被广泛接受。虽然实践中高质量评估也不可能完美,但它无疑更适合高等教育的高质量发展。在对象方面,量化评估关注的是高等教育的质量,高质量评估关注的是高等教育发展的质量;在方法方面,量化评估以相关指标的可测为基础,高质量评估则容纳量化的、定性的以及其他相关的证据;在结果方面,量化评估以测量、描述和判断为主,而高质量评估更加强调以测量、描述和判断为基础的建构和再建构;在功能方面,量化评估强调以绩效为杠杆进行问责,高质量评估则强调以评估促进发展;在风险方面,与问责导向的高利害的量化评估相比,以发展为导向的高质量评估是低风险的。最后需要注意的是,在范式层面上高质量评估与量化评估不可通约,这并不意味着高质量评估必然排斥量化的指标;相反,作为一种方法或技术,量化仍然是高质量评估的一部分,只不过在高质量评估中量化不再是一种主导性和垄断性的技术或方法。在使用量化指标时,"我们需要弄清楚我们在计算什么,为何如此计算,谁选择了衡量标准,衡量标准又是如何选择的,衡量者和衡量标准之间有何政治联系,以及这些衡量标准会带来什么样的激励机制"②。简言之,对于高质量评估而言,至关重要的问题是如何吸收量化评估的优点,同时整合非量化的信息和证据,以促进高等教育的高质量发展。

---

① 埃贡·G. 古贝,伊冯娜·S. 林肯.第四代评估[M].秦霖,蒋燕玲,等译.北京:中国人民大学出版社,2008:125.

② 贾尼丝·格罗斯·斯坦.效率崇拜[M].杨晋,译.南京:南京大学出版社,2020:236.

第七章　走出高等教育问责与绩效评价的误区

　　近年来,受证据主义和循证研究的影响,高等教育中以测量为基础的问责与绩效评价愈来愈流行。最终以绩效评价为核心的问责制成为高等教育公共治理的重要组成部分。表面上,问责制和绩效评价满足了利益相关方对于高等教育发展的关切,也刺激了高等教育的快速发展。但实质上,以测量为主要方式的绩效评价和以绩效评价为基础的问责制,强化了政府对于高等教育的控制以及高等教育之于经济社会发展的工具性,而忽略了高等教育之于人的品质的重要性。相关研究表明,"一个组织(包括商业公司,学校,军队,政府)的业绩好坏,很大程度上取决于其成员的品质结构(即不同品质成员的比例)"[1]。在即将到来的后工业社会里,人的品质的优劣而非知识的多少将成为决定性因素。无论是建设高等教育强国还是建设世界一流大学,都应强化教育对于人的品质的塑造,而不能只是满足于知识和人力资本的生产。近年来,我国的"双一流"建设"坚持以绩效为杠杆",无论是世界一流大学建设还是世界一流学科建设均取得了预期的或远超过预期的成效。但"双一流"建设以若干指标为基础的优异表现并没有能够产生实实在在的原创性

---

　　①　张维迎.职务晋升中的正向选择与逆向淘汰[J].哈佛商业评论:中文版,2018(10).

成果,也无法从根本上确立高等教育发展的"中国自信"。我国的大学和学科在各类排行榜上排名的提升以及貌似科学的绩效评价或许可以满足政府和社会对于高等教育问责的需要,但却无法消弭高等教育发展与科技创新以及经济社会发展之间的"鸿沟"。因为"一旦被测量的机构意识到对评估做出反应性行为能够产生的效果,他们就会通过抵制或操纵自己的行为使其更符合评价的内容"[①]。为"加快一流大学和一流学科建设,实现高等教育内涵式发展",我们需要走出高等教育问责与绩效评价的误区,以确保高等教育高质量发展与科技创新以及经济社会高质量发展的良性互动。

第一节　高等教育问责与绩效评价的困境

在建设高等教育强国和世界一流大学的背景下,当前高等教育发展面临的最大难题或困境就是问责制和绩效评价。一方面,由于政府的强势介入,问责与绩效评价不可避免;另一方面,无论何种形式的问责与绩效评价,对于高等教育的发展都可能会造成致命的威胁。奥尼尔曾深刻描述过这种困境,如他所言:"理论上讲,问责和审计的新文化使得专业工作者和机构对公众更加负责。但是对公众负责的表面目标下真正要求的却是对监管者、政府部门、投资人、合法标准负责。问责的新形式强化了中央控制——实际上经常是一系列不同又相互矛盾的中央控制形式。从理论上说,问责和审计的新文化使专业工作者和机构更愿意对'好的绩效'负责。但在值得称赞的修辞下,他们真正的关注点实际集中在便于测量和控制的绩效指标上,而不是因为它们准确测量了绩效的质量。最后就是系统、机构和个人都在适应问责逻辑的

---

① 玛丽亚·优德科维奇,菲利普·阿特巴赫,劳拉·E. 朗布利.全球大学排名游戏:变革中的高等教育政策、实践与学术生活[M].苗耘,马春梅,王琪,译.上海:上海交通大学出版社,2021:47.

要求,所以问责就变成了目的本身,而不是一种实现其他目的方法。"①本质上,问责与绩效评价密不可分,抑或两者在根本上就是一回事。但高等教育实践中,学术文化和作为问责合法性基础的审计文化之间存在近乎不可调和的矛盾。基于绩效评价的问责一旦启动就趋向于自我强化,受其驱动,高等教育就会转向对于技术性效率的追求而忽略教育的效果。

政治学上,问责原本是一个专业化的概念,反映的是民主社会的基本价值准则,是社会或公众对政府财政支出质量的一种必要的监控机制。传统上,高等教育属于公共事物或公共福利的一部分,但由于人才培养和科学研究工作的特殊性,大学虽然享受公共财政的资助,却很少接受政府或社会的问责。究其根本,高等教育活动复杂且周期较长,通常很难实施绩效评价并基于此进行问责。近几十年来,随着问责作为一种制度在公共事物治理中逐渐普及,尤其是随着人们对量化评价和科学测量的热衷,对于高等教育发展的绩效评价逐渐兴起。在现代社会中,规模庞大的高等教育需要耗费大量的公共资源。作为民主社会的一种惯例,对高等教育进行问责与绩效评价在理论上具有合理性,在实践中也具有合法性。无论问责的主体是政府还是社会,其初衷多是通过问责制来约束高等教育机构可能的利己主义和懈怠,重建大学与社会间的信任。但事情的复杂性在于,当政府或社会不得不建立问责制,并以问责为目的对大学进行绩效评价时,就表明高等教育中的信任已非常脆弱。当高等教育机构不得不回应政府或社会的问责并接受绩效评价时,信任机制事实上就已被问责机制所取代。

无论在哪个国家,也无论采取何种形式,对于高等教育的问责与绩效评价都是"双刃剑"。一方面,问责与绩效评价是现代社会政治文明和公共治理政策的一部分,没有问责与绩效评价,高等教育存在和发展的合法性将会受到公众的质疑,甚至无法获得公共财政的足够支持。但另一方面,问责机制

---

① 转引自:格特·比斯塔.测量时代的好教育:伦理、政治和民主的维度[M].张立平,韩亚菲,译.北京:北京师范大学出版社,2019:55-56.

和绩效评价一旦启动并不断强化,也经常会越过边界,侵蚀大学与政府、社会间的信任关系。对此,马丁·特罗有深刻的洞察和精彩的论述。如他所言:"无论以何谓之,这些做法都只是名义上的问责。它更像是一个战败国的统治者向战胜国的统治者表示服从而呈上的求和书,或者是在计划经济中一个国有企业或农场为瞒骗政府所编写的生产报告。在所有这些例子中,说真话的习惯受到侵蚀,报告一直向上流动,报告的内容与现实之间的联系越来越少。当这些向上的信息强大到影响了从中心向下流动的荣誉或资源时,我们就会看到这些报告越来越不能发现或者说出真正的现实,而是越来越多地变成了公关文件,吝啬于真实,特别在报告中很难看到大学的真正问题和短处。"①由此可见,高等教育问责与绩效评价十分复杂,且不可避免地存在信息不对称,问责的基础在于说真话或者只有说真话才可能实现有效的问责。但实践中为了获得好的绩效评价结果,大学会有组织地选择性披露信息,从而使得问责与绩效评价在高等教育中经常引发意想不到的非企及的政策后果。"在问责制日益加强的时代,研究型大学将在维持管理自治和享有重大学术决策方面面临挑战。在大多数情况下,研究型大学可能处于不安的状态,因为公立大学将受制于官僚规制和复杂的官僚体系。研究型大学需要自主设定其发展路径和管理学校资源,然而实行问责制就要求学校向利益相关者证明其附加价值和相关性,其压力将有损于研究型大学自治传统的准则形成。"②

　　近年来,在世界一流大学建设运动中,各国政府的深度介入使大学成为问责与绩效评价的重灾区。通过大学排名和学科排名的高低衡量高等教育发展绩效的优劣逐渐成为各国通行的做法。"对许多高等教育领导和管理人员来说,排名为决策、引入和加速改革或追求一个特定的目标提供依据。排名'让管理变得更加商业化';与其说排名是一种管理工具,不如说是'管理层

---

　　① 马万华.多样性与领导力:马丁·特罗论美国高等教育和研究型大学[M].北京:教育科学出版社,2011:192.
　　② 菲利普·阿特巴赫,贾米尔·萨尔米.世界一流大学:发展中国家和转型国家的大学案例研究[M].王庆辉,王琪,周小颖,译校.上海:上海交通大学出版社,2011:19-20.

背后的一根大棒'……排名可以成为有用的问责工具,特别是在问责文化薄弱或不成熟的社会或高校中。"①在我国,由于政府对"双一流"建设高校和建设学科的遴选以及稍后的绩效评价可能会参照各种排名,大学遂之参照大学和学科的排名指标体系来改进自己的工作。面对来自政府基于绩效评价的问责,在排行榜上排名得到提升的大学或学科被认为是成功的,反之则意味着失败。为了在世界一流大学的锦标赛争夺中获胜,各国政府积极为本国大学提供大量的资金,并预先设定了世界一流大学建设的目的地、时间表和路线图。在"以排名论一流"的评价体系下,"双一流"建设的绩效经常被等同于大学或学科排名。结果就是,"数据、统计和排名将会替代我们做出决策"②。基于现有顶层设计,频繁的问责(年度评估、中期评估、周期评估、动态监测)不断强化"双一流"建设的数据主义和短期功利主义,为优先满足某些可以量化的评价指标的要求,"双一流"建设高校关于学科建设和人才培养的中长期规划可能根本来不及实施,从而不利于提升大学的科研创新和人才培养能力。

　　客观来说,高等教育改革和发展中不能没有问责与绩效评价,但也不能过于频繁地启动问责机制,否则的话,就会导致积"小的成功"(每一次短周期的评估都很优秀)为"大的失败"(长期来看却没有原创性的成果)。"如果不定期用预期的绩效指标和时间进度指标来评估,那么一个战略规划就永远无法实施。规划应具有足够的灵活性,以适应由于内部或外部环境的变化而引起的变化"③。当前对于以排名为代表的绩效评价方式的推崇导致了从数据或指标上看,世界一流大学和一流学科建设形势一片大好,然而,一旦回到人的教育和创新创业的层面就会发现,我们的高等教育改革和发展亮点仍然不多。实践中为应对政府问责所衍生出的审计压力,大学里迅速滋生出了表演

---

①　玛丽亚·优德科维奇,菲利普·阿特巴赫,劳拉·E.朗布利.全球大学排名游戏:变革中的高等教育政策、实践与学术生活[M].苗耘,马春梅,王琪,译.上海:上海交通大学出版社,2021:323.

②　格特·比斯塔.测量时代的好教育:伦理、政治和民主的维度[M].张立平,韩亚菲,译.北京:北京师范大学出版社,2019:27.

③　菲利普·G.阿特巴赫.世界级大学领导力[M].姜有国,译.北京:中国人民大学出版社,2014:21.

性文化。就像学生会以老师喜欢的答案来应付老师主导的课程考试一样，大学也会选择以政府喜欢的方式来应对政府的问责（绩效评价）。最终，"问责关系变成了形式关系。被限定在过程和程序上，而脱离了内容和目的"①。原本为了增加彼此信任而发明的问责制不但没有增加政府对大学的信任，反而侵蚀了大学的独立性和自主权，甚至会误导高等教育发展的方向。"问责制的管理方法侵蚀了教育者为自己的行动和活动负责的机会，更明确地说是阻碍他们对自己的行动和活动所应该产生的结果负责。"②根本上，一所大学或一个学科能不能成为世界一流，并非这所大学或学科自己能够决定的，更不是这所大学所在的国家或地区的政府可以决定的，而是取决于世界范围内大学与大学、学科与学科之间的学术竞争。但对于政府而言，一旦选择以问责与绩效评价为政策工具来驱动高等教育改革，相关建设计划就既不缺可以为政策进行辩护的理由，也不乏可以证实政策成就的指标和数据。短期来看，政府有计划的政策驱动，尤其是巨额资金投入，的确可以提高本国大学在世界范围内的学术竞争力，但长远来看，除非大学自身已经建立起了追求卓越的内驱力，并具备了与世界一流大学相匹配的各类资源和制度安排，否则随着重点建设政策的终结或消退，前期曾被大幅提升的世界排名会再度滑落，好不容易积累下来的学术声誉也会逐渐消逝。

第二节　高等教育问责与绩效评价的风险

在世界一流大学和一流学科成为国家发展高等教育的目标之前，大学的

---

①　格特·比斯塔.测量时代的好教育：伦理、政治和民主的维度[M].张立平，韩亚菲，译.北京：北京师范大学出版社，2019：66.
②　格特·比斯塔.测量时代的好教育：伦理、政治和民主的维度[M].张立平，韩亚菲，译.北京：北京师范大学出版社，2019：48.

好坏原本是一个模糊的、朴素的判断。长期以来,大学人对于大学好坏的判断只需要常识理性,不需要依据若干指标将大学细分为不同的排名区间,并冠以"世界顶尖""世界一流""世界高水平"等不同的修饰语。但近20年来,为了回避评价过程中一流之所以为一流的复杂性、模糊性和不确定性,同时也为了满足利益相关者对于精确测量的偏好,政府、社会甚至于学界均倾向于以相关指标的优劣(排名的先后)来评价大学和学科发展的好坏。"排名是绩效导向的大学治理模式的延伸。"①从审计式问责与绩效评价的角度看,抽象地说一所大学或一个学科建设的好坏没有意义。政府以及其他的利益相关者需要和想要知道的是好到什么程度,抑或差到什么程度。为了绩效评价的可定量化,对于大学和学科评价的"简化"不可避免,大学和学科发展被简化为若干指标以及基于若干指标的排名,最终各种基于可量化指标的排名成为一种非理性的"理性选择"。在世界一流大学建设运动中,为了便于比较和相互竞争,大学的理想被简化为排名,那些经典的大学理念被世俗的标语口号和功利性的政策目标所取代。"我们的时代是各种各样的简化大行于世的时代。简化是取代了朴素而出现的暴力性。朴素具有无限解释的可能性,是一个小范围的世界,是充实且活跃的。简化在性质上是有限的,就像是一根人们可以操纵傀儡的线,是不可发展的,是空洞、僵硬的。"②"双一流"建设的重心应是"实现高等教育内涵式发展",但相关政策一旦启动,舆论、媒体以及学界关注的焦点就转向了作为绩效象征物的"排名"。随着政策文本、学术论文以及媒体宣传中对于大学和学科排名的反复宣传,最终一流之所以为一流的内涵被毁坏。人们不再在意真正的一流到底意味着什么,而是直接把入选了"双一流"建设名单的高校或在某个排行榜上前多少名的高校当作一流高校,将入选了"双一流"建设学科名单的学科或在某个排行榜上前多少名的学科

---

①　玛丽亚·优德科维奇,菲利普·阿特巴赫,劳拉·E.朗布利.全球大学排名游戏:变革中的高等教育政策、实践与学术生活[M].苗耘,马春梅,王琪,译.上海:上海交通大学出版社,2021:31.
②　卡尔·雅斯贝尔斯.论历史的起源与目标[M].李雪涛,译.上海:华东师范大学出版社,2018:154.

当作一流学科。语言的"腐败"导致实践的混乱。通过政府的问责与绩效评价以及媒体对各种排名的反复宣传,政府、社会以及个体对于"世界一流大学和一流学科"的心理期待得到了满足,大学自身对于一流的渴望和焦虑得到了缓解。高等教育发展是否真正实现了世界一流大学和一流学科的建设目标似乎已不重要。

在排名主导下相关政策文本和语言修辞的"简化"不但侵蚀"一流"的内涵,还导致了高等教育发展问题的"政治化"。作为重大的政治问题,高等教育强国和世界一流大学建设已不是大学或高等教育本身的事情,而是成为国家发展战略的一部分。"强国"和"一流"的目标以及作为政治话语的"建设",给予政府掌控高等教育改革的合法性。"在许多方面,对排名的热情已经超越了数据的可靠性,……排名通过提供'跨越国家和组织边界的监管机会',正在成为一种跨国治理的形式。"①在建设高等教育强国的政策驱动下,大学只意识到了"双一流"建设可能给自己带来丰富的资源和更高的社会地位,而没有意识到这种强势的政治话语对于高等教育系统的重塑。从国家发展战略来看,政府关于建设高等教育强国和世界一流大学的政策设计带有鲜明的政治色彩,"具有推动以非教育方式思考教育的趋势"②。在建设高等教育强国和世界一流大学的政策话语主导下,高等教育是什么样的以及高等教育应如何对外部世界施加影响等已被政府所支配。高等教育成为政府"医治"经济社会发展问题的"处方"。不过,真正值得或需要担心的还不是诸如"强国"或"一流"等话语的政治化对于高等教育发展产生的影响,而是这些话语垄断了关于高等教育发展的宏大叙事,从而危及大学的理想和高等教育的主体性。在一个开放的社会里,高等教育之于国家或社会的最高价值应是提供理性的判断,而不是应急的"处方"。③

---

① 玛丽亚・优德科维奇,菲利普・阿特巴赫,劳拉・E. 朗布利.全球大学排名游戏:变革中的高等教育政策、实践与学术生活[M].苗耘,马春梅,王琪,译.上海:上海交通大学出版社,2021:283.
② 格特・比斯塔.教育的美丽风险[M].赵康,译.北京:北京师范大学出版社,2018:177.
③ 格特・比斯塔.教育的美丽风险[M].赵康,译.北京:北京师范大学出版社,2018:195.

当前我国建设高等教育强国和世界一流大学，其根本指向就是尽可能释放高等教育之于经济社会发展的潜力，使高等教育成为经济社会发展的引擎。基于工具性的考量，大学的批判精神以及高等教育的启蒙价值不可避免地被抑制，政府和社会所需要的只是"听话且能干"的知识机构。"他（它）们想让教育变得强大、安全而可预测，而且想让教育在各个层面都不存在风险。这就是为什么学校教育的任务，日益被建构为规定的'学习结果'的高效生产。"①在基于知识的经济和社会情境中，追求高等教育的经济价值或大学的工具性价值是一种正常现象。回避大学的工具理性，沉溺于闲逸的好奇，反倒是一种病态的征兆。现在的关键问题不是阻止高等教育对于学习结果的追求，或抑制高等教育为经济社会发展服务的需求，而是要以不同的方式思考，如何在高等教育被工具化的时代以共同利益为基石，超越问责与绩效评价的思维，赋予大学人文主义教育的灵魂，以确保高等教育所张扬的只是大学原本就有的功能，而不是从根本上把高等教育异化为技能培训或资格认证。在创新驱动发展和创业革命的新时代，决定创新创业成败的不只是知识的创新性，更取决于人的品质以及人与人互动的氛围。"罔顾教育中不可测量的部分而论'好'教育是危险的。人的教育与受教育状况成为数字统计的客体、科学评价的对象，也意味着削弱人（部分人）的主体性。"②无论对于一个国家、一所大学还是一个公司，尖端的科技成果或产品或许可以通过市场来购买，但受过良好高等教育的人，以及基于受过良好高等教育的人所形成的人文与社会环境则无法通过交易来获得。一旦一个国家对于教育的理解发生偏差（单纯将教育作为解决问题的工具而不是需要解决的问题），将会导致大学人才培养的悖论。

具体而言，如果一个国家的高等教育发展过度重视"人才培养"和"科学研究"的绩效而忽略了"人的教育"，尤其是"好的教育"，由于缺乏创新创业的

① 格特·比斯塔.教育的美丽风险[M].赵康，译.北京：北京师范大学出版社，2018：8.
② 刘磊明.国际大规模教育评价的逻辑反思[J].教育研究，2020(1)：75.

人文环境,那些拥有知识和创新等人力资本的人才,会将人力资本作为离开自己所在地区或国家的"资本",从而造成人才流失。同样的道理,在以问责与绩效评价为主导的审计文化下,由于在社会上和大学里缺乏杰出人才成长的软环境,那些在政策上给予杰出人才超高待遇或特权,并制订大量人才计划的国家或地区恰恰难以培养或涌现出真正杰出的人才。那些迫切希望通过高等教育来培养大量杰出人才,产出大量科研成果,继而通过强大的高等教育以促进经济社会发展的政策往往落空。长期以来,作为权力型组织,政府习惯通过行政权力来塑造高等教育的存在,通过政策来驱动高等教育改革和发展。对政府而言,大学似乎没有什么固有的本质,国家需要什么样的人才和科研成果,大学就应该也可以提供什么样的人才和科研成果。但事实并非如此,高等教育改革和发展需要符合高等教育自身的规律,杰出人才的培养和原创性科研成果的产出同样如此,如果政府忽视了高等教育规律的存在,单方面试图通过强化问责制和绩效评价把高等教育做大做强,有时可能会适得其反。

第三节　高等教育问责与绩效评价的可能

我们时代对于高等教育的期望一直是产生有效的技术性结果,而不是高等教育的理想或规范性目标。"大学和其他高等教育机构无疑应该在其所处的领域追求卓越,但是对这些成就的评估不应局限在一个简单的排名名次里。一所高校追求'更快、更高、更强'的卓越之路,应该建立在对大学本身复杂性的多角度理解上,建立在对大学如何更好地促进自身健康发展以及更广泛地服务公共利益的审视上。"①面对日益频繁的评估以及来自政府"以绩效

① 玛丽亚·优德科维奇,菲利普·阿特巴赫,劳拉·E.朗布利.全球大学排名游戏:变革中的高等教育政策、实践与学术生活[M].苗耘,马春梅,王琪,译.上海:上海交通大学出版社,2021:10.

为杠杆"的问责,每一所大学对于排名的理性关注会导致大学群体面对排名时的非理性,陷入"集体行动的困境"。"认为从理性的和寻找自我利益的行为这一前提,可以逻辑地推出集团会从自身利益出发采取行动,这种观念事实上是不正确的。"①无论是政府还是大学并非不了解"以排名论一流"的危险,而是明知其有局限性和危险性仍然不愿意或不能够采取正确的行动。事情的复杂性还在于,理论上"以排名论一流"只对那些"榜上有名"的大学有利,但实践中那些在排名竞争中明显处于不利地位的高校对于大学和学科排名也投入了巨大的热情,并期待有朝一日通过排名的提升可以享有现在那些在排行榜上占据有利地位的高校的显赫地位。事实上,这种机会即便不是没有也十分渺茫。

人类社会中,事物发展的逻辑或秩序大致有三种:一种是自然的秩序,遵循自然规律进行演化;一种是社会的秩序,主要依靠人的理性进行建构;还有一种秩序介于自然秩序和社会秩序之间,汪丁丁称之为"涌现的秩序"②。大学和学科的发展不可能完全依赖知识自身的演化,因为知识本身就是人的理性的产物;同样,大学和学科的发展也不可能完全依靠政府的规划或绩效评价,一流的大学和一流的学科绝不是政府的权力意志或问责可以决定的。大学和学科的发展主要体现为一种"涌现的秩序","在表面上看似偶然的情况下,产生了看似不可能的可能性"③。世界一流大学和一流学科建设不可能完全离开政府的规划以及以绩效为杠杆的问责,但最终要"涌现"出创新性的成果和杰出的人才,还必须遵循人才培养和知识生产的内在逻辑。没有政府的主导和支持,世界一流大学和一流学科建设难以启动;但如果不尊重人才培养、学术和学科发展的规律,相关建设也可能会徒劳无功。

从人的发展或教化的角度看,国家不应成为或不适合作为建设高等教育

① 曼瑟尔·奥尔森.集体行动的逻辑[M].陈郁,等译.上海:上海人民出版社,1995:2.
② 汪丁丁.行为社会科学基本问题[M].上海:上海人民出版社,2017:6.
③ 卡尔·雅斯贝尔斯.论历史的起源与目标[M].李雪涛,译.上海:华东师范大学出版社,2018:76.

强国或世界一流大学的主体;但近年来为了实现在经济全球化和创新驱动发展的激烈竞争中占据有利地位的政策目标,或仅仅是为了避免本国的大学排在世界排行榜上的末尾或无法进入某个排行榜,政府凭借出资者的权利和管理者的权力,最终凌驾于大学的教学和科研活动之上。大学为了获得来自政府的额外资助以及某种特殊的"政策身份",也主动或被动地放弃了教学和科研的自主权,完全或主要根据政府的意愿和绩效评价标准来调整办学的方向和人才培养的目标。结果就是,越来越多的大学在政府的政策驱动下,在排行榜上取得了足以令政府和大学自己满意的成就,而真正受过良好高等教育的人并未显著增多。高等教育发展以及大学和学科排名的上升对于经济社会发展的贡献也并没有如政策预想的那么显著。

一旦政府将建设高等教育强国或世界一流大学作为政策目标,那么高等教育的发展在处理教育与人的关系和教育与社会的关系方面很容易失去平衡。政府的政策驱动使教育嵌入国家的政治、经济和社会需求之中,使高等教育沦为实现人的社会化和资格化的工具,而忽略了主体性的形成才是教育让人之成为人的关键。资格化和社会化作为高等教育的功能并非不重要,但必须清楚教育不仅要促成资格化和社会化,还应致力于人的主体化。[①] 实践中与资格化和社会化的获得相比,教育之于人的主体性的形成具有不确定性或风险性,而与主体化相比,人的资格化和社会化对于政治、经济和社会发展的直接效用又似乎更大。因此,"人们宁愿用教育过程中的有效性和效率这样技术的、管理的问题来取代好教育这样的规范性问题,而不考虑这些过程的目的应该是什么"[②]。这也就是为什么高等教育政策通常主动回避"什么是好的教育"这种根本性问题,而直接诉诸建设"一流"大学和"一流"学科,希望通过"培养杰出人才"和"发表高水平论文",将高等教育与强国相关联。

---

① 格特·比斯塔.测量时代的好教育:伦理、政治和民主的维度[M].张立平,韩亚菲,译.北京:北京师范大学出版社,2019:21.
② 格特·比斯塔.测量时代的好教育:伦理、政治和民主的维度[M].张立平,韩亚菲,译.北京:北京师范大学出版社,2019:4.

　　当然,我们时代高等教育发展不是不需要考虑"有效性和效率这样技术的、管理的问题",高等教育与经济社会发展也并非没有关联或不可以发生关联,需要清楚的是,高等教育与经济社会发展之间的关系是复杂的、多重的而非简单的、线性的,高等教育受到经济社会发展的影响远大于高等教育对经济社会发展的影响。在高等教育强国建设中,国家首先要通过改革使高等教育变得强大,然后才能通过高等教育使国家强大。这种关系不可以颠倒。国家要使高等教育变强大,除了加大资金投入之外,更重要的是在体制改革方面强化政策和制度供给,建立可将资源有效转化为创新性成果的制度安排。高等教育要使国家变得强大,也不可能是依靠各类排行榜上的名次,而必须通过踏踏实实培养受过良好高等教育的人,产出可以满足经济社会发展需要的科技成果,成功解决国家经济社会发展面临的难题,积极应对人类社会可持续发展所面临的巨大挑战。

　　当前我国的"双一流"建设方案坚持以绩效为杠杆,过度强调量化评价,主要以一流大学和一流学科的数量(若干、一批、更多)及其在世界上的排名(行列、前列)作为建设高等教育强国的参照系和判定标准。"将目标转化为关键绩效指标(key performance indicators)这一直接的量化方法并不奏效,而且通常还会造成形式主义的报告并导致管理灵活性受限。"[①]这种量化目标的设定或许便于政府对于"双一流"建设高校和学科进行绩效考核与问责,但不利于激励高等教育促进科技创新和经济社会发展,以使国家变得强大。为实现高等教育"强国"的建设目标,"双一流"建设绩效评价需要重点考核的应是我们的高等教育体制是否有利于增强科技创新和经济社会发展的活力,"双一流"建设本身是否有利于促进我们的科技创新和经济社会发展,而不是如何提高我国大学和学科的世界排名,也不是将大学和学科排名提高到何种程度。在"双一流"建设中坚持以绩效为杠杆必须弄清楚:"我们在测量我们

---

　　① 菲利普•阿特巴赫,莉斯•瑞丝伯格,贾米尔•萨尔米,伊萨克•弗鲁明.新兴研究型大学:理念与资源共筑学术卓越[M].张梦琪,王琪,译.上海:上海交通大学出版社,2020:201.

真正重视的,还是仅仅在测量我们能轻易测量到并且最终能评估的东西?"①作为一种教育评价工具,无论哪种大学和学科排名都有可以改进的空间,但无论如何改进都不意味着存在一种理想的排名结果,可以作为对高等教育进行问责与绩效评价的依据。"对不同高校的评价比较,无论采用定量指标还是定性指标,都较为困难并且容易招致不满。这在很大程度上取决于评价的主体、评价的对象和评价的目的(即谁来比较、比较哪些机构及出于什么目的)。"②高等教育强国和世界一流大学建设很难或不可能通过可测量的绩效评价来促成。那些人们公认的世界一流大学和一流学科都是逐渐"涌现"的,而不是按政府的计划或根据某个排行榜的排名在哪一年有计划地建成的。能够使一所大学和一个学科成为一流的只能是大学和学科自身对卓越的持续追求,而不可能单纯地依靠政府的问责与绩效评价来强力驱动。为避免排名主导一流大学和一流学科建设,政策制定者和高校领导者需要清楚,对于大学和学科的排名的使用在何种情境下是有意义的,在何种情境下会成为问题以及如何避免对大学和学科排名的滥用。

最后需要明确的是,这里对于以排名为代表的绩效评价的反思,并非要从高等教育中完全废除基于绩效评价的问责制,这也是不可能的。我们时代的问责制作为政治合法性的一部分已经嵌入高等教育体制中。只要现存的社会制度和政治体制没有根本的变化,对于高等教育发展的问责就不可避免;而在问责过程中只要绩效评价对于"循证研究"和"证据主义"的热衷没有改变,以排名为代表的绩效评价方式也同样不可能被完全排除。相反,"各种问责制技术在高等教育、全球排名和基于出版物的产出测量的国家'参数化'

---

① 格特·比斯塔.测量时代的好教育:伦理、政治和民主的维度[M].张立平,韩亚菲,译.北京:北京师范大学出版社,2019:14.

② 菲利普·阿特巴赫,莉斯·瑞丝伯格,贾米尔·萨尔米,伊萨克·弗鲁明.新兴研究型大学:理念与资源共筑学术卓越[M].张梦琪,王琪,译.上海:上海交通大学出版社,2020:147.

中作用日益增强，'审计文化'与之存在很强的联系"①。但问题的关键在于，"问责制不能只是一个外部功能，也不应该作为一种不断重复的官僚体系（但是实际上它往往被当作官僚体系）被快速且无关痛痒地执行。它最持久的益处是内部的，比如，责任、透明度和诚信作为院校文化的一部分。在很大程度上就如同全球各地研究人员，将同行评议作为学术审议的自然模式一样而司空见惯"②。为实现基本建成高等教育强国的政策目标，我们必须超越高等教育中问责与绩效评价的羁绊，走出高等教育量化评估的误区。高等教育的改革和发展不能只关注政府想要什么，甚至也不只是经济社会发展需要什么，还需要关注什么样的高等教育才是真正的高等教育，是值得长期追求的高等教育。高等教育行动的焦点不能经常或总是放在"怎样做"上，而忽视了"为什么"③。好的高等教育改革要综合政府想要的（工具性的内容）和人的高等的教育需要的（精神性的内容），将对于高等教育强国和世界一流大学的实际欲求转化为对于理想的大学或高等教育系统的合理期盼。

---

① 玛丽亚·优德科维奇,菲利普·阿特巴赫,劳拉·E. 朗布利.全球大学排名游戏:变革中的高等教育政策、实践与学术生活[M].苗耘,马春梅,王琪,译.上海:上海交通大学出版社,2021:183.

② 菲利普·G. 阿特巴赫.世界级大学领导力[M].姜有国,译.北京:中国人民大学出版社,2014:27.

③ 格特·比斯塔.测量时代的好教育:伦理、政治和民主的维度[M].张立平,韩亚菲,译.北京:北京师范大学出版社,2019:5.

第八章 以自由看待高等教育
高质量发展

　　高质量发展既是高等教育适应经济社会高质量发展的客观要求,也是高等教育自身发展阶段的自然趋向。高质量发展既关乎高等教育发展的性质,也涉及发展的结果。高等教育发展是否是高质量的,既取决于对于"高质量"的理解,又取决于对于"发展"的认知。基于阿马蒂亚·森的"自由"发展观,高等教育高质量发展的核心内涵应是人的实质自由的扩展。以自由看待高等教育高质量发展,强调高等教育之于人的发展的重要性,以人的发展为根基,对于高质量发展的评价需要一个更加综合的视角。当前受评价因素的影响,高等教育质量和高等教育发展质量存在矛盾。一方面参照量化的评估指标或排行榜,我们时代拥有有史以来最多的"世界一流"大学,各种指标似乎都在明示或暗示,我们时代的高等教育质量在不断提高;但另一方面,受以排名竞争为导向的发展观和以争夺学术锦标为核心价值的发展范式的影响,无论是参照熊彼特的"创新"发展范式还是参照阿马蒂亚·森以自由为导向的发展观,我们时代的高等教育都很难说实现了高质量发展。高等教育发展中,一方面人的发展没有得到充分的重视,另一方面与经济社会发展之间也存在脱节。高等教育高质量发展的目标就是要充分实现人的发展与经济社会发展之间的平衡或协调。从发展范式看,高等教育是否实现高质量发展的评判标准应是高等教育机构的发展范式是否与经济社会的发展范式相匹配，抑或高等教育的发展水平能否满足我们时代创新驱动发展和创业革命的需要。从发展内涵看，高等教育是否实现了高质量发展的首要评判标准，就是高等教育发展是否扩展了人的实质的自由，抑或是否使受教育者的潜能得到了充分发挥。综合来看，如果高等教育的发展既充分促进了人的发展，又充分满足了经济社会发展的需要，就可以称之为高质量发展。

第一节　高等教育发展观的澄清

现代社会以经济为中心，经济领域的发展观经常会对其他领域产生直接或间接的影响。高等教育领域是一个出"思想"的地方，原本应该对高等教育发展有独特的理解，但事实恰恰相反。长期以来，受经济决定论的影响，高等教育发展的范式和发展观对于经济发展的范式和发展观往往亦步亦趋。由于滞后效应的存在，有时甚至对于那些经济领域正在抛弃的发展范式和发展观，高等教育领域仍在积极引入并不断盛行。早期的经济发展以增长为核心，通常将国民生产总值或国内生产总值作为国家经济发展的重要指标。这种狭隘的发展观在经济领域如今已受到全面清算并逐渐被抛弃。但今天在高等教育领域，所谓"发展"在很大程度上仍然被等同于"增长"。很多大学仍然在通过扩张或合并来提高学术产量，进而提高大学的排名。近年来，伴随着经济领域对于内涵式发展和高质量发展的强调，在高等教育领域内涵式发展和高质量发展也逐渐成为热点问题。相关讨论中无论是内涵式发展还是高质量发展，其共同的对立面都是数量式的发展或高速增长，即将数量上的增长当作发展。事实上，如果将增长与发展加以适当区分，发展本身就意味着内涵式的或高质量的。在发展经济学中，熊彼特早就指出："我们所指的

'发展'只是经济生活中并非从外部强加于它的,而是从内部自行发生的变化。如果情况是,在经济领域本身中没有这样的变化发生,而我们所称的经济发展现象在实际上只不过是建立在这一事实之上,即数据在变化而经济则继续不断地使自己适应于这种数据,那么我们应当说,并没有经济发展。我们这样说的意思应当是:经济发展不是可以从经济方面来加以解释的现象;而经济——在其本身中没有发展——是被周围世界中的变化在拖着走;为此,发展的原因,从而它的解释,必须在经济理论所描述的这一类事实之外寻找。仅仅是经济的增长,如人口和财富的增长所表明的,在这里也不能称作是发展过程。因为它没有产生在质上是新的现象,而只有同一种适应过程,像在自然数据中的变化一样。因为我们想要使我们的注意力转向别的现象,我们将把这种增长看作数据的变化。"[1]高等教育领域同样如此。如果改革和发展"没有产生在质上是新的现象",如果没有"从内部自行发生的变化",如果只是"被周围世界中的变化在拖着走",如果只是"不断地使自己适应于"政府和社会提出的各种量化目标,那么就谈不上高等教育的真正发展,充其量只能看作与高等教育增长相关的"数据的变化"。[2]

由于对发展和增长缺乏合理的区分,高等教育实践中的规模扩张也被称为外延式发展;与之相应,内涵式发展则被等同于提高质量或以提高质量为主导。与内涵式发展有所不同,高等教育高质量发展的重点在于"发展"而非"质量","高质量"是用来修饰"发展"的。因此,我们不能简单地将高等教育的高质量发展等同于提高高等教育质量。当然,这也并不是说提高高等教育质量对于高等教育高质量发展不重要,相反,提高高等教育质量对于高等教育高质量发展至关重要。但关键在于,除了提高高等教育质量之外,高等教育高质量发展还有更加重要的任务,比如,大学发展范式的转型、高等教育体

---

① 约瑟夫·熊彼特.经济发展理论[M].何畏,等译.北京:商务印书馆,2019:73.
② 张应强,邬大光,眭依凡,等.中国高等教育 70 年十人谈(笔会)[J].苏州大学学报(教育科学版),2019(3):45.

系与国家创新体系以及终身教育体系的融合等。换言之,提高高等教育质量是高等教育高质量发展的重要任务之一,高等教育高质量发展的关键还在于实现大学发展范式和高等教育发展观的转型,以及建立高质量高等教育体系。此外,高等教育高质量发展还要为通过高等教育发展促进人的发展和经济社会发展创造条件。如果依然基于不合理的高等教育体系,遵循旧的发展范式和发展观,由于受旧的质量观和发展范式的约束,高等教育的质量越高可能就会越糟糕。同样,除了高质量发展之外,高等教育质量的提高还可以通过其他许多途径来实现,比如,质量管理或质量保障。并非没有高质量发展就无法提高高等教育质量,更不意味着只要提高了高等教育质量就实现了高等教育高质量发展。高等教育系统内部的质量保障机制对于实现高等教育的高质量发展是重要的,但与发展观和发展范式转型相比,与高质量的高等教育体系相比,内部质量保障机制之于高等教育高质量发展的重要性反倒是次要的。

作为政策概念或术语,"高质量发展"最初源于对经济发展阶段的描述,区别于"经济的高速增长";"高质量发展"既体现为经济发展方式的变化,也意味着经济发展目标的更新。2017 年 10 月,党的十九大报告提出,"我国经济已由高速增长阶段转向高质量发展阶段"。为适应经济发展转型,2019 年的《政府工作报告》中强调"发展更加公平更有质量的教育"。2020 年 10 月,党的十九届五中全会指出,"我国已转向高质量发展阶段"。至此,"高质量发展"不再只关乎经济发展而是成为中国国家和社会发展的战略选择。党的十九届五中全会审议通过的《中共中央关于制定国民经济和社会发展第十四个五年规划和二〇三五年远景目标的建议》第一次明确提出"建设高质量教育体系"。2021 年 3 月,第十三届全国人民代表大会第四次会议主席团第二次会议通过的《中华人民共和国国民经济和社会发展第十四个五年规划和 2035 年远景目标纲要》在第十三篇"提升国民素质　促进人的全面发展"中以专章的形式,从"推进基本公共教育均等化""增强职业技术教育适应性""提高高等教育质量""建设高素质专业化教师队伍""深化教育改革"五个方面,对"建设高质量教育体系"进行了详细阐述。随着高质量发展之于经济社会发展重要性的日益凸显,与 2019 年的《政府工作报告》相比,2020 年和 2021 年的《政府工作报告》都特别强调教育工作的重点是"发展更加公平更高质量的教育"。

《政府工作报告》中关于教育工作重点的表述从"有质量"到"高质量"的转变,反映了国家宏观政策话语对于教育政策的影响。随着整个国家经济社会发展向高质量发展阶段转向,教育自然也要转向高质量发展。在"高质量发展"中有两个关键词:一个是"发展";另一个是"质量"。"发展"既是动词也是名词。作动词时,"高质量发展"主要强调发展的性质或方式是"高质量"的;作名词时,"高质量发展"则主要强调发展的结果是"高质量"的。与"发展"相比,"质量"则既可以作形容词,也可以作名词。作为形容词,"质量"是一个整体性的概念。某种意义上,"(有)质量"就意味着"优质"。Quality 本身就有"优质的""高质量的"含义。Quality education 指的就是"优质的教育"①。因此,从"质量"一词的形容词内涵出发,"有质量"的教育也就是"高质量"的教育。当前从"有质量"到"高质量"的政策话语变迁,一方面反映了政策目标的调整,另一方面也凸显了政策话语对于质量本身的理解发生了改变。理解高质量发展问题的关键是弄清楚质量的含义是什么,是教育的质量还是教育发展的质量。相较而言,"有质量的教育"中的"质量"强调"教育的质量",即优质的教育;而"高质量发展"中的"质量"强调的则是"教育发展的质量"。表面上看,"高质量"似乎比"有质量"对于"质量"的要求要更高,但实际上未必如此。由于针对的对象不同、语境不同,"高质量"中的"质量"与"有质量"中的"质量"已经不是同一个概念。"高质量"中的"质量"相当于"水平",只有水平才容易分高低。"高质量"中的"高"是形容词,"质量"是名词。"有质量"中的"质量"则相当于"优质",是形容词。在品质的意义上,"质量"就意味着"优质",是整体性的,要么"有"质量要么"没"质量,没有高低之分。这有点类似

---

① 曾荣光.从教育质量到质量教育的议论——香港特区的经验与教训[J].北京大学教育评论,2006(1):129.

于"更好"和"好"的关系。按克里希那穆提的说法："更好不是好。""更好是比较的结果。"①"高质量"和"质量"的关系也大致如此。

当前作为一种政策话语，高质量发展以一种理想目标为导向，强调了高等教育发展水平或阶段的递进性，对于引领高等教育改革和发展具有积极效应。不过，高质量发展的提出虽可以对过去数量式发展或过分强调高速增长起到纠偏的作用，但其自身的内涵却是模糊的。"我们的教育者、我们的学校、我们的大学、我们的医院、我们的医生、我们的医保提供方，都要为他们所服务的对象即公众负责。为了让他们担起责任，任何评估或评判表现的行为之前必须要有一致同意的标准才符合逻辑。'质量'的类属概念——高质量教育、高质量医保——往往被奉为圭臬，却指代不明。质量首先应被理解为效益标准，而后才被用于评估公共产品。可是要制定合适的效益标准既非易事，也缺乏政治中立性。我们选择考虑何物有效确实重要，因为我们用来衡量效益的标准做出响应并改变的，不仅是提供了何种公共产品，还有它们被提供的方式。"②作为政策话语而非学术话语，当前"高质量发展"主要是作为数量式发展或高速增长的对立面而提出的。这个关于发展的新概念肩负着落实政府"理想指向型"政策的任务，其自身的学术内涵或学理性偏弱。需要注意的是，伴随着政策话语和学术话语的相互混用，无论是在理论上还是在实践中，"高质量"很容易沦为一个"万能词"或"标签"，可以添加在任意语境和话语体系中使用。"高质量发展"作为一种新发展观的标识一旦遭到滥用，非常容易沦为一种政策性口号，其对于经济社会发展的象征性意义可能大于实际意义。在政策上将高等教育发展的目标锁定为高质量和最终实现高等教育高质量发展并不完全是一回事，从知道高等教育发展阶段需要转型到成功实现这个转型还有很长的路要走。为避免"高质量发展"内涵的泛化，亟须从理论上明晰"高等教育高质量发展"的内涵。

① 克里希那穆提.教育就是解放心灵[M].张春城，唐超权，译.北京：九州出版社，2010：61.
② 贾尼丝·格罗斯·斯坦.效率崇拜[M].杨晋，译.南京：南京大学出版社，2020：98.

第二节　高等教育自由发展观的建构

新时代需要新的发展观,无论是经济发展还是高等教育发展均是如此。从微观上看,经济发展与高等教育发展不同;但从宏观上看,无论是经济发展还是高等教育发展都是人类社会发展的有机组成部分,二者又如此相似。因此,从哲学的层面或人类社会发展的本质出发,高等教育发展和经济发展可以分享一些共同的发展观。阿马蒂亚·森基于对经济领域以增长为基础的狭隘发展观的反思,聚焦人类的实质的自由的扩展,提出了"以自由看待发展"的新发展观。如他所言:"经济增长本身不能理所当然地被看作目标。发展必须更加关注使我们生活得更充实和拥有更多的自由。扩展我们有理由珍视的那些自由,不仅能使我们的生活更加丰富和不受局限,而且能使我们成为更加社会化的人、实施我们自己的选择、与我们生活在其中的世界交往并影响它。"①阿马蒂亚·森从发展哲学的层面切入,将经济发展视为"扩展人们享有的真实自由的一个过程",这一见解虽源于他对经济领域中"增长式发展观"的反思,但其作为一种哲学意义上的发展观无疑具有普遍意义。"人们在机构和制度组成的世界中生活和行动。我们的机会和前途严重依赖于存在哪些机构和制度以及它们如何运作。机构和制度不仅对我们的自由做出贡献,它们发挥的作用还可以按照它们对我们的自由所做的贡献来进行合理的评价。以自由来看待发展提供了一个对机构和制度进行系统评判的视角。"②与经济发展相比,高等教育发展更应该被看作"扩展人们享有的真实自由的一个过程"。但长期以来,受国家主义和实用主义的影响,整个高等教育

---

① 阿马蒂亚·森.以自由看待发展[M].任赜,于真,译.北京:中国人民大学出版社,2002:10.
② 阿马蒂亚·森.以自由看待发展[M].任赜,于真,译.北京:中国人民大学出版社,2002:135.

系统无论是在促进学生和社会的发展还是在维持自身的发展方面都更多地持一种工具性或政治论的立场,没有将对人的实质自由的扩展作为发展的目标。具体而言,高等教育领域中对于学生的培养通常以"成才"为目标,在社会服务方面以促进经济增长或发展为目标,在自身发展方面致力于争夺更高的排名或其他学术锦标。高等教育实践中有对于自由的考量,比如,努力争取机构自治权或自主权,往往也是将自由作为一种促进发展的手段而不是目的。高等教育发展中没有关注到人的实质自由的扩展本身的重要性。以自由看待发展就意味着"必须把人类自由作为发展的至高目的的自身固有的重要性,与各种形式的自由在促进人类自由上的工具性实效性区分开来"①。基于此,在高等教育发展中要合理区分高等教育作为工具的有用性和高等教育自身的重要性。高等教育发展既要促进高等教育功能的发展,又要促进高等教育自身的发展。

聚焦于人的发展而不是条件的改善或规模的扩张,原本是教育之所以为教育的本质。现代以降,受政治论哲学和实用主义的影响,"教育之于人的发展"的重要性被"教育之于社会发展"的重要性所遮蔽。教育活动中"人的发展"成为实现经济社会发展的一种手段或工具。教育之于人的发展本身固有的重要性被消解。当整个社会或国家都集中注意教育的功能而不是教育本身时,教育发展就进入了一种误区。高等教育发展同样如此。第二次世界大战以后,世界高等教育发展进入黄金时代,其显著标志就是国家加大了对高等教育的投入,很多国家的高等教育纷纷从精英化走向大众化和普及化。这种状况所造成的一个结果就是,高等教育规模的快速增长被当作发展的成就,而真正的发展或发展的本义被忽视。当然,高等教育高速增长背后并非没有发展,同样发展也不意味着要否定数量上的增长。高等教育中那些可以量化的指标与高等教育发展之间的确具有相关性。比如,一个国家高等教育

---

① 阿马蒂亚·森.以自由看待发展[M].任赜,于真,译.北京:中国人民大学出版社,2002:31.

的规模可以大致反映高等教育的实力,大学的排名也可以在一定程度上反映大学的办学水平,但那些量化的指标与发展本身绝不能简单等同。高等教育办学条件的改善有利于高等教育发展,高等教育规模的扩大也有利于杰出人才的涌现。但它们之间的联系绝不是必然的,也不具有排他性,而是有限度的,受其他更重要的条件的制约。这个更重要的条件就是高等教育发展过程中"教育本身"是不是得到了发展。办学条件的改善可以为人的发展提供便利,规模的扩大也可以给予更多人接受高等教育的机会,但即便是更多的人在更好的条件下获得了接受高等教育的机会,也不意味着更多的人接受了更好的高等教育。从教育条件、教育机会到教育结果的产生还有很大的不确定性,而制约这种不确定性的正是高等教育发展的过程和结果是高质量的还是低质量的。仔细探究可以发现,那些数量上的指标与高等教育发展水平之间的联系并非像想象的那么紧密。二者之间相互矛盾的地方甚至并不比一致的地方少。实践中那些可量化的指标与高等教育发展之间的关系,主要是"事实关系"而非"逻辑关系"。所谓"逻辑关系"意味着"从某个前提就可以推出相同的结论",而"事实关系"则意味着前提与结论之间不具有必然的对应关系,而是取决于具体的社会情境或制度环境。[①] 基于此,如果我们把注意力过分集中于高等教育发展中那些可以量化的指标,并以这些指标的优劣来衡量高等教育发展的水平,极有可能会误导我们对于高等教育发展状况的判断。若以可量化的指标来衡量,当前我国高等教育发展的很多指标在世界上都名列前茅,还有些指标甚至高居世界第一。但无论是官方还是学界,只要是客观理性的判断都会承认我国仍然只是高等教育大国而不是强国。那些量化的数据非常容易夸大我国高等教育发展的成就而掩盖我国高等教育系统或体系可能存在的问题。"双一流"建设第一个周期结束时,部分高校以量化指标为依据,通过"自评"宣布全面实现世界一流大学建设目标,就曾引起

---

① 涂又光.教育哲学课堂实录[M].雷洪德,整理.武汉:华中科技大学出版社,2020:87.

争议。为此,教育部学位管理与研究生教育司负责人,在就"双一流"建设成效评价工作答记者问时特别强调:"无论是高校自评、专家评价和第三方评价的结果,还是综合评价的结果,都不是高校或学科建成一流与否的评判。对'双一流'建设的长期性、复杂性和艰巨性要有充分认识。"①

长远来看,高等教育的高质量发展的目标并非只为了建成高等教育"强国",更主要的还是"成人",即通过"高等的教育"扩展受教育者的实质自由,使其具备"可行能力"。按阿马蒂亚·森的说法:"一个人的'可行能力'(capability)指的是此人有可能实现的、各种可能的功能性活动的组合。可行能力因此是一种自由,是实现各种可能的功能性活动组合的实质自由。"②不过,对于高质量发展的强调并不意味着对于高速增长的否定。从高速增长转向高质量发展,反映了高等教育发展的某种阶段性。如果说过去的高速增长是高等教育发展的初级阶段,那么高质量发展就是高等教育发展的高级阶段。如果说在初级阶段高等教育发展所关注的主要是那些可见的数量或规模,那么在高级阶段高等教育发展所关注的将主要是不可见的"人性",主要包括人的知识、情感和意识,在智育、德育、体育等方面的发展。③ 基于"人性"的考量,高等教育对于人的自由的扩展或"成人"主要包括两个层面:一个是理智的层面;另一个是行动的层面。理智层面上的"自由"意味着,通过高等教育,人的理性得以发展,对于自然和社会有更深入和更系统的认知,可以经由高等教育的"启蒙"实现思想的解放。行动层面上的"自由"意味着,接受过高等教育的人具备与之相应的通识性知识与专业性技能,在工作世界中具有更强的适应力和创造力。当然,理智层面的"自由"与行动层面的"自由"仅仅是概念上的区分,二者在实践中是不可分的。没有理智上自由而行动上不自

---

①　教育部.加快构建中国特色"双一流"建设评价体系——教育部学位管理与研究生教育司负责人就"双一流"建设成效评价工作答记者问.[EB/OL].(2021 – 03 – 23)[2022 – 11 – 12]http://www.moe.gov.cn/jyb_xwfb/s271/202103/t20210323_521943.html.

②　阿马蒂亚·森.以自由看待发展[M].任赜,于真,译.北京:中国人民大学出版社,2002:62.

③　涂又光.教育哲学课堂实录[M].雷洪德,整理.武汉:华中科技大学出版社,2020:74.

由的人,也没有行动上自由而理智上不自由的人。"个人自由就其实质而言是一种社会产品,这里存在一种双向关系:(1)通过社会安排来扩展个人自由;(2)运用个人自由来不仅改善单个个人的生活,而且使社会安排更为恰当和富有成效。"①高等教育发展的理想就是培养理智与行动相互统一的"自由人"。以培养自由人为目标来看待高等教育发展,高质量发展就意味着高等教育应致力于扩展人的实质的自由。"如果我们把教育只是看作对抗未来社会失业的灵丹妙药,那么我们还是没有真正理解教育的本质。教育是提高自身能力以获得一个思想丰富、充实的生活,而不是为了适应劳动市场的需求。"②以接受高等教育者享有的实质自由的扩展来看待高等教育高质量发展,对于我们理解高等教育发展过程以及选择促进高等教育发展的方式和手段都至关重要。在发展的过程方面,这意味着整个高等教育系统需要彻底贯彻以学习者为中心的理念,并彻底消除各种限制学生自由发展的制度性障碍;而在发展的方式和手段方面,则意味着需要更加客观理性地看待量化评估结果与高等教育发展质量之间的相关性和不相关性。

高等教育的发展,尤其是高质量发展,虽然并非完全与那些量化评估结果无关,但它在内容和范围上无疑更加广泛。"在评价发展时聚焦于自由,并不意味着存在一个唯一的而且精确的关于发展的'标准',并且按此标准总是可以对各种不同的发展经验进行比较和排序。以自由看待发展思想的目的,并不是要对所有的状态——或者所有可能的情况——进行比较得到'全局排序',而是要引起对发展过程的那些重要方面的注意,其中的每一个方面都值得注意。"③量化评估最大的问题就是人为地把那些不可量化的信息排除在了评价的范围之外。由于对信息的筛选不是以评价的需要作为标准而是以可不可以量化作为标准,从而导致评价结果对于可量化的信息过度敏感,而对

① 阿马蒂亚·森.以自由看待发展[M].任赜,于真,译.北京:中国人民大学出版社,2002:23.
② 理查德·大卫·普雷希特.我们的未来:数字社会乌托邦[M].张冬,译.北京:商务印书馆,2022:94.
③ 阿马蒂亚·森.以自由看待发展[M].任赜,于真,译.北京:中国人民大学出版社,2002:25.

于那些不可量化的信息过度不敏感。当前,无论是关于高等教育质量的评估,还是关于高等教育发展的评估都受制于量化指标的束缚。那些基于可量化的指标的评估在高等教育高速增长阶段或许不失为一种有效的方法,但在高质量发展阶段,如果仍然试图通过量化评估来促进或引领高等教育发展,有可能会误入歧途。为实现高质量发展,在评价层面上"需要有一个足够宽广的发展观,从而使评价性检视聚焦于真正有实质意义的事物,特别是避免忽略极其重要的议题"①。很多时候高等教育中那些不能或不宜量化的部分,对于我们评判高等教育发展的质量甚至更加重要。当然,这也并不意味着那些可以量化的指标对于高等教育发展不重要,而是说高质量发展要"超越"这些指标,更加关注高等教育发展过程中教育自身是不是得到了发展,即那些接受高等教育者的知识、情感与意志在智育、德育、体育等方面是不是得到了充分发展,在从"必然王国"到"自由王国"的理智之路上以及在作为公民参与社会行动时,他们是不是变得更加自由,他们个人的发展与经济社会的发展之间是不是更加融洽,更加具有可持续性。

最后,对于高等教育发展而言,与作为目的相比,自由本身作为条件或手段并非不重要。"19 世纪是关于经济自由的世纪。20 世纪是关于政治自由的世纪。现在的 21 世纪是关于个人自由的世纪,个体会自己决定美好的有品德的生活是什么含义。"②需要注意的是,自由作为手段的重要性不能与通过高等教育发展以扩展人的实质的自由相抵触。无论作为手段还是目的,人的自由的扩展都非常重要,但自由作为目的是根本性的。过去是这样,现在是这样,将来更是这样。"后工业经济里知识被赋予的新的重要性为选择话语增加了权重。知识、思想和创造力不仅在工作上,也在生活里让我们获得更多自主权。……如果知识、思想、创新和创造力是我们私人生活中的重要特征,它们便无法长时间与公共生活隔离。随着公众对威权的尊崇的衰退,知

---

① 阿马蒂亚·森.以自由看待发展[M].任赜,于真,译.北京:中国人民大学出版社,2002:25.

② 贾尼丝·格罗斯·斯坦.效率崇拜[M].杨晋,译.南京:南京大学出版社,2020:242.

识顺势崛起,它扎根于富足生活,借着个性化和多样化的东风,为选择的文化带来了肥沃的滋生土壤。"①基于自由本身固有的重要性,无论是处理高等教育与人的发展的关系,还是对待高等教育与社会发展的关系,抑或反思高等教育自身的发展,都需要"以自由看待发展"。那些为促进高等教育发展而争取的程序性的自由,只有通过高等教育过程转化为人们实际享有的实质的自由,高等教育才算实现真正的发展或高质量发展。高等教育发展中其他重要价值的形成需要以自由的扩展为前提。如果说过去和现在高等教育的发展都主要是为了经济社会的发展,那么未来高等教育发展的目的将超越经济社会发展,通过扩展人的实质的自由,直接服务于人类对于美好生活的渴望。"就政治而言,当今的重大问题是如何管理生活……如何创造出生活和生产自由管理新形式,这是我们面临的挑战。政治已变成一项既与微观经济学发生联系又与生活质量发生联系,既关乎平等也关乎自由的工程。"②当前高等教育实践中还存在一些限制人的自由的因素,由于发展的目标存在错置,很多时候所谓的改革,不但不是在消除那些限制人的实质自由的因素,反倒是在增加这些因素。"如果发展所要促进的就是自由,那么就有很强的理由来集中注意这一主导性目的,而不是某些特定的手段,或某些特别选中的工具。从扩展实质性自由的角度来看待发展,就应该把注意力集中到那些目标——正是它们才使发展变得重要——而不仅仅是某些在发展过程中发挥显著作用的手段。"③对于人类社会抑或对于人类美好生活的创造而言,无论在哪个领域,如果没有主体的自由就谈不上发展;如果发展不以自由为主导性目的,也会损害发展的价值;同样地,如果没有实质的发展也就没有真正的自由。作为手段,自由外在于发展;作为目的,自由本身又是发展的组成部分。"发展的过程就是扩展人类自由的过程。"④发展与自由具有广泛的一致性。"自

① 贾尼丝·格罗斯·斯坦.效率崇拜[M].杨晋,译.南京:南京大学出版社,2020:241.
② 贾尼丝·格罗斯·斯坦.效率崇拜[M].杨晋,译.南京:南京大学出版社,2020:78.
③ 阿马蒂亚·森.以自由看待发展[M].任赜,于真,译.北京:中国人民大学出版社,2002:2.
④ 阿马蒂亚·森.以自由看待发展[M].任赜,于真,译.北京:中国人民大学出版社,2002:30.

由不仅是发展的首要目的,也是发展的主要手段。"①基于此,高等教育的高质量发展需要以扩展人的实质的自由为目的,人的实质的自由的扩展也需要以促进高等教育的高质量发展为目的。

第三节 如何实现高等教育高质量发展

高等教育是一个复杂的存在,且受多种因素的影响。与提高高等教育质量相比,高等教育高质量发展更加复杂,高等教育高质量发展不仅关注提高高等教育质量,还要充分考虑高等教育的发展观、价值观、大学发展范式以及高等教育体系等因素,需要更加综合的视角。与质量相比,高等教育的高质量发展无法用某个"最终成果"或"指标"来衡量,而必须要看"综合成果"。对于高等教育发展而言,成果和影响因素的"综合性"绝不是正确的废话,而是高质量发展的根本特征。阿罗"不可能定理"表明:"什么是可能的、什么是不可能的,关键取决于在进行社会决策时实际采用哪些信息。通过扩大信息基础,就有可能得到社会和经济评价的连贯的和一致的决策标准。"②无论是高等教育还是经济社会的高质量发展都是一个巨大的实践难题,绝不存在"终南捷径"。鉴于高质量发展的复杂性以及人的有限理性,没有哪个单一指标可以揭示高等教育高质量发展的"秘密"。"我们需要的是,一种综合的、多方面的思路,其目标是促进不同方面同步的进展,包括相互支持的不同机构和制度。"③高等教育高质量发展是为了共同利益的发展,需要所有利益相关者的共同努力,需要所有高等教育机构保持创新和创业精神,更需要对所有与

① 阿马蒂亚·森.以自由看待发展[M].任赜,于真,译.北京:中国人民大学出版社,2002:7.
② 阿马蒂亚·森.以自由看待发展[M].任赜,于真,译.北京:中国人民大学出版社,2002:254.
③ 阿马蒂亚·森.以自由看待发展[M].任赜,于真,译.北京:中国人民大学出版社,2002:123.

高等教育发展相关的因素保持足够的敏感，最终让"问题带动了讨论，而不是讨论带动了问题"[①]。

与提高高等教育质量不同，高等教育高质量发展是一个新问题。高质量发展是为了高质量的高等教育而不只是高等教育质量。"高质量的高等教育"强调高等教育活动的整体性，指向高等教育的理想，"高等教育质量"只是衡量高等教育活动优劣的一个维度，质量高低取决于质量标准或参照系。[②]作为高等教育高质量发展的目标，高质量的高等教育不可能有具体的可量化或不可量化的评价标准，它反映的是高等教育的理想和追求。就好比生活质量可以测量，但对于什么是美好生活则无法测量，只能依靠主体的体验和感知。我们不能为了评估的需要或激励的考量而强行制定一些与绩效相关的可操作的量化指标。评估之于高等教育发展大多是策略性的或工具性的，而高等教育高质量发展的价值基础则是根本性的。以自由看待发展，在高质量发展阶段一定要淡化评估作为一种策略的重要性，将更多的注意力转向作为价值基础的高等教育本身——"人性"的培养，探究其发展的本质和规律。评估的结果或排名只有工具性意义，也只有在工具性意义上才有重要性。相比之下，在新的情境下，对高等教育自身及其发展的本质与规律的反思和澄清具有奠基意义。我们不能只是关注发展与指标之间的统计关系，而必须进一步考察高等教育发展与哪些影响因素有因果性或逻辑性的关系。在评价高等教育发展时仅仅看那些量化评估指标的增长是不够的，也是不恰当的，我们必须关注高等教育发展对于受教育者的实质自由的扩展及对其可行能力的影响。

当然，在高质量发展中基于规模和效率的量化评估并非完全没有价值，而是需要注意手段和目的的关系。对于高等教育而言，与量化评估相关的指

---

① 贾尼丝·格罗斯·斯坦.效率崇拜[M].杨晋，译.南京：南京大学出版社，2020：256.

② 王建华.从高等教育质量到高质量的高等教育——在高等教育领域内我们应该怎样谈质量[J].江苏高教，2015(6)：5-9.

标以及结果，"它本身不是目的，而是用来实现有价值目的之方式；它不是目标，而是达到其他目标的工具；它不是价值，而是获得其他价值的方法。它是故事的一部分，但绝不是全部"①。当量化评估的结果被赋予固有价值并成为高等教育发展的重要目标时，就容易造成对于高等教育发展内在秩序的扭曲。"它的世界全是事实，没有意义。在唯事实是问的实在论大行其道的时代里，我们会发现，人们刻意在自己身上培育这种畜生心灵，……认为分析结果比他的内在体验更真实。"②与量化评估相比，聚焦于高等教育发展的本质与规律对于防止激励机制的扭曲有明显优势。对于高等教育高质量发展而言，量化评估的错误不在技术或方法的层面，而在价值选择的层面。关于高等教育高质量发展真正重要的不是评估，更不是量化评估，而是澄清并转变高等教育的发展观以及大学的发展范式，并建立高质量的高等教育体系。对于高质量发展而言，正确的方向远比那些量化评估的数据更加重要。

当前由于综合评估的困难，如何判断关于高等教育高质量发展的政策是否得到落实成为一个严峻的挑战。为了政策的可操作性，高等教育高质量发展很容易被"简化"为提高高等教育质量，而发展的问题一旦转化为质量的问题，高等教育高质量发展很容易被提高高等教育质量所替代，结果量化评估的路径依赖将会重现。米兰·昆德拉在《小说的艺术》中曾言，在现代思想中，"简化"就像蛀虫一般，吞噬着人类的精神生活："伴随着地球历史的一体化过程的是一种令人晕眩的简化过程。应当承认，简化的蛀虫一直以来就在啃噬着人类的生活：即使最伟大的爱情最后也会被简化为一个由淡淡的回忆组成的骨架。但现代社会的特点可怕地强化了这一不幸的过程：人的生活被简化为他的社会职责；一个民族的历史被简化为几个事件，而这几个事件又被简化为具有明显倾向性的阐释；社会生活被简化为政治斗争，而政治斗争被简化为地球上仅有的两个超级大国之间的对立。人类处于一个真正的简

---

①　贾尼丝·格罗斯·斯坦.效率崇拜[M].杨晋，译.南京：南京大学出版社，2020：16-17.
②　C. S. 路易斯.荣耀之重：暨其他演讲[M].邓军海，译注.上海：华东师范大学出版社，2016：125.

化的漩涡之中,其中,胡塞尔所说的'生活世界'彻底地黯淡了,存在最终落入遗忘之中。"①如前所述,提高高等教育质量只是高等教育高质量发展的一个子目标,"高质量的高等教育"才是高等教育高质量发展的最终目的。作为一种理想状态,"高质量的高等教育"是高等教育高质量发展的综合成果,而不只是高的高等教育质量。但由于综合性的成果难以评判和相互比较,政策实践中诸多利益相关者很容易选定某些可量化的指标作为决策的依据。稍后,那些作为决策依据的指标又会迅速传递到高等教育实践中成为影响高等教育发展的"指挥棒"。高质量发展原本是为了超越由量化评估所主导的高速增长,结果却有可能再次以提高质量的名义而陷入量化评估的窠臼。究其根本,政策实践没有直面高等教育高质量发展的复杂性,没有有效区分提高高等教育质量与高等教育高质量发展的政策边界,而是企图将复杂问题简单化。1968年,肯尼迪在谈到美国国民生产总值时曾指出:"它既不能测量我们的头脑,也不能测量我们的勇气;既不能测量我们的智慧,也不能测量我们的学问;既不能测量我们的热情,也不能测量我们对国家的热爱。简而言之,它什么都能测量,就是不能测量使生活有价值的事物。"②高等教育发展中的那些量化评估同样如此。

长期以来,受经济学的影响,评价发展的一个重要方法就是"投入—产出"模型。基于此,高等教育发展也经常被简化为经济生产功能的"投入—产出"系统。在"投入—产出"模型下,"高等教育已经成为教育组织生产的一种可量化的产品,实现投入最小化和产出最大化。这种新的社会思潮的共同结果是,大学必须应对预算削减、新的筹资机制、教师减员、研究的企业化和军事化以及课程重构的挑战,从而实现与劳动力市场培训需求的一致性。伴随这些条件的是测评和监控制度,与质量保障需求、绩效管理实践和国际基准

---

① 转引自:C. S. 路易斯.荣耀之重:暨其他演讲[M].邓军海,译注.上海:华东师范大学出版社,2016:113.

② 转引自:赫克托·麦克唐纳.后真相时代[M].刘青山,译.北京:民主与建设出版社,2019:114.

活动相联系"①。具体而言,高等教育发展就是看对于高等教育的投入与高等教育最终对社会的贡献是否匹配。如果高等教育的最终成果大于政府和社会对于高等教育的投入,那么高等教育发展就是良性的、可持续的;如果高等教育的最终成果小于政府和社会对于高等教育的投入,那么高等教育发展就是恶性的、不可持续的。由于高等教育发展带有"公共性"和"共益性",其投入与产出很难精确衡量。加之,高等教育发展自身还有其阶段性和滞后性,基于最终结果的简单的"投入—产出"分析,未必能够评价高等教育发展的质量是高还是低。鉴于此,从高等教育的基本关系入手,将注意力转向高等教育中人的发展,以及高等教育在发展过程中与经济社会的发展是否能够保持有效的互动,或许更容易评价或判断高等教育发展是否是高质量的。两个国家的高等教育系统,可以按照相同的学科专业培养相同数量和层次的人才,甚至于这些人才在各自国家的收入水平也大致相当,但这里仍然可能存在一个重要的区别,即这些人本身是否得到了充分的教育或发展,是否能在实际工作中持续拥有创造性、创新能力和创业精神。如果一个国家的高等教育系统,只是培养了大量学历和学位意义上的高层次专业人才,而这些专业人才并没有因为受过高等教育而拥有与之相应的创造性、创新能力和创业精神,那么无论这个国家的高等教育规模有多大,办学条件有多好,学科和大学排名有多高,其高等教育发展都是低质量的。反之,如果一个国家的高等教育系统培养出的人,普遍拥有与其学历和学位相匹配的创造性、创新能力和创业精神,那么这个国家的高等教育发展则可谓高质量。由此可见,对于高等教育发展质量的判断需要更加宽广的综合的视角,既需要关注高等教育发展对于"物的再生产"的贡献,更要关注高等教育发展对于"人的再生产"的贡献。② 高等教育高质量发展应是均衡的、充分的,应致力于满足人民群众日益

---

① 伊安·奥斯丁,格伦·琼斯.高等教育治理:全球视野、理论与实践[M].孟彦,刘益东,译.北京:学苑出版社,2020:206.

② 项飙,吴琦.把自己作为方法:与项飙谈话[M].上海:上海文艺出版社,2020:247.

增长的对于美好生活的需要。对我们人类来说最重要的问题就是：什么是美好的生活，以及我们的生活为什么不美好。① 以自由看待发展，高等教育高质量发展的目标就是为了"高质量的高等教育"，而"高质量的高等教育"的最终目标则是为了人类美好的生活。

最后需要说明的是，作为后发外生型国家，当前政府主导、政策驱动是我国高等教育发展的主要路径。受经济建设经验的影响，重点建设原本是我国在资源有限条件下加快高等教育发展的一种权宜之计，但受到制度环境以及路径依赖的影响，重点建设政策逐渐制度化，成为我国高等教育发展的长期战略。实践证明，政府主导、政策驱动、重点建设在我国高等教育从精英向大众化和普及化转型，以及建设世界一流大学和一流学科过程中起到了至关重要的作用。但在高质量发展的新阶段，那些高速增长阶段的经验是否依然有效需要慎重思考。我们需要思考，重点建设政策在高质量发展阶段是否依然可行？不实行重点建设是否就无法实现高质量发展？在高质量发展阶段，重点建设在取得成效的同时是否会导致产生严重的副作用？现有证据表明，以绩效为杠杆，政府的政策扶持和重点建设的确促进了高等教育的高速增长，但重点建设在取得巨大成效的同时也对整个高等教育体系造成了诸多副作用。实践中重点建设带来的身份固化，会导致高等教育体系中重点建设院校与非重点建设院校、重点建设学科与非重点建设学科的制度性区隔，引发院校间与学科间的不公平竞争，不利于不同类型、不同层次高校间的分工与合作。以自由看待发展，高质量的高等教育体系与重点建设的思路是矛盾的。高等教育高质量发展要取得更广泛的成就需要建设高质量的高等教育体系，而不只是重点建设某些院校或学科。从长远来看，高质量发展需要政府转变高等教育发展的思路，逐渐淡化政策性的重点建设，换以生态系统的多样性为参照，通过法治化和制度化的手段，逐渐消除高等教育系统内部的条块分

---

① 哈特穆特·罗萨.新异化的诞生:社会加速批判理论大纲[M].郑作彧,译.上海:上海人民出版社,2018:2.

割和身份固化,推动高等教育机构间的良性竞争与有效合作,推进高质量高等教育体系的形成。高质量的高等教育体系不可能是被动接受某些精心设计的发展计划的结果,而只能是不同类型、不同层次的高等教育机构彼此之间经由自主选择,既分工合作,又相互竞争、相互适应的结果。政府通过加大资金投入对某些高校或学科的重点建设的确可以对提高高等教育能力起到支持性的作用,但无论如何政府不可能直接提供高质量的高等教育,更无法人为设计出高质量的高等教育体系以及高质量的发展范式。高等教育高质量发展的主体必须是也只能是各种类型和层次的高等教育机构。只有坚持自由发展观,并将各种类型和层次的高等教育机构放在舞台中央,赋予它们充分的改革和办学自主权,才有可能实现高等教育高质量发展。

第九章　高等教育改革的迷思与反思

　　20世纪80年代以来,在高等教育领域中"改革"成为一种时尚或运动,但当代高等教育发展面临的实践问题已经超越了改革的边界或范围,仅仅通过战术或策略上的改革已很难实现高等教育的高质量发展。现有体制和政策框架下,改革经常是权宜之计或应急之举。前一次改革只是在为下一次改革争取或提供时间的缓冲。"在全球范围内,高等教育改革与法国结构人类学家克洛德·列维·斯特劳斯的'拼装'(bricolage)概念相似。这个概念代表着不用事先筹谋也能进行下去。在当代高等教育中,这意味着处理现实问题胜过有目的的、长期的规划。在大多数情况下,学术和行政单位的重组在合并、成本控制和效率的旗帜下迅速推进。"[①]由于过度重视短期"小的策略目标"的实现,而忽略了"大的战略方向"的长期重要性,当前的高等教育改革,尤其是世界一流大学建设和为经济发展服务正在驱动大学发展进入高风险区间。"在一个复杂的世界里,有很多东西可以被说成是为大学的辉煌使命添砖加瓦的存在。但是,包容多元是一回事,而使命偏离导致高等教育机构目标混淆则是另一回事。在这些道路上行进需要更谨慎地思考航向控制。"[②]在现有

---

　　① 詹姆斯·H. 米特尔曼.遥不可及的梦想:世界一流大学与高等教育的重新定位[M].马春梅,王琪,译.上海:上海交通大学出版社,2021:110.
　　② 詹姆斯·H. 米特尔曼.遥不可及的梦想:世界一流大学与高等教育的重新定位[M].马春梅,王琪,译.上海:上海交通大学出版社,2021:70.

改革路径和制度框架下,极少部分大学凭借政策红利和时代机遇或许可以在短时间内迅速崛起,但更多的大学则在一场场"零和博弈"的排名战和经济战中败下阵来。事实上,能否建成"世界一流"大学和实现创新驱动发展并非我们时代高等教育改革与发展面临的最核心的问题。全球排名和创新驱动发展中,无论是对胜出的一方还是对落败的一方来说,只要仍是外在的功利目标在完全主导着大学发展就意味着高等教育改革的"失败"。究其根本,无论是成为世界一流还是促进经济发展都是大学作为一类组织难以承受之重。世界一流大学与创新驱动发展之间并非确定性的因果关系。个别大学创新创业的成功并不意味着通则,高等教育真正的改革应着眼长远的共同利益而非短期的功利目标,从对学术锦标和知识经济的迷思中解脱出来,通过对旧体制的"颠覆性创新"为我们时代大学的永续发展奠定制度基础。

第一节　"世界一流"是大学值得追求的目标吗?

追求卓越是大学的传统。对于大学而言,卓越是一种无功利的目标,抑或卓越本身就是目标。世界一流大学运动肇始于一种功利主义的目标,违背了大学追求卓越的传统。在经济主义、管理主义和绩效主义的裹挟下,"随着机构的发展,教育改革者将一系列短期目标置于卓越目标之上。这些附加的短期目标使大学能始终紧跟时事的潮流,但这些目标很快就会过时"①。相较而言,对于卓越的追求受知识和大学自身的内在逻辑驱动,而对于世界一流的追求则主要受政府的政策和经济目标驱动。对于大学来说,卓越是一个永恒的目标,是一个需要为之持续努力的漫长的过程;对于政府来说,世界一流

---

① 詹姆斯·H. 米特尔曼.遥不可及的梦想:世界一流大学与高等教育的重新定位[M].马春梅,王琪,译.上海:上海交通大学出版社,2021:267.

则是可测量的目标，是一个通过规划或计划就能实现的项目。20世纪90年代以来，受到知识经济和创新驱动发展的诱惑，加之对于高等教育与经济社会发展关系的误解，越来越多的国家和大学卷入了这场运动，"建设世界一流大学"已经成为一种思考和理解高等教育发展的思维定式，很少有人质疑其合理性。① 政府创建世界一流大学的目的是促进经济发展。"排名结果成为国家经济竞争力的指标，或者更确切地说是国家经济竞争力的代表。……在一个全球排名中，至少有一所，最好是几所大学处于顶尖位置，这已经成为国家经济竞争力和创新力的标志。"②但没有经济发展作为前提又不可能成功创建世界一流大学。一所大学要成为世界一流，其成本远比预想的要大。"一所世界级大学所需的预算远远超出许多国家的能力范围。"③基于此，无论是从话语表达、政策目标还是从实际效果来看，世界一流大学建设都有可以商榷或改进的空间。

首先，所谓"世界一流"是一个等级性的概念，若用来修饰大学就意味着世界范围内所有的大学都是可以比较并排出位次的。作为文化的一部分，大学的优劣或好坏是很难直接相互比较并排出位次的。为了使世界一流大学这个概念能够成立，就需要对复杂的大学办学水平进行简化，然后基于量化评估通过排名进行比较。其次，实践中为了使世界一流大学建设具有政策上的可操作性，世界大学排行榜上的排名就成为检验世界一流大学建设绩效的依据。在"零和博弈"下，受结构性因素影响，"以排名论一流"使大学有被排行榜"绑架"的风险。事实上，基于全球大学排名的世界一流大学建设运动，就像奥运会一样，只是为少数顶级选手提供的专业赛事，并非所有高校都要

---

① 詹姆斯·H. 米特尔曼.遥不可及的梦想:世界一流大学与高等教育的重新定位[M].马春梅，王琪，译.上海:上海交通大学出版社,2021:3.

② 玛丽亚·优德科维奇，菲利普·阿特巴赫，劳拉·E. 朗布利.全球大学排名游戏:变革中的高等教育政策、实践与学术生活[M].苗耘，马春梅，王琪，译.上海:上海交通大学出版社,2021:101.

③ 玛丽亚·优德科维奇，菲利普·阿特巴赫，劳拉·E. 朗布利.全球大学排名游戏:变革中的高等教育政策、实践与学术生活[M].苗耘，马春梅，王琪，译.上海:上海交通大学出版社,2021:324.

将目光锁定在奥运会级别的顶级竞争中。① 再次,政府加大投入推行世界一流大学建设计划,政策目的主要是为了使大学成为"创新的引擎",为基于知识和创新的经济社会发展提供动力。但世界一流大学建设项目一旦启动,实际后果就不是政府的政策和权力意志可以完全控制的。大学声称可以提供的与其实际追求的东西以及政府所需要的东西存在不一致性。通过加大经费投入或重点建设或许可以迅速提升大学的排名,但这些凭借高排名而新晋升的"世界一流"大学能否对该国或该地区的经济社会发展做出"世界一流"的贡献还需要漫长的时间和社会实践的检验。当然,反思世界一流大学建设的合理性以及世界一流大学对经济社会发展贡献的实效性,并非意味着我们时代的大学不需要做出改变,而是意味着我们需要检讨大学改变以及改变大学的方式。②

从宗旨或使命出发,大学对于卓越的追求是无尽的。在世界一流大学建设运动中,大学被各种外在的指标或资格所等级化。在等级化的高等教育系统中,大学的宗旨和使命在短期的目标面前显得无足轻重。大学发展更在意的是一年一度排名的确定性的进展,而不是未来的不确定性的愿景。结果就是,原本像马拉松一样漫长的追求卓越的历程被分解为无数个"百米竞赛"。"我们决定每冲刺一百米就选出一个马拉松冠军。"③为了竞争每一个百米短跑的锦标,卓越本身的价值被忽略。暂时的锦标被赋予永恒的价值。学术研究似乎只是提升大学排名或实现一流目标的手段,而不再是为了大学追求真理和实现人的卓越的理想。④ 实际上,为了实现世界一流的目标,当一所大学被以某个排行榜上的位次或头衔相称时,人们的注意力便放在了已经结束的

① 玛丽亚·优德科维奇,菲利普·阿特巴赫,劳拉·E. 朗布利.全球大学排名游戏:变革中的高等教育政策、实践与学术生活[M].苗耘,马春梅,王琪,译.上海:上海交通大学出版社,2021:10-11.
② 詹姆斯·H. 米特尔曼.遥不可及的梦想:世界一流大学与高等教育的重新定位[M].马春梅,王琪,译.上海:上海交通大学出版社,2021:6.
③ 罗伯特·科尔维尔. 大加速:为什么我们的生活越来越快?[M].张佩,译.北京:北京联合出版公司,2018:227.
④ 王建华.重申大学的理想[J].高校教育管理,2021(4):26-33.

过去,关注的也是一个已经终结的游戏,并且这个游戏不会再重演。如果一所大学不是因为排名的位次或入选某个重点建设项目而只因其名字本身而为人所知,则意味着对于大学发展的关注点落在开放的未来。大学的等级、名头或名次是抽象的,而大学的名字本身则是具体的。[①] 真正卓越的大学,其名字本身就是胜利者的"皇冠",不需要其他机构来赋予其抽象的名头或排定位次。

世界一流大学建设中大学之所以陷入对于名头或名次的竞争也不是完全没有道理的。毕竟,"世界上有且只有一种无限游戏"[②],而有限游戏则是无限的。为平衡对于未来的不确定性,我们需要在无数的有限游戏上争取胜利,以积累"资本"和"权力"。人类事务中决定胜负或输赢的虽然有多种标准,但结果性逻辑总是优先于规范性逻辑。"胜者为王,败者为寇"。究其根本,"人类有着把'赢'说成'对',把'输'理解成'错'的嗜好"[③]。事实也证明,游戏的结果决定了权力的归属,一个人并非因为强大而获胜,而是通过获胜而变得强大。[④] 对于个人如此,对于组织同样如此。一个组织只要在竞争中获得了胜利,可以总结的就是胜利的经验;如果在竞争中失败,那么可以总结的只能是失败的教训。而在游戏开始之前,组织的所作所为既称不上经验也称不上教训。同样的事实之所以可以依据不同的结果做出完全不同的评价,主要反映了人们对于结果的看重。一所大学排名的上升或下降,一个学者能不能获得某个重要的奖励或头衔,在结果出来之前是充满不确定性的。大学排名的上升和下降不仅与大学的办学水平有关,还与指标体系的选择有关,而无论何种奖励,有资格获奖的人永远多于实际获奖者。但在有限游戏的规

---

① 詹姆斯·卡斯.有限与无限游戏:一个哲学家眼中的竞技世界[M].马小悟,余倩,译.北京:电子工业出版社,2019:33.

② 詹姆斯·卡斯.有限与无限游戏:一个哲学家眼中的竞技世界[M].马小悟,余倩,译.北京:电子工业出版社,2019:186.

③ 赵鼎新.什么是社会学[M].北京:生活·读书·新知三联书店,2021:59.

④ 詹姆斯·卡斯.有限与无限游戏:一个哲学家眼中的竞技世界[M].马小悟,余倩,译.北京:电子工业出版社,2019:37.

则下，结果一旦公布，人们既倾向于把结果看成既定的事实，而忽略了结果产生过程中的偶然性或运气，甚至也不考虑暂时的结果和长远的目标之间是否有足够的相关性。有限游戏的获胜者获得了头衔和权力，其真正的能力可能并没有人关心，而失败者则必须承认自己是失败者，然后才能参与后续的竞争。如果谁选择退出有限游戏，则意味着主动放弃对于头衔的竞争。

近年来，世界一流大学建设运动中的"精英计划"，实质上就是政府给予某些被选中的大学某种权力甚至是特权，以使这些大学可以代表各自国家参与世界大学排行榜或"学术奥运会"的竞争，并凭借排名所具有的象征性彰显精英大学所在国家高等教育的竞争力和国家软实力。这种重点建设政策对于大学的遴选关心的是大学已有的资格和地位，对于其未来的发展潜力很少考虑，也无法考虑。在这样一种逻辑下，成为精英大学的机会永远被限制在少数被选定的大学中，而其他没有进入建设名单的大学则早早失去了机会或处于极为不利的地位。这种情况"甚至在走在这条道路上的最富有的国家或最先进的国家中也是如此（在美国的 2 000 所学校中有 30—50 所，在欧洲的每个大国中的 80—100 所学校中有 6—10 所）"①。无论对于组织还是个人，权力或头衔未必一定是坏的东西，但如果少数大学拥有的权力和头衔限制或束缚了更多不拥有这种权力和头衔的大学的发展，则需要引起警惕。头衔可以增加头衔拥有者对于重点建设制度的忠诚度，但却会损害那些没有头衔的机构参与公平竞争的机会。大学作为一类组织，其基业长青的根本在于组织种群的生生不息，而不是某个机构拥有某种高贵的头衔或特权。大学是人造物，不可能自然生长，政府对于大学发展的政策干预具有不可避免性。问题的关键不在于将政府的干预或重点建设排除在大学发展的策略之外，而是要看政府的重点建设计划是否符合大学发展的规律，是否符合共同利益。如果一项精英计划，只是"看上去很美"，而事实上没有提升大学整体的能力和实

---

① 克里斯托夫·夏尔勒，雅克·韦尔热.大学的历史——从 12 世纪到 21 世纪[M].成家桢，译.上海：华东师范大学出版社，2021：275.

力,那么这种计划就意义不大,甚至有害。当然,对于重点建设的理性的认知并不等于可以从根本上改变现实。大学重点建设作为一种"有限游戏",一旦展开通常很难改变,它会形成一种传统或潜规则。"游戏将工作情感化和戏剧化,以此产生更强的激励效果。让人尽快成功、获得奖励,也会随之带来更大的成果和收益。情绪激昂的玩家可比理性行事或者只在机械工作的劳动者敬业得多。"[①]重点建设游戏的获胜者会期待在下一轮继续获胜,而游戏的失败者则期待在下一轮能成功晋级。随着游戏的持续进行,政府通过某种头衔的授予获得了更多的大学对于重点建设制度的忠诚。因此,无论是从政府还是从大学的立场出发,从根本上修改游戏规则的可能性都极低,充其量只不过是以一种游戏取代另一种游戏。

当前世界一流大学建设之所以强调论文发表和排名而忽视真理和人的卓越,主要是因为论文发表和排名都是可见的、可操作的、可计算的、可控制的、透明的,而真理和人的卓越则是无形的、模糊的、难以测量的、不可控的。以真理和人的卓越为目标,无论是组织还是个人通常都难以获得令人满意的绩效。作为一种绝对价值,在真理和人的卓越面前,否定性的评价多于肯定性的评价。然而,在绩效主义和透明性的驱动下,就像金钱和价格可以使得一切商品具有可比性一样,量化评估和排名的盛行也使不同的学术成果和不同的大学具有了可比性。作为一种年度进展,以论文发表和排名为目标,组织的绩效也更容易得到管理部门的肯定和奖励。"在这个年轻人不断被学校、大学与职场筛选、挑拣与排名的时代,新自由主义才德至上社会让现代人产生了强烈的拼搏需求,汲汲追求表现与成就。"[②]但事实上,论文发表和排名所体现出的学术进展只是一种技术性的展示而并非真正的进展。受学术锦标的诱惑,精英大学中生产"慢知识"的基础学科正在失去关注,而那些擅长

---

① 韩炳哲.精神政治学[M].关玉红,译.北京:中信出版社,2019:67.

② 迈可·桑德尔.成功的反思:混乱世局中,我们必须重新学习的一堂课[M].赖盈满,译.台北:先觉出版股份有限公司,2021:268.

生产"快知识"的应用学科和技术学科则聚集了大量的资源。"知识结构的腐化会削弱革新的重要举措。教育价值体系和关键主体,即管理人员、教师和学生等群体,都易受到这种腐化的影响。随着过度竞争、财政削减以及高绩效标准的推动,追求卓越或利润的动力常常受到舞弊的诱惑。在某些情况下,学术不端行为已经泛滥成灾。"①在价值维度上,大学原本是一种社会反思机制,其批判性精神代表着一种否定性的力量。对于大学的单向度的肯定会严重削弱大学的精神性,而强化大学的功能性或工具性。换言之,对于绩效的单向度的肯定只是在确认大学过去的作为或表现的有效性,这种确认强化了路径依赖,而忽视了绩效范式的局限性以及未来发展环境的不确定性,大学发展自身的可持续性容易被忽略或抛弃。

世界一流大学建设重视量化评估的一个重要理由就是可量化的数据是公开的、透明的,可以避免决策的主观性以及隐藏在主观性背后的可能的腐败。这种对于透明性的强调源于政府治理,透明是政治民主化的一部分。但无论在哪个领域,透明都只是问题的一部分而不是解决问题的万灵药,更不存在完全透明的东西。在大数据时代,量化本身不是问题,强制对不可量化的东西进行量化才是问题。与政治相比,学术从根本上来讲就是不透明的、不可量化的。除了极少数的同行,普通人难以理解学术背后的原理和价值。对于学术进展的可视化的要求是一种智识上的"暴力"。简单的量化统计严重偏离了学术的本质。一味狭隘地采取排名导向的战略损害了更广泛的社会目标。②所谓的量化评价并没有评价而只是展示,抑或基于透明性的要求误将展示作为评价。"真理总是赤裸裸的"是指"虚假"总需要掩饰,而不是意味着可以通过强制的透明产生真理。"'透明'和真理不同。当真理施然落座,说一不二,宣称除自己外其他一切皆为谬误,它便呈现出否定性。更多的

---

①　詹姆斯·H. 米特尔曼.遥不可及的梦想:世界一流大学与高等教育的重新定位[M].马春梅,王琪,译.上海:上海交通大学出版社,2021:39.

②　玛丽亚·优德科维奇,菲利普·阿特巴赫,劳拉·E. 朗布利.全球大学排名游戏:变革中的高等教育政策、实践与学术生活[M].苗耘,马春梅,王琪,译.上海:上海交通大学出版社,2021:325.

信息或信息的简单累积都不能产生真理。它缺乏方向，也就是知觉。正是因为缺乏真理的否定性，肯定性才得以滋长，并变得大众化。更多的信息和更多的交际并不能消除'整体'本质上的模糊，反而使它模糊得更加厉害了。"①大学和学术评价中的量化是为了透明，透明则是为了赢得信任。讽刺的是，为了信任则意味着不信任。如萨特所言："相信是知道自己相信，而知道自己相信是不相信。"②世界一流大学建设中的种种绩效评价以不信任为假设，以增进信任为目标，结果非但没有增进大学与政府、社会之间的信任，反倒加剧了彼此的不信任或导致假装信任。究其根本，"信任只在'知'与'不知'之间才有可能存在。信任意味着，在面对他者时，即使'不知'也要与对方建立一种肯定的关系。这能使人在欠缺'知'的情况下仍然可以有所行动。如果我们事先知晓一切，那么信任就成了多余的。透明是一种消除了所有'不知'的状态。在透明盛行之地，便没有信任存在的空间"③。传统上，大学与政府、社会之间由于信息的不对称，只能处于一种"知与不知之间"的状态，信任是维护彼此间关系的唯一机制。在世界一流大学建设中，伴随资源投入的剧增，市场机制被引入高等教育治理，传统的信任机制逐渐被市场机制所取代。由于信任机制受到问责制的侵蚀，以量化和排名为主要形态的评价便逐渐盛行，高等教育改革误入歧途的风险也急剧增加。为了竞争"世界一流大学"的身份，更多的大学将更多的资源投入到了对学术锦标的竞争中。在量化评估的驱动下，很多只是看起来还不错的大学为了那遥不可及的世界一流的梦想而使学术研究陷入内卷化。为了更多、更快地发表，学术研究趋向于功能性和标准化，而不是批判性和想象力。"在学术界内部，对'创新''创造力'和'卓越'的狂热，源于将各种管理的意识形态机械且不恰当地运用于智识生活。可以肯定的是，目前技术进步异常迅速，但是基础科学的进步则慢得多

---

① 韩炳哲.透明社会[M].吴琼，译.北京：中信出版社，2019：14.

② 转引自：詹姆斯·卡斯.有限与无限游戏：一个哲学家眼中的竞技世界[M].马小悟，余倩，译.北京：电子工业出版社，2019：17.

③ 韩炳哲.透明社会[M].吴琼，译.北京：中信出版社，2019：81.

了……与1870年到1950年的发现相比,基础研究最近无甚进步进展……学术生产的大量增长只是表面上的。我们比过去写了更多的书和文章,但产生新观念的速度并没有比过去更快。"①结果就是,更多的大学和学者发表了更多的论文,却没有生产出更多更有价值的知识。

在全球知识经济愿景的支配下,我们时代不再只是需要更多的大学,而是需要更好的大学。通常认为,更多的大学提供的是更多的高等教育机会,更好的大学提供的则是更高质量的高等教育。现在的悖论是,更多的大学、更高的高等教育毛入学率,并未能"治愈"经济不平衡和社会分层不断加剧的"时代病",将发展目标转向追逐更好的大学则有可能会加剧这一趋势。"才德至上制兴起的害处之一,可能就是大众不再广泛支持高等教育。一旦大学被普遍视为机会之门,它就成了学历特权和精英傲慢的象征。"②在资源一定的情况下,为了建设那些更好的大学,其他没有进入名单的大学的办学资源势必遭到相对的剥夺。而在优绩主义下,那些更好的大学获得了更多的更大的权力,政府允许它们挑选更优秀的师资和生源,不断资助它们改善已经非常优越的办学条件。这些大学占用的是全社会的优质资源,最终受益的则只是极少数的精英,而那些无法进入精英大学的人不但无法分享这些精英大学创造的价值,而且反倒会在劳动力市场的激烈竞争中遭到身份歧视或学历羞辱。就业实践中,为了在全球劳动力市场上占有竞争优势,一些大学和企业一起玩起了声誉游戏,将更多的资源和精力投向了能够赢得"世界一流"锦标的排行榜。"领先的公司与精英大学已经携手跳起了探戈,相互提升彼此的品牌。"③为了缓解经济不平衡与社会分层不断加剧的现实问题,在高等教育改革中,一方面,政府需要协调高等教育系统中更多的大学与更好的大学之

---

① 安德鲁·阿伯特.专业知识的未来[J].刘文楠,周忆粟,译.清华社会学评论,2019(2):46-68.
② 迈可·桑德尔.成功的反思:混乱世局中,我们必须重新学习的一堂课[M].赖盈满,译.台北:先觉出版股份有限公司,2021:165.
③ 菲利普·布朗,休·劳德,戴维·艾什顿.全球拍卖[M].许竞,译.长沙:湖南科学技术出版社,2014:131.

间资源配置的矛盾,从追逐世界一流大学到建设世界一流的高等教育体系。"大学并不一定都要去爬越卡内基阶梯,一所大学也可以通过选择性差异而获得成功。"①另一方面,为保障知识机构的异质性和多元性,还需要政府和其他社会组织在现有高等教育系统之外创建新的知识生产与传播系统,打破既有高等教育体制在社会流动和职业分层中的垄断。

第二节　促进经济发展是大学的根本任务吗？

对于大学与经济发展之间的关系,一种看法认为,大学作为后工业社会的轴心机构,是"创新的引擎",在促进经济发展中具有不可替代的作用。甚至认为那些发达国家之所以发达,主要就是因为其拥有很多世界一流的大学。其背后的逻辑是,优质教育带来强大经济。另一种看法则认为,大学在本质上是文化的一部分,知识不能完全为经济服务,大学之于经济社会发展的重要性不应被夸大;大学社会地位的提升主要源于政治保护下对于文凭的垄断,而非大学之于经济社会发展能力上的不可替代。大学过去不是,将来也不可能成为经济社会发展的引擎或动力站。有趣的是,两种论点都有学理上的合理性和经验性证据,但对于每一种说法也都不难给出不同程度的反例。分歧的关键在于,我们想要什么样的大学。如果秉承经济主义,大学是可以成为营利的产业并促进其他产业的发展,那样做的结果就是大学将不再是大学,而是异化为经济发展的一种工具,即知识工厂。如果秉承人文主义的传统,大学发展则需要遵循其内在的逻辑,避免在外力驱动下"野蛮生长"。由于宗旨混乱,现代大学面临双重的磨难:一重是在组织根本任务上的无为,

---

① 克莱顿·M. 克里斯坦森,亨利·J. 艾林.创新型大学:改变高等教育的基因[M].陈劲,盛伟忠,译.北京:清华大学出版社,2017:291.

尤其是对于育人的忽视；另一重则是在社会责任上存在卸责行为，无法兑现对于经济社会发展的承诺。两重磨难不是孤立的，而是相互关联的，根本症结就是如何处理好育人、科学研究和社会服务的关系。人才培养和科学研究是大学的根本任务，相比之下，人才培养更为根本。科学研究和社会服务应有利于而不能损害大学的人才培养。但现实却恰恰相反，"大学成为实现个人愿望的工具"，"知识，不再被普遍认为是一种理想，而是被视为一种工具。在一个权力和财富社会中，知识被视为权力和财富的工具"。[①] 表面上，为了满足政府的政策需求，为社会服务被置于大学议程的顶端，领导者会反复强调大学发展之于经济社会发展的重要性；实质上，为了应对项目治理和绩效评价的压力，科学研究或论文发表被置于大学工作的中心地位；逻辑上，研究至上和为社会服务并不矛盾，尤其是在知识经济时代，唯有依托高水平的科学研究，大学才能提供高质量的社会服务并促进经济社会高质量发展。遗憾的是，在量化评价的压力下，大学的研究工作不但脱离了学科育人的目标，也脱离了为经济社会发展服务的现实需要，陷于排名的游戏和学术的锦标赛中。

这些问题的存在，表面上看是大学的问题，实质上是政治的和社会的问题。也就是说，这些问题虽然出现在大学里，但它们产生的根源却在大学之外，主要是国家主义和经济主义的产物。"全球范围的政治领域都倾向于将高等教育政策建立在狭隘和功利主义的原则之上。"[②]"全世界的教育制度正在日益走向为经济增长服务的教育模式。"[③]现代社会国家的发展以经济建设为中心、以市场为政策工具没有错，但经济逻辑和市场机制绝不能肆意扩张，不能模糊高等教育发展与国家经济发展的边界，不能为经济而教育或让教育依附于经济，否则高等教育将不成其为教育，大学也将不成其为大学。"实际

① 詹姆斯·H. 米特尔曼.遥不可及的梦想：世界一流大学与高等教育的重新定位［M］.马春梅，王琪，译.上海：上海交通大学出版社，2021：22-23.
② 约翰·塞克斯顿.据理必争：教条主义时代中的大学［M］.刘虹霞，王慧慧，周雅明，译.上海：华东师范大学出版社，2021：146.
③ 玛莎·努斯鲍姆.告别功利：人文教育忧思灵［M］.肖聿，译.北京：新华出版社，2010：25.

上两套价值体系之间存在矛盾关系,一套基于市场逻辑,另一套基于学习的内在价值。……问题在于,在结合体中,哪一套价值体系和谁的价值观占主导地位。"①麦克维对日本高等教育系统的分析就深刻揭示了这一点。如他所言:从学习的内在价值来看,日本高等教育发展存在系统性失败。"大学是精细微调社会化机器的一个构成部分——从幼儿园和保育园,通过小学、初中、高中,然后到职场——被设计来服务于经济目的。教育可能会出现在大学里,但是这种出现常常显得具有偶然性,甚至是意外的。在相当多的日本大学里,教育似乎没有主要目的。大学的理念紧紧地植根于企业文化。它们发挥了国营社会化机器的最后一道分等分类程序的功能。它们还保管未来的劳动者。充其量可以说,绝大多数大学只是假装在从事教育活动。"②日本的案例并非孤立的,更非偶然的,其他国家在高等教育发展中即便不是像日本那样完全以为经济发展服务来设计高等教育的宗旨,也或多或少会在大学发展中掺杂经济主义的动机,并逐渐以此为主导。

在新自由主义的视野中,高等教育改革的最终目的就是为了增加政府的财政收入,而不是持续地加大财政投入。"在当前的政策框架下,政府希望高等教育机构能够解决国家的经济紧急状况。政府的主要压力越来越多地被转移到大学身上。"③近年来,那些追逐世界一流梦想的大学,为了获得政府额外增加的财政投入,积极响应政府的政策是容易的,但要兑现承诺恐怕是困难的。大学可以在政策的驱动下引入企业领域一整套的管理系统,可以进行可测量的绩效评估,也可以在主要排行榜上名列前茅,甚至也不排除有少数的大学通过创新创业成为国家或区域经济发展的驱动者。但整体上,无论如

① 詹姆斯·H. 米特尔曼.遥不可及的梦想:世界一流大学与高等教育的重新定位[M].马春梅,王琪,译.上海:上海交通大学出版社,2021:54.
② 布雷恩·J. 麦克维.日本高等教育的奇迹与反思[M].徐国兴,译.上海:华东师范大学出版社,2018:21.
③ 詹姆斯·H. 米特尔曼.遥不可及的梦想:世界一流大学与高等教育的重新定位[M].马春梅,王琪,译.上海:上海交通大学出版社,2021:34.

何以大学为代表的高等教育机构,都不可能从非营利性组织转变为营利性组织,也不可能从收入最大化组织转变为利润最大化组织。少数大学在创新创业或促进经济发展方面取得的成功只是特例而不会成为通则。无论是逻辑上还是经验上都主要是经济的发展成就了大学的繁荣,而不是大学的高质量成就了经济的繁荣。换言之,促进经济发展是大学不能承受之重。夸大大学之于经济发展的重要性,简单地将大学的崛起与大国的崛起并举,将高等教育强国建设与国家的经济繁荣直接关联,可能既不利于大学的高质量发展,也不利于经济社会的可持续发展。大学能够或可以回馈国家的主要是长期利益,即文明和文化的进步,而不是短期的经济利益。"如果物质思维渗透到大学里,那么危险在于将大学视作一项在'顾客'和招生'管理'中建立'智力资本'的'产业'。……这样做的风险在于错误估计了大学在激发心智、传承知识和培养品格方面的价值。陷入货币化的叙述而牺牲了持久的知识价值,会加速大学使命的转变。"①当然,强调大学的文化本质并不意味着大学不可以或不需要对于经济发展做出贡献。恰恰相反,现代社会中大学的确可以为国家和地区的经济发展做出突出的或独特的贡献,有些顶尖的大学甚至还可以为特定地区的经济发展做出难以替代的贡献,但无论如何我们必须清楚的是,大学主要是文化和教育机构而非经济机构。当今世界在很多国家的很多大学,像斯坦福大学、麻省理工学院、剑桥大学、华威大学等,在创新创业方面取得成功并为区域或国家经济发展做出杰出贡献的大学一定会有,但这绝不意味着所有的大学都可以取得那样的成功。就像绝大多数的大学不可能成为世界一流大学一样,绝大多数的大学也不可能通过创新创业为地区或国家的经济发展做出不可替代的贡献。那种认为所有大学和研究都能够完全参与"知识经济",能够像一些真正的企业一样以"知识经济"为生是虚幻的。②

---

① 詹姆斯 • H. 米特尔曼.遥不可及的梦想:世界一流大学与高等教育的重新定位[M].马春梅,王琪,译.上海:上海交通大学出版社,2021:54 - 55.
② 克里斯托夫 • 夏尔勒,雅克 • 韦尔热.大学的历史——从 12 世纪到 21 世纪[M].成家桢,译.上海:华东师范大学出版社,2021:227.

大学的学术水平或排名与其对于经济发展的贡献并非完全成正比。卓越大学之所以卓越,在于其学术和思想。要保持大学的高水平或世界一流,政府需要持续地加大投入而不是进行短期的一次性巨额投入。无论何时,也无论在哪个国家,世界一流大学所能创造的经济价值都小于政府和社会对其的金钱投入。除了部分依赖社会捐赠的私立大学之外,没有政府持续地加大投入,没有哪所大学可以依靠自身创造的经济价值达到或维持世界一流的水准。

受功利主义哲学支配,当前政府和社会对于大学的批评主要是没有为经济发展做出应有的贡献,而较少关注大学是否坚持追求真理和实现人的卓越的理想。为了提升大学服务经济发展的能力,政府倾向于投入更多的资金建设更多更好的大学。潜在逻辑是,更多的高水平的大学对经济发展的贡献更大。但事实并非如此简单,高等教育和经济发展之间的关系远非人力资本理论所揭示的那么直接。"人力资本根本不是为我们提供了一个经济发展的法则,而看起来更适用于 20 世纪 50、60 年代的美国社会。当时,教育扩张正巧碰上了经济领域对于白领技术员、经理人和专业人士的市场需求的提高。"[1]根本上,经济的高质量发展取决于多要素的协同,教育只是其中之一,而大学的好坏遵循的是学术的逻辑,从来就不以对经济发展的贡献来衡量。当然,这样讲绝不意味着大学不需要为经济发展服务,也不意味着大学不该为经济发展服务,更不意味着大学不需要为促进经济发展而改进自身的工作。问题的关键在于"适度",大学服务经济发展的方式要适合于大学的本质。"虽然教育和经济肯定互相联系,但是这个联系的复杂程度远远超过大部分人的理解。简而言之,'优质教育'和'强大经济'不一定直接地联系在一起。……还存在着'劣质教育'-'强大经济'和'优质教育'-'弱小经济'的例子。"[2]无论如何,经济发展水平都不是衡量高等教育成功的指标。同样,世界一流大学也

---

① 菲利普·布朗,休·劳德,戴维·艾什顿.全球拍卖[M].许竞,译.长沙:湖南科学技术出版社,2014:208.

② 布雷恩·J.麦克维.日本高等教育的奇迹与反思[M].徐国兴,译.上海:华东师范大学出版社,2018:8.

不是实现经济高质量发展的充分条件。高等教育发展或世界一流大学建设与经济发展之间的关系,受其他诸多变量的影响,二者间不存在简单的线性关系。基于此,大学的发展不能本末倒置,一定要分清什么是组织的根本任务,什么是社会责任,什么事是"必须为",什么事是"可以为"。根本任务是组织不可替代的使命,社会责任则是在不损害组织根本任务的前提下所采取的积极行动。出于社会责任,企业会向非营利组织或个人捐款,但绝不能因为企业有捐款行为而将其当作慈善组织。企业的本质是营利性组织,宗旨是通过提供产品或服务赚取利润,捐款体现的是企业的社会责任而不是它的根本任务。就大学而言,追求真理和实现人的卓越是其不可替代的使命,是根本任务,与之相比,促进经济发展则是社会责任。大学根据自己的能力或学科优势可以为国家或地区的经济发展做出独特的贡献,但绝不能因此就认为大学是一个经济组织或准市场组织。"至少在理念上,学校在帮助劳动力结构再生产的同时,要维持作为学习场所的制度一致性。如果学校失去了它们的学术理念,学校就变成其他东西了。"[①]表面上,通过组织制度的改造,大学作为准市场或类企业组织既可以促进经济发展也可以增加其财政独立性。实则不然。除极少数大学可以通过创新创业活动获得不菲的经济收益并促进区域经济社会发展之外,绝大多数大学的创新创业收益甚至难以弥补资源的投入。

为回应社会的批评,在政府的政策驱动下,当前很多国家的大学纷纷效仿"斯坦福—硅谷"模式,不断加大服务社会的力度,投入更多的资源和人力,力争成为"创新的引擎",但世界上并没有出现更多的硅谷。事实证明,将大学作为建基于新的信息传播技术、微电子技术或生物技术之上的"新经济"成功的守护神,是对美国高等教育非常局部、非常不公正的理解。[②] 由于组织性

① 布雷恩·J.麦克维.日本高等教育的奇迹与反思[M].徐国兴,译.上海:华东师范大学出版社,2018:111.

② 克里斯托夫·夏尔勒,雅克·韦尔热.大学的历史——从12世纪到21世纪[M].成家桢,译.上海:华东师范大学出版社,2021:227.

质所限，很多由大学所发起的创新创业活动的象征性大于实质意义，其活动的目的更多的是为了获得政府的资源而不是促进经济发展。在创新创业活动中，由于大学在从事自己并不擅长的事，其对于政策和官方项目的需求更加强烈，对于权力的依附更加明显。更严重的是，政府本身也不擅长创新创业活动，只能以"项目管理"的方式对大学进行"指导"。结果就是，那些由政府发起、大学积极参与的创新创业活动，由于缺乏作为市场主体的企业的有效参与，最终只会生产出大量虚假的或仿真式的创新创业行为。在行政权力主导的体制里，改革的失败通常是不受欢迎的，在似真非真的创新创业活动中，政府决策部门、大学管理者、指导教师和学生只能假装在积极投身于创新创业或促进经济发展。客观上，大学在促进经济发展方面有积极作用，但绝不是无所不能的。如果政府和社会提出的要求超越了大学的能力范围或组织边界，而大学又无法拒绝，最后只会导致一种象征性的满足。大学会假装可以满足经济发展的要求，可以成为"创新的引擎"，然后不断编造一些宏大的愿景和激动人心的故事，以争取更多的投入，而大学内部实际上发生的事却与其宣称的改革完全不符。"学者的成功指标与政府的成功指标间存在不一致状况。学者重视出版和奖励。相比之下，政府资助大学主要是为了生产有能力的、具有公民意识的毕业生和能刺激经济的创新。这些产出通过毕业生的高薪资、公民参与率和新创企业表现出来。出版和奖励可能与这些产出相关，但不能确保有这些产出。"①大学的逻辑是文化而不是经济，大学的根本在于求真和育人而不是作为创新引擎或知识工厂。如果将大学的职能拓展到促进经济发展，这只会加速大学的衰落而不是繁荣。整体上，大学是一个收入最大化而不是利润最大化的机构，大学所能创造的经济价值要远远小于政府和社会对它的资金投入。人类社会之所以需要大学也不是为了经济发展，而是为了追求真理和实现人的卓越。无论是真理还是人的卓越，都是无

---

① 克莱顿·M. 克里斯坦森，亨利·J. 艾林.创新型大学：改变高等教育的基因[M].陈劲，盛伟忠，译.北京：清华大学出版社，2017：328.

价的。大学只有扎根于追求真理和实现人的卓越才有可能实现永续发展,若以促进经济发展或营利为组织使命,一旦目标落空,大学将濒临破产。无论何时,大学可以促进经济发展都是毋庸置疑的事实,但无论如何都不能以企业式的"成本—效益"来衡量大学的发展。作为学术和文化组织,大学的价值是无法用金钱或财富直接衡量的,大学之于人的发展和社会发展的贡献主要是经济之外的另一种价值;简单地以经济逻辑来驱动高等教育改革和建设世界一流大学是狭隘的,甚至是得不偿失的。将经济社会发展的希望完全寄托于世界一流大学建设,不但无法实现经济社会的高质量发展,而且也会损害高等教育和大学的高质量发展。

遗憾的是,在经济主义的意识形态下,大学正在成为促进经济发展的工具,育人和求真并不被作为衡量高等教育高质量发展的标准。大学的重要性由国家根据其为经济社会发展做出的贡献来判断。"国家的基本态度是,把高等教育视作管理事业而非学术事业。"①政府对待高等教育的态度是由其组织性质和场域逻辑决定的。在科层制的框架下,高等教育和其他国家事业一样需要管理的对象。政府关心的不是高等教育的本质也不是大学的理念,而是投入的资源是否能够及时得到回报,高等教育发展是否有利于实现国家目标,世界一流大学建设是否可以增强综合国力或国家软实力。在政府的眼中,高等教育的价值主要"根据它支撑资本主义利益的能力来判断,而不是根据为了公共利益向社会的各个部分传播高深知识的能力来判断"②。由于"府—学关系"中政府的强势,在行政权力的规训下,原本作为学术组织的大学日益科层化,大学的内部管理复制政府对于大学的管理,最终大学的学术性不断弱化,行政化和经济性日益增加。"理想状态的理论是,高等教育的目的应该以教室里发生的事情为核心。但是,在整个制度变形/倒置之外,大学

---

① 布雷恩·J. 麦克维.日本高等教育的奇迹与反思[M].徐国兴,译.上海:华东师范大学出版社,2018:56.
② 布雷恩·J. 麦克维.日本高等教育的奇迹与反思[M].徐国兴,译.上海:华东师范大学出版社,2018:65.

内部也会发生下位制度结构的变形/倒置。比如,很多大学不是尽力去让教室成为制度部件的中心,反而是让管理办公室或秘书办公室成为大学的中心。于是,教室成为管理的延伸部分,成为维持营利事业的附属物。"①在科层制下,政府与大学之间形成了一种行政的上下级关系,经由一种结构性的力量,政府的指令更具有权威性,政府与大学之间也更容易在国家经济发展目标上达成共识。最终,经济主义的意识形态与大学理念或高等教育本质之间的冲突,经由一些政策和学术话语措辞的调整得以弥合。"高等教育的手段正在取代目的,短期的战术战略正在变成长期的办学目标。"②在"政治正确"和"经济正确"的庇护下,政府掌握了合法化高等教育改革的"最终解释权"。只要经济发展和政治合法性需要,似乎没有什么是大学不可以做的。最终政府和大学共同创造出一种灵活的或随机应变的氛围,不仅高等教育的职能可以增加,大学本身也可以重新定义。

综上所述,20 世纪 80 年代以来,受新自由主义经济学和经济全球化的影响,高等教育发展成为经济改革的核心领域,为经济发展服务逐渐成为大学的新使命。"高等教育在整个思想潮流中都呈现为对于经济放缓的可能解决方式,对非熟练工失业的补救措施,一种反抗低工资的欠发达国家之竞争的方式,对于社会内部和国际社会中的等级制度的补偿工具。"③围绕如何更好地促进经济发展,政府与大学之间形成了一种社会契约。政府承诺加大对于高等教育的整体投入,并对遴选出的大学进行重点建设以成就其世界一流的梦想。相应地,大学则承诺引入企业领域的质量管理体系,提高管理效率和治理绩效,将知识向应用转化作为优先事项,并尝试向创业型大学转型,最大

---

① 布雷恩・J. 麦克维.日本高等教育的奇迹与反思[M].徐国兴,译.上海:华东师范大学出版社,2018:115.

② 詹姆斯・H. 米特尔曼.遥不可及的梦想:世界一流大学与高等教育的重新定位[M].马春梅,王琪,译.上海:上海交通大学出版社,2021:257.

③ 克里斯托夫・夏尔勒,雅克・韦尔热.大学的历史——从 12 世纪到 21 世纪[M].成家桢,译.上海:华东师范大学出版社,2021:196.

限度地为经济发展服务。但做出承诺是一回事，兑现承诺则是另一回事。"真正的智识活动不可能忍受也不可能在推动现代资本主义的新自由主义管理下存活。"①由于科学探索本身和人才培养的不确定性，大学对于经济发展的贡献也存在极大的不确定性。以少数大学的偶然的成功为依据，希望所有的大学能够成为"创新的引擎"近乎一种"学术物质主义"或"学术资本主义"。高等教育改革实践中，市场意识和经济主义不是知识转化为金钱或学术转化为资本那么简单。"钱本身不是问题，钱的用途才是一直困扰大学的问题。"②对于大学而言，钱只能是手段，而不能成为目的。如果挣钱成为大学的目的，那么高等教育改革和发展就偏离了正确方向。

第三节　高等教育改革需要"颠覆性创新"

2021年11月，联合国教科文组织在第41届大会期间面向全球发布了《共同重新构想我们的未来：一种新的教育社会契约》的报告，报告提出："我们迫切需要共同重新构想我们的未来，并采取行动实现它们"。"为教育订立新的社会契约是重新构想我们共同未来的关键一步"。围绕构建"新的教育社会契约"，报告提出了三个基本问题："我们应该继续做什么？我们应该抛弃什么？我们需要创新什么？"并特别强调："大学和其他高等教育机构必须积极参与建立新的教育社会契约的各个方面。"③为建立"新的教育社会契

① 安德鲁·阿伯特，刘文楠，周忆粟.专业知识的未来[J].清华社会学评论，2019(2)：61.
② 詹姆斯·H. 米特尔曼.遥不可及的梦想：世界一流大学与高等教育的重新定位[M].马春梅，王琪，译.上海：上海交通大学出版社，2021：258.
③ The International Commission on the Futures of Education. Reimagining Our Futures together：A New Social Contract for Education[R]. the United Nations Educational，Scientific and Cultural Organization，2021.

约",我们需要通过"颠覆性创新"重新构想高等教育的未来。"从颠覆性创新理论看,大学处于关键的十字路口。他们一方面面临极大的竞争性颠覆风险,另一方面又面临创新助燃下的复兴所带来的潜在机会。"①当下较之愈演愈烈的世界一流大学建设运动和知识创造价值,高等教育改革面临的真正问题是"体制"问题。现代高等教育体制的源头在中世纪大学,16 世纪以后经由不同的民族国家的改造形成了不同的国家高等教育模式。"既是因为新的教育概念,也(准确来说)是因为许多大学越来越国家的,甚至是区域性的特征。机构类型与名称因此变得非常复杂,中世纪大学明显的统一性,明确地让位给了地方实践的、信仰或者国家的特征的多样性。"②尽管如此,本质上现代高等教育仍然是同一种模式,即欧洲模式或中世纪大学模式。经过几百年的运行,源自中世纪的欧洲大学模式在世界范围内取得了巨大成功,伴随这种成功而来的就是不同于欧洲大学模式的各种传统高等教育体制逐渐退出了历史的舞台,世界高等教育成为欧洲大学的凯旋。③

近代以降,在工业化的过程中大学遵循着工厂的逻辑,无论是教育还是研究均致力于规模化和标准化。在以知识和创新为基础的后工业社会里,规模化和标准化将受到个性化和多态性的挑战,想象力和创造性的品质将取代知识和技能的数量成为衡量教育和研究质量的关键。在工业模式下,受集中趋势和模仿效应的影响,大学基本上是同质的,多样化也是同质化框架下的多样化,充其量是"一种大学,多种模式"。"建设'离经叛道式'大学的需求似乎很小。高等教育机构热衷于对标其他大学,效仿同行机构,结果是大学看

---

① 克莱顿・M. 克里斯坦森,亨利・J. 艾林.创新型大学:改变高等教育的基因[M].陈劲,盛伟忠,译.北京:清华大学出版社,2017:3.

② 克里斯托夫・夏尔勒,雅克・韦尔热.大学的历史——从 12 世纪到 21 世纪[M].成家桢,译.上海:华东师范大学出版社,2021:43-44.

③ 许美德.中国大学 1895—1995:一个文化冲突的世纪[M].许洁英,译.北京:教育科学出版社,1999:32.

起来都很像。大多数大学的战略是一种模仿战略，而不是创新战略。"①虽然有学者认为，"当人们仔细审视实际情况时就会发现，世界上大学体制的趋同因此依然是一个调节性的理念，而不是什么事实。在高等教育中，人们越来越难以对其演变持有一种清晰的观念，因为它们受到很多因素的影响：地方的、地区的、宗教的、社会的、智识的、行政的、经济的、政治的、国际的"②，但事实上，时至今日现代大学无论是美国模式、英国模式、德国模式，还是法国模式、日本模式，归根结底都是"欧洲模式"，彼此"大"同而"小"异。

　　经过几百年的改革和发展，旧的体制盘根错节。面对信息技术和社会形态的加速变化，现代高等教育体制上的守旧日益成为一种弊端。"就像是用打字机上网，或是骑马逛商场——体制与时代已经格格不入。"③高等教育改革和发展中，体制的变迁不像技术的变迁那么频繁和剧烈。与技术的跳跃性变迁相比，高等教育体制的变迁多是长期的、连续性的、渐进的、隐性的。在教育技术上，大学人的价值观趋向求新，甚至会夸大新技术对于大学发展的重要性。但在体制上，大学人的价值观则倾向守旧，特别强调坚持传统之于大学发展的重要性，倾向于认为已经发生的事实、已经建立的体制具有天然的合理性。但事实并非如此，"对于人类社会来说，存在（结构）绝不能被简单地理解为合理（功能）"④。体制会规训人的思维和价值观，人自身也非常容易体制化并成为体制的一部分。加之制度逻辑受文化影响，不易直接比较其先进或落后，受某种大学制度或高等教育体制规训的人会天然地倾向于维护该体制的合法性。结果就是，由于利益相关者不愿意接受高等教育体制的根本性变动，很多问题往往被归结为资源的问题或观念的问题。"20世纪的方案

　　①　戴维·斯特利.重新构想大学：高等教育创新的十种设计[M].徐宗玲，林丹明，高见，译.北京：生活·读书·新知三联书店，2021：30-31.
　　②　克里斯托夫·夏尔勒，雅克·韦尔热.大学的历史——从12世纪到21世纪[M].成家桢，译.上海：华东师范大学出版社，2021：271.
　　③　路易斯·梅南德.观念的市场：美国大学改革的阻力[M].田径，译.成都：四川人民出版社，2019：6.
　　④　赵鼎新.什么是社会学[M].北京：生活·读书·新知三联书店，2021：16.

已经取得了巨大的成功。麻烦的是它结束了。……如果说成功的代价是社会期望大学为所有人做所有的事情，那么更深层的问题其实在内部。……简单地说，此刻我们必须发明一种成为学术知识分子的新方式。现在我们还不清楚那会是什么样的，只不过旧方式已经日暮途穷。"①如果我们不能解决高等教育体制与时代的匹配性问题，如果不能从高等教育的第一性原理出发，推动大学制度创新并促使创新性或实验性的院校和准院校大量涌现，如果大学的想象力依然锁定在建设世界一流大学和通过知识创造价值促进经济发展，并以此作为指南，那么不断增加的资源投入不但不能缓解现代大学的合法性危机，反倒会引发公众对于大学发展绩效或社会责任的更多质疑。

以学科制度为例，现代大学最根本的制度安排就是学科制度化。通过学科制度化进程，"学术界已经有效做到（或者试图）垄断相关领域知识的生产，他们同时也垄断了这些知识生产者的生产"②。本质上，现代大学就是基于学科的大学，是基于学科制度并由不同学科所构成的一个松散的学术共同体。在知识分类的意义上，不同学科间的边界原本是人为划分或制造出来的，但经由制度化过程，学科间人为的差别被固化，变得难以融通。以学科为知识基础，现代大学的专业设置也多是学术专业、趋向高深学问。经由这些学科所培养的人才，其心智以及知识和能力结构也是学科模式的。与知识的碎片化、学科化相比，无论是自然界还是生活世界中的问题都是不分科的。长期以来，大学的知识生产主要用于教育教学，有时知识本身就是目的，此时学科制度化问题尚不明显。我们时代经济社会发展对于大学提出了更多要求，研究型大学也需要"走出象牙塔"，试图通过知识创造价值。当大学生产的高深知识接触到实践，基于学科的知识生产模式的局限性就显示出来。学科知识的装饰性或象征性远大于实用性。基于组织的自利性和合法性需求，在学科

---

① 安德鲁·阿伯特,刘文楠,周忆粟.专业知识的未来[J].清华社会学评论,2019(2):65-67.
② 路易斯·梅南德.观念的市场:美国大学改革的阻力[M].田径,译.成都:四川人民出版社,2019:106.

制度下，大学真正重视或关心的并非其所生产的知识的有效性或可应用性，而是生产"知识生产者"或"学科的继承人"。实践证明，生产出有价值的知识有利于大学拓展资源、扩大影响力，但只有垄断对于知识生产者的生产，大学才可以保证现有体制的可持续性。基于此，"要想在高等教育界展开任何变革，其核心所在并不是知识生产的过程，而是造就这些知识生产者的过程"①。遗憾的是，现有的高等教育改革多聚焦于知识的性质和存在形式，而回避了问题的源头，即知识生产者的生产。当学科知识不能满足经济社会发展需要时，大学的策略是加强跨学科研究，并试图以跨学科知识来取代学科知识。但只要那些从事跨学科研究的研究者仍然是由不同学科培养出来的，所谓的跨学科研究就不可能生产出真正意义上的跨学科知识。在基于学科的大学制度下，"跨学科研究其实并不是与学科分界完全相反的事物，它其实正是对学科分类内在逻辑的进一步认可。在实际操作中，跨学科研究其实往往进一步巩固了学科原有范式"②。与跨学科研究相比，"知识生产模式2"同样因为无法生产知识的生产者亦无法对抗学科制度化的力量。表面上看，知识生产模式2是对学科模式（知识生产模式1）的背叛，然而知识生产模式2的从业者要在学术界获得地位，终究要靠学科掌握的权威话语来获得认可。只要现存学科制度仍然在高等教育体制内合理存在，这些学科就会强化对于本学科继承人的培养，而只要对于知识生产者的生产优先于对知识的生产，只要对知识生产者的生产没有突破学科的边界，大学里的知识生产就不可能超越旧体制的束缚，既有的知识生产、传播与应用也不会发生根本的变化。

当然，无论是针对学科制度还是其他制度安排，强调"颠覆性创新"并不意味着要将整个现代大学制度或学科制度推倒重来。这是不可能的。现代大学制度和学科制度的终结也是现代社会难以承担或承受的代价。重新构

---

① 路易斯·梅南德.观念的市场：美国大学改革的阻力[M].田径，译.成都：四川人民出版社，2019：164.

② 路易斯·梅南德.观念的市场：美国大学改革的阻力[M].田径，译.成都：四川人民出版社，2019：122.

想高等教育改革意味着必须对大学现有的制度安排进行反思和重审,仔细甄别哪些制度仍然是有效的、合理的,哪些可能已经过时并严重阻碍知识的生产与传播。对于合理的制度安排应该作为传统来坚守,对于过时的制度安排则应果断以新的制度取代。如果只有肯定没有否定,只做"加法"不做"减法",所谓的改革必将沦为一种利益计算而不会产生力量。"要在新的竞争环境中起到不可或缺的作用,典型的大学必须迅速地进行根本性变革。"①按黑格尔的说法,只有当"精神直面否定者,并在那里栖居",它才是那种"力量"②。1998 年联合国教科文组织发布的《21 世纪的高等教育:展望与行动世界宣言》也指出:"所有有远见的高等教育体制和机构应该在确定自己的使命时牢记这样一种远景,即建立最好称之为'进取性大学'(Proactive University)的新型大学。"③当下拖延或拒绝制度革新的常见托词就是不知道哪些制度有效,哪些制度已经过时,哪些制度需要创新。这种理由表面上看是合理的,实质上是牵强的。虽然不同国家高等教育改革面临的具体问题有所不同,但无论哪个国家的高等教育改革面临的主要困难都不是"知"的问题,而是"行"的问题。实践中我们并非完全不知道哪些制度有问题或需要根本性改革,只是出于诸多考量不愿意改变现状。即便存在"知"的问题,也不是不清楚现存体制的弊端是什么,更可能是因为利益的冲突一直犹豫何种制度或体制才是值得追求的。"一个社会的权力阶层和其他阶层经常在保留哪些制度、改变哪些制度上无法达成一致"④。当前的高等教育制度模式深深植根于历史,天然地倾向于一直持续下去;改革过程中新的高等教育体制不是自动生成的而是需要行动者去创造的,但最终采取哪种制度安排是由政治决定的。

---

① 克莱顿·M. 克里斯坦森,亨利·J. 艾林.创新型大学:改变高等教育的基因[M].陈劲,盛伟忠,译.北京:清华大学出版社,2017:4.

② 转引自:韩炳哲.透明社会[M].吴琼,译.北京:中信出版社,2019:8.

③ UNESCO. World Declaration on Higher Education for The Twenty-first Century: Vision and Action//UNESCO World De-claration on Higher Education[R].1998 - 10 - 09.

④ 德隆·阿西莫格鲁,詹姆斯·A. 罗宾逊.国家为什么会失败[M].李增刚,译.长沙:湖南科学技术出版社,2015:30.

　　结果就是,在政府的主导下,"有关'改革'的话语被制度化,变成了它寻求改革的结构的一部分"①,从而使得对改革本身进行改革成为不可能。无论是外界还是大学都倾向在不改变既有体制或制度安排的前提下来完成新任务。"我们希望能将不同利益间的博弈与不和谐、创新与实验的风险都引入整个体制之中,但是发现这个体制似乎并不能容忍这些。"②当下基于经济发展的需要,在治理结构和基本制度安排没有改变的前提下,赋予了大学许多额外的社会服务功能。由于结构和功能间不可避免的冲突,以功利主义和行政权力驱动高等教育改革可能带来灾难性的后果。大学不是不需要为经济发展服务,而是需要选择适当的方式,并在服务中完成体制变革。"大学的责任在于提出大众不愿提出的问题,调查大众不能也不会调查的问题,接纳大众不能或不愿意接受的声音,这样大学才能真正服务于社会。学术界在开展学术的同时,还应该在周遭世界中寻找真正需要的教学与研究,同时为了实现这个目标真正思考如何更好地训练下一代学者,更好地完善自身组织架构。"③如果受功利主义和行政权力的驱使,大学超越自身的组织边界,在相关组织架构不具备的条件下,将促进经济发展作为我们时代一切大学制度的未来,深度卷入经济社会事务是危险的。不排除有些大学得益于天时、地利和人和,在这一过程中取得了成功,但必须注意那些大学的成功有可能只是特例,而不意味着通则。"如果大学偏离其核心宗旨,让自己成为政府的附属物,强调技术而非宗旨,注重权宜而非思想,传递传统的正统思想而非新观念,那么大学不仅没有履行对学生的责任,而且背叛了公众的信任。"④为了组

---

　　①　布雷恩·J. 麦克维.日本高等教育的奇迹与反思[M].徐国兴,译.上海:华东师范大学出版社,2018:220.

　　②　路易斯·梅南德.观念的市场:美国大学改革的阻力[M].田径,译.成都:四川人民出版社,2019:129.

　　③　路易斯·梅南德.观念的市场:美国大学改革的阻力[M].田径,译.成都:四川人民出版社,2019:166.

　　④　詹姆斯·H. 米特尔曼.遥不可及的梦想:世界一流大学与高等教育的重新定位[M].马春梅,王琪,译.上海:上海交通大学出版社,2021:113.

织自身和社会的可持续发展,无论是高等教育系统还是作为高等教育机构的大学,都应致力于在为人类提供"高等的教育"的基础上为经济社会发展服务,而不是直接作为第三产业的一部分去和企业在市场上进行竞争。

近年来,受经济全球化和教育全球化的影响,尤其是受世界一流大学建设目标的驱动,世界范围内高等教育愈来愈同质化。"全球化的修辞,新的公共管理与知识经济的新自由主义模式的传播(用于大学之中),它们相反都试图让人承认,高校和大学系统必然会趋向同一套占统治地位的规范,它由国际排名'百所顶尖大学'(top100)中的大学所体现。"①面对同质化,各国政府的政策大同小异,要么主张高等教育个性化和特色化发展,要么鼓励高等教育多样化和分类发展。但在现有政策和体制框架下,无论是个性化、特色化、多样化还是分类发展,都不是应对同质化的有效举措,也很难取得显著成效。究其根本,这些概念和同质化不在一个层面,而是同质化的下位概念。实践中无论是个性化、特色化、多样化还是分类发展,都是在承认现有高等教育体制和结构合法性的前提下的"变通",而不是对于现有高等教育体制和结构的"颠覆性创新"。"大学的问题不是缺乏创新,而是缺乏关于创新本质的想象力。"②高等教育政策和实践之所以推崇多样性而排斥相异性,主要是因为多样性符合比较的逻辑,也符合教育和经济全球化的需要,而相异性则与比较的逻辑相冲突,也与全球化背后的标准化逻辑相对立。比较的逻辑只允许体制框架内差异的存在,即多样性。③ 在更深的层面上,现代化带来了标准化和同质化,使得他者性和异质性逐渐消失,人与人、组织与组织、社会与社会之间不再有本质的差异,取而代之的是同质性前提下的差异化和多样性。"同质化的恐怖席卷当今社会各个生活领域。人们踏遍千山,却未总结任何经

① 克里斯托夫·夏尔勒,雅克·韦尔热.大学的历史——从12世纪到21世纪[M].成家桢,译.上海:华东师范大学出版社,2021:274.
② 戴维·斯特利.重新构想大学:高等教育创新的十种设计[M].徐宗玲,林丹明,高见,译.北京:生活·读书·新知三联书店,2021:21.
③ 韩炳哲.他者的消失[M].吴琼,译.北京:中信出版社,2019:30.

验。人们纵览万物,却未形成任何洞见。人们堆积信息和数据,却未获得任何知识。"①由于异质性被排斥,现代社会失去了否定性的约束,整个社会全部的资源和精力都在朝着肯定的方向努力。"当生产达到一定发展阶段时,禁令的规训法则,或者说其否定模式,便达到其极限"。"禁令、戒律和法规失去主导地位,取而代之的是种种项目计划、自发行动和内在动机。"②在功绩主义的激励下,个人的自我监督和主动作为较之外界的监督更加有效且低成本。此时管理方或统治者需要做的只是给予主体充分的肯定,设置好晋升的等级,然后辅之以巨大的诱惑或有效的激励。"现代晚期的功绩主体不再臣服于任何义务。他的信条不再是顺从、法规和履行义务,而是自由和自愿。……自由的辩证法不幸地将其自身转化为强制和束缚。"③在功绩主义的指引下,每个主体都认为只要自己努力就可以实现预期的功绩目标,但事实上,无论主体如何努力不可能所有人都实现目标。正是在这种看似可以完成实际上难以完成的状态激发了主体最大的生产力。当前世界一流大学建设中学术功绩范式正在形成,几乎所有学术从业者均通过满足发表要求来获得博士学位,然后又通过满足发表论文的等级来获得相应教职。博士阶段的训练使学术从业者普遍接受了"应当"发表论文的游戏规则,成功应聘则帮助其建立了"能够"达到发表要求的信心。"'应当'尚且存在界限,'能够',却没有边界,它是开放的、没有上限。因此,'能够'导致的约束是无尽无际的。"④结果就是,一旦进入学术职业,"应当"与"能够"作为一种肯定性暴力,驱使学术从业者为发表而发表,并以多发表为功绩,不能发表或少发表者将面临淘汰。

当前在全球排名系统的驱动下,那些排行榜上的精英大学成为全球大学竞相模仿的最佳实践,加速了世界各国大学,尤其是精英大学的同质化。无论是大学本身还是大学内部的学科,单一化和同质化都是致命的威胁。"就

① 韩炳哲.他者的消失[M].吴琼,译.北京:中信出版社,2019:4.
② 韩炳哲.倦怠社会[M].王一力,译.北京:中信出版社,2019:16.
③ 韩炳哲.倦怠社会[M].王一力,译.北京:中信出版社,2019:68.
④ 韩炳哲.倦怠社会[M].王一力,译.北京:中信出版社,2019:95.

当今高等教育面临的许多挑战而言,差异性缺失可能就是根源所在。"①在办学模式上,研究型的精英大学成为黄金典范,哈佛大学成为全球大学的偶像。在大学内部为追求学科排名的突破将资源过度集中于少数学科;系科层面又过度强化某一种主流类型或范式的研究,排斥非主流的研究。结果就是,大学与大学之间范式趋同,这样更便于全球性排名和相互比较,而学科内部则试图回避观念竞争,追求单一方向或主流范式下的卓越。大学作为知识生产机构应基于不同情况发展不同的知识生产模式,而学科作为知识生产的基本单位也应是包容的,不能只有一种学术范式。无论哪个大学或学科要促进学术的繁荣必须容纳不同的学术观念和范式。如果为了凸显竞争优势,人为地将学术研究范式或理论图景单一化,最终可能赢得了大学或学科排名的胜利,但会损害知识和思想本身的丰富性和多样性。"同质化的暴力因其肯定性而不可见。同质化的扩散日渐严重。自某一特定的点开始,生产不再是创造性的,而是破坏性的;信息不再是有启发性的,而是扭曲变形的;交流不再是沟通,而仅仅是言语的堆积而已。"②当前由于比较逻辑对于相异性的排斥,传统大学模式仍有旺盛的生命力,但面对全新的前所未有的挑战,大学需要成为解决问题的方法而不是成为问题的一部分。

为适应后工业社会对于个性化和非标准化的需要,为培养更具想象力和创造性的人,未来需要诸多与现有大学模式不同的新大学不断涌现。后工业社会中的"大学"将不再是一个同质性的组织类型,而是一个充满异质性的组织群落或知识生态系统。在这个组织群落中,不同的"大学"就像自然生态系统中不同种类的动植物。一个健全的生态系统不可能只由一种或一类动植物构成,健全的高等教育生态系统也不能只由一种标准模式的大学构成。"高等教育系统就像是一个交响乐团。乐团的每一声部都与其他声部不同,

---

① 戴维·斯特利.重新构想大学:高等教育创新的十种设计[M].徐宗玲,林丹明,高见,译.北京:生活·读书·新知三联书店,2021:275.
② 韩炳哲.他者的消失[M].吴琼,译.北京:中信出版社,2019:2.

却都必不可少。如果把研究型大学在高等教育这个乐团里看作高于其他高教机构，那就大错特错了，就像把交响乐团里的弦乐部看成高于管乐部，那是错误且不公平的。演奏贝多芬的第九交响乐，需要弦乐部和管乐部。"① 当前在工业化模式下，高等教育系统主要就是由一种标准模式的大学所构成。表面上看，不同的大学在某些指标上有水平的高低之分，但其在办学理念和制度安排以及价值追求上几乎完全相同，整个高等教育系统也呈现出明显的等级性，而不是多态性。工业社会中的高等教育系统与后工业社会中的高等教育系统的区别就像"人工林"和"天然林"的区别。由"天然林"构成的原始森林充满了异质性的物种，而"人工林"的物种则比较单一。原始森林无须人为的干预仅靠生态系统的自我调节就生机勃勃，而人工林无论如何维护，其存在都有固定的生命周期，其脆弱的生态极易崩溃。

综上所述，未来的高等教育改革需要"颠覆性创新"，而不是在现有模式的基础上添砖加瓦。一所大学不可能在现有体制框架不变的情况下适应未来的需要，就像19世纪时洪堡审时度势创建了现代大学一样，21世纪我们也需要重新构想大学并提出"现行大学制度形式的替代方案"②。我们既需要有像戴维·斯特利那样的研究者构想出作为"可行的乌托邦"的"另类大学"（平台大学、微学院、人文智库、游学大学、博雅学院、接口大学、人体大学、高级游戏研究院、博识大学和未来大学）③，也需要有更多的像纳尔逊、库兹韦尔那样的教育企业家创建出像密涅瓦大学和奇点大学那样的"与众不同的大学"④。只有通过"颠覆性创新"在现有同质化的高等教育系统中注入异质性的因素，

① 约翰·塞克斯顿.据理必争：教条主义时代中的大学[M].刘虹霞，王慧慧，周雅明，译.上海：华东师范大学出版社，2021：42.
② 戴维·斯特利.重新构想大学：高等教育创新的十种设计[M].徐宗玲，林丹明，高见，译.北京：生活·读书·新知三联书店，2021：29.
③ 参见：戴维·斯特利.重新构想大学：高等教育创新的十种设计[M].徐宗玲，林丹明，高见，译.北京：生活·读书·新知三联书店，2021.
④ 参见：斯蒂芬·M.科斯林，本·纳尔逊.一所与众不同的大学：密涅瓦大学与高等教育的未来[M].沈丹玺，译.北京：中国人民大学出版社，2021.

只有整个高等教育系统成为兼具同质性和异质性的"多态体"(polymorph)，呈现出多种形态和表象，同时也包括偶然性①，我们时代高等教育才能实现高质量发展。如果没有新的异质性的因素的介入，在同质化的体制框架下，所谓的个性化、特色化、多样化和分类发展只能成为装饰或点缀，而无法成为扼制当前和未来教育全球化的结构性力量。而一旦教育全球化的浪潮无法扼制，在现有以研究型大学为主导的世界一流大学建设模式下，在为经济发展服务的目标驱动下，我们的高等教育生态系统将因为同质化而逐渐丧失创新、创造和创业能力以及重新定位的可能。

---

① 詹姆斯·H.米特尔曼.遥不可及的梦想:世界一流大学与高等教育的重新定位[M].马春梅，王琪,译.上海:上海交通大学出版社,2021:9.

第十章　重申大学的理想

　　作为教育、文化和学术组织,大学的发展受使命驱动。在使命驱动大学发展的过程中,理想起着不可或缺的"催化剂"作用。我们时代受经济主义和管理主义的影响,大学的理想逐渐式微,现代社会日益强调大学的服务功能而忽视了其长远的使命。长远来看,若放弃或弱化对于人的卓越和真理的追求,大学作为专业组织将趋向于"单向度",这既不利于大学的发展,也不利于人和社会的发展。在世俗化和物质主义的大潮中,重申大学实现人的卓越和追求真理的理想,有利于其永续发展和基业长青。大学是人类社会中最具有理想主义气质的一类组织,关于大学理想和理念的话题也曾是学界的热点。但近年来,受经济主义和管理主义的影响,关于大学理想的专门讨论愈来愈少。回顾历史,在高等教育研究的学术话语中,起初"大学的理想"主要以"理念"的形式呈现。纽曼的经典著作 *The Idea of a University* 就曾被译为《大学的理想》①,后来才译为《大学的理念》②。从字面上看,早期选择将纽曼的著作译为《大学的理想》似乎属于"误译",但就其内容来看,倒也恰如其分。究其根本,在西方"理念"与"理想"具有同源性,二者有区别,但也不乏共通之处。从词源来

---

　　① 约翰・亨利・纽曼.大学的理想(节本)[M].徐辉,顾建新,何曙荣,译.杭州:浙江教育出版社,2001.

　　② 约翰・亨利・纽曼.大学的理念[M].高师宁,何克勇,何可人,何光沪,译.北京:北京大学出版社,2016.

看,"idea 一词最初的发展是在希腊,首先被引入到现代语言中的是这个词在柏拉图的哲学上的意义。而这个词的其他应用,到 16 世纪末才开始变得普遍。而 ideal 一词是以 idea 一词为基础构成的,它在 16—17 世纪从法语 idéal 一词引入,是晚期拉丁文 idealis 的变体。根据《牛津英语词典》中 idea 和 ideal 的各项相关释义,可以得出两个词实际上有相当大的同质性"①。在中文语境中,"理想"强调对未来的合理的、有根据的想象,"理念"则与观念关联,强调观念的理性化。由此可见,"大学理念"与"大学理想"有区别,亦有联系。区别体现在:"大学理念是比较侧重描述性功能的,更多的指向过去和现在,作用是加深对大学的理解和认识,回答大学应该怎样的问题;大学理想侧重规范性功能,指向未来,重在回答大学在未来发展中的目标和构想。"联系体现在:"大学理念是大学理想的基础,大学理想是大学理念的升华。"②当前世界范围内,在世俗化过程中伴随着大学"走出象牙塔",其作为组织和制度的理想性逐渐被人遗忘,愈来愈呈现为一种功利性或工具性,甚至是自利性的组织机构。表面上看,大学组织和制度设计的务实性安排拉近了大学与社会的距离,也提高了大学服务社会的能力和效率,但实质上,由于失去了"理想"这一可贵的对立面,无论作为一种组织还是制度,大学日益"单向度化"。由于内在张力的匮乏,大学的发展经常靠外力来驱动,内在的动力相对不足。由于事关求真和育人,大学需要保有理想与现实的矛盾性和双重性。如果价值观过于单一,高等教育系统就非常容易僵化。

第一节　什么是大学的理想

长期以来,对于"什么是大学的理想"一直有不同的看法,并无定论。一

---

① 张斌贤,王晨.大学"理念"考辨——兼论大学"理想"与大学"观念"[J].江苏高教,2005(2):6.
② 赵婷婷.大学何为——理想与现实间的冲突及协调[M].北京:高等教育出版社,2005:17-18.

种观点认为,大学的理想就是大学自治和学术自由。这种说法既对,也不对。所谓"对",是因为大学自治和学术自由有其固有的价值,属于经典的大学理念,二者可谓大学之所以为大学的理想条件。所谓"不对",是因为大学自治和学术自由只是大学发展或实现其理想的条件而不是理想本身。理想和理想的条件或理想条件有关,但并非一回事。在本质上,所谓理想是无论条件如何,大学都只能追求而不能放弃的东西。大学的理想应指向大学本身的目的,而不是外在的条件。还有一种观点认为,大学的理想是成为人类的精神家园或作为"世俗的教会"。这种说法亦似是而非。说其"是",是因为无论是人类精神家园还是世俗教会的说法都彰显了大学的精神性,符合理念大学的某种价值追求。说其"非",是因为大学的本质是理智的而非道德的机构。① 人之所以选择进入大学,主要不是为了精神的愉悦或闲适,而是为了求知。"大学,乃求学之社群。"②"求学乃人之天性,动物才衣食足而知荣辱。"③第三种观点认为,基于不同的价值观或哲学主张,关于什么是大学的理想不存在唯一的或固定的答案。比如个人本位主义者、社会本位主义者或国家本位主义者,会有不同的大学理想。同样,不同国家或不同时代的人可以有不同的大学理想,比如赫钦斯的大学理想、纽曼的大学理想、洪堡的大学理想等。前一种说法是对大学的理想和理想的大学的混淆,后一种说法则是对大学的观念或关于大学的学说与大学理想的混淆。对什么是理想的大学因主体的价值观或哲学主张不同而不同,关于大学的学说或观念也会因时代和国家而异,而大学作为一类组织,其理想则是确定或相对确定的。大学的理想之所以称为理想,就在于其超越了时代的、个体的、民族的,甚至国家的边界,而呈现为一种普适的甚至是永恒的价值。最后一点,大学的理想与大学的理想主义也不相同。理想主义反映的是大学的精神气质和组织行为方式。理想主

---

① 约翰·亨利·纽曼.大学的理想(节本)[M].徐辉,顾建新,何曙荣,译.杭州:浙江教育出版社,2001:1.
② C. S. 路易斯.荣耀之重:暨其他演讲[M].邓军海,译注.上海:华东师范大学出版社,2016:37.
③ C. S. 路易斯.荣耀之重:暨其他演讲[M].邓军海,译注.上海:华东师范大学出版社,2016:39.

义可以是关于大学的理想,也可以指向大学的功能或目标。比如社会批判精神体现的就是一种大学的理想主义而不是大学的理想。究其原因,大学本身不是为社会批判而兴起或存在的,因此社会批判是大学的一种功能而不是固有的价值。与之同理,"一流"或"世界一流"也不是大学的理想,而是一种基于评价结果所衍生的"符号"。

本质上,无论对人还是对组织,理想之所以为理想就在于其本身固有的重要性。理想本身固有的重要性并不与其工具性价值相矛盾,但其一定应是工具意义上的重要性不可取代的。工具意义上的重要性属于"用"的范畴,事物本身固有的重要性则属于"体"的范畴。如果把大学的有用性当作重要性,并进而把大学工具意义上的重要性的程度视为大学的理想,很容易导致对大学的滥用。① 大学不同于中小学,也不同于科学院。中小学有教育而无科学研究,科学院有科学研究而无通识教育。大学不但兼有教育和研究两项基本功能,而且致力于教育与研究的统一。对于大学而言,教育的理想是实现人的卓越,研究的理想是追求真理。"大学的本质是研究学术、追求真理、创造知识、创新价值观和培育人才,其最本质的是求真育人。"②由此可见,从大学的本质出发,其理想就是"追求真理"和"实现人的卓越",二者缺一不可。"追求真理"源于大学的研究活动。按纽曼的说法,大学乃"国民追求真理的中心"③。"实现人的卓越"源于大学的教育活动。按博尔诺夫的说法,"教育始终关系到要把学生引向一个更高更完美的状态"④。在研究和教育之外,大学还有第三职能,甚至第四职能,比如为社会服务、文化传承创新以及促进国际交流等。实践中,无论是为社会服务、文化传承创新还是促进国际交流,主要是工具性的,虽重要但并非固有的。因此,无论是"服务站""加油站"还是时

---

① 王建华.大学之用途与滥用[J].南京师大学报(社会科学版),2016(4):106.
② 顾明远.大学文化的本质是求真育人[J].教育研究,2010(1):56.
③ 约翰·亨利·纽曼.大学的理想(节本)[M].徐辉,顾建新,何曙荣,译.杭州:浙江教育出版社,2001:序12.
④ O. F. 博尔诺夫.教育人类学[M].李其龙,等译.上海:华东师范大学出版社,1999:128.

下流行的"创新引擎"的说法,都不能称为大学的理想。

　　综上所述,与"追求真理"和"实现人的卓越"相比,大学自治和学术自由不过是大学实现其理想的条件抑或理想条件。就组织特性而言,拥有充分的自治和自由,大学要致力于实现人的卓越和追求真理;不拥有或暂时不拥有充分的自治和自由,甚至于不自治、不自由,大学仍应致力于实现人的卓越和追求真理。按德里达的说法,大学是无条件追求真理的地方。[①] 基于同样的逻辑,大学也可以说是一个无条件追求实现人的卓越的地方。与大学自治和学术自由作为一种理想条件或实现理想的条件不同,所谓成为人类的精神家园只不过是逃避大学理想的一种托词。精神家园是虚无缥缈的,而理想则是切实的,"世俗的教会"有避世的意味,而大学的理想则是积极进取的。此外,那些基于不同价值观和哲学主张的"理想的大学",最多不过是实现大学理想的路径或途径,而个体的大学理想更像是个体关于大学的"想象"或"观念",与大学的理想相去甚远。实践中由于价值观或哲学主张的冲突,理想的大学未必能够实现大学的理想;同样,由于逻辑上的不可通约性,不同的个体关于大学的理想也很难或不可能真的成为大学自身的理想。最后,切不可把理想主义当成大学的理想。理想是切实的,是大学无论如何都要追求而且是可以实现的,而理想主义在实践中有时则是需要避免或尽可能避免的。

第二节　大学的理想何以式微

　　历史上,古典大学以实现人的卓越或"成人"为鹄的。现代以降,追求真理或高深学问也曾被视为大学的理想。但 20 世纪 80 年代以来,在绩效评价

---

　　① 德里达,张宁.教授的未来和无条件大学——在复旦大学的演讲[J].当代国外马克思主义评论,2002(10):6.

的压力下,抽象的追求真理很快便被更具体的科研活动所取代。科学研究并非必然与追求真理相抵触而是追求真理的必由之路。二者的差异在于,追求真理指向人类终极或长远的根本利益,而当前科学研究,尤其是应用研究更在意对经济社会发展短期利益的考量。由于短期利益与长期利益的矛盾,以科学研究为路径,真理逐渐碎片化。"科学主义的盛行直接导致了真理在大学里的隐退。随着大学里追求真理的活动被科学探究的活动所取代,大学逐渐失去了形而上的意义而沦为一种制度性的存在。"[①]结果就是,关于大学理想的言说陷入了说也不是,不说也不是的困境。强调大学的理想会被批评为迂腐或不务实,不谈大学的理想又会被认为是智识上的堕落。

事实上,理想是大学作为一个组织或制度能够持续存在所必需的。如果说现实是大学的此岸,那么理想就是大学的彼岸。只要人类社会存在一天,只要大学还存在一天,它就不可以也不能没有理想。大学兼有教育和研究双重职能,追求真理和实现人的卓越亦不可偏废。对于大学而言,追求真理和实现人的卓越也不是对立或并列的关系,二者存在有机的内在的联系,是大学理想"一体的两面"。没有对真理的追求,实现人的卓越就缺乏教育性的材料;而不以实现人的卓越为目标,对于真理的追求也不可持续。实践中理想的学术超越一切的对立,它所照亮的绝不仅仅是心智。"光之为光,岂独启智;光之为光,光耀全人。"[②]对于人类社会而言,单纯地追求真理可能不需要大学,单纯地实现人的卓越也不一定必然需要大学。但现有社会境况下,只有大学可以同时肩负实现人的卓越和追求真理的使命。在可以预期的未来,我们也看不到有什么其他机构可以取代大学来致力于实现人的卓越和追求真理,除非这个机构自身就是以成为大学为理想。

目前在民族国家的框架下,受到科学革命和启蒙运动的影响,人类在理性

---

① 王建华.真理、科学与大学[J].教育发展研究,2014(7):1.
② 道格拉斯·格林伯格,斯坦利·N.卡茨.学问生涯[C].吕大年,等译.杭州:浙江大学出版社,2018:80.

上陷入了对于作为组织和制度的大学的崇拜,而忽略了理念大学以及人的卓越和真理自身的永恒价值。① 按特罗的说法:"我们的大学是如此与其他社会机构交织在一起,以至于它们有变成实现其他机构——州政府、联邦政府、私人企业、专业利益团体和基金会的目标的纯粹工具的危险。"②在实用主义和功利主义的主导下,那些暂时的功绩或指标被当成大学的办学目标来追逐,而那些具有永恒价值的理想却被轻易地放逐。"作为一个高等学习场所的大学,且具有传统自由主义和启蒙思想的大学,逐渐向作为法人的且拥有现代理念的大学转变,后者主要关注市场份额,服务于商业需求,实现经济回报最大化,并获得全球知识经济中的竞争优势。"③结果就是,大学变得愈来愈像企业,愈来愈像政府,愈来愈像其他营利的或非营利的、政府的或非政府的组织,就是不像真正的大学。为满足政治、经济和社会发展的需要,大学的职能或功用日益受到政府和社会的关注,无论是实现人的卓越还是追求真理都逐渐式微,大学的最终目的被具体目标取代,大学的理念和理想被用途取代,教育本体被工具价值取代。"一切人类活动中,都有一种致命趋势:手段会侵蚀它们为之服务的那个目的。于是乎,金钱最终阻碍商品交换,艺术法则戕害天才,考试阻止青年成为饱学之士。不幸的是,接下来通常还舍弃不掉这些侵蚀目的的手段。"④现代社会中虽然从校训、章程或宣言上,我们还可以隐隐约约看到关于大学理想的陈述,但在具体的活动中大学可能早已不再致力于追求人的卓越和真理。"使命宣言和匾额中写着追求智慧和欣赏美的词句,展示在校园和网站的醒目位置,这些词句都是有益的提醒。往好了说,这些名言警句代表了知识机构的应有之义;往坏了说,它们不过是大学转型的门面装点而已。对于所有的实际目的而言,这些

① 王建华.大学的三种概念[J].高等教育研究,2011(8):8.
② 转引自:布雷恩・J.麦克维.日本高等教育的奇迹与反思[M].徐国兴,译.上海:华东师范大学出版社,2018:206.
③ 伊安・奥斯丁,格伦・琼斯.高等教育治理:全球视野、理论与实践[M].孟彦,刘益东,译.北京:学苑出版社,2020:212.
④ C. S. 路易斯.荣耀之重:暨其他演讲[M].邓军海,译注.上海:华东师范大学出版社,2016:189.

词句暴露了它们的装饰性和缺乏可操作性。"①19 世纪以来,大学先是热衷于专业人才培养、高深知识生产,继而热衷于知识创造价值。为了培养专业人才并提高高深知识生产的效率,现代大学创立了一系列与知识生产和人才培养相关的制度,比如,学科专业制度、学位制度、同行评议制度、学术发表制度、终身教职制度等。专业人才培养和高深知识的生产与实现人的卓越和追求真理之间并非必然矛盾,它们有联系,但又有区别。问题的关键在于以何者为主导。"真理"和"卓越"指向"存在"意义上的终极目的,而人才培养和知识生产更多的是大学作为一个组织机构的职能或功能;人才培养和知识生产的多少或水平高低均属于可量化的具体目标,而追求真理和实现人的卓越则是大学之所以为大学的"组织信仰"。"我们或许最终会爱知识——我们的求知——胜于爱所知:不是为发挥我们的天赋而心喜,而是为此天赋属于我们而心喜,甚至为天赋给我们带来的声名而心喜。学者生涯里的每一成功,都会增加这一危险。"②作为知性复合体,大学所生产的知识可能是真理也可能不是真理,这些知识可能具有教育性也可能不具有教育性,大学所培养的专业人才可能卓越也可能不卓越。高等教育实践中以效率为标准对于拔尖创新人才培养和科研成果的过度强调,有时反而会损害对于真理的追求以及实现人的卓越。

20 世纪 90 年代以来,以高深知识的生产和传播为基础,为了适应知识经济和社会发展的需要,知识价值革命成为大势所趋。"在全球化时代,高等教育受到所谓新知识经济需求的驱动。知识经济强调为人力资本开发和技术驱动型创新提供高级培训。政府越来越将高等教育视为一种长期战略,发挥国家在全球经济和社会中的作用。各国政府都试图将大学的使命和绩效与国家的发展需求结合起来。"③从现实出发,为了实现创新驱动发展和创业革命,大学致力于

① 詹姆斯·H. 米特尔曼.遥不可及的梦想:世界一流大学与高等教育的重新定位[M].马春梅,王琪,译.上海:上海交通大学出版社,2021:264.
② C. S. 路易斯.荣耀之重:暨其他演讲[M].邓军海,译注.上海:华东师范大学出版社,2016:51.
③ 伊安·奥斯丁,格伦·琼斯.高等教育治理:全球视野、理论与实践[M].孟彦,刘益东,译.北京:学苑出版社,2020:9.

知识创造价值是必要的,大学努力成为"创新的引擎"也是可以并值得期待的;但大学自身必须清楚,知识创造价值之所以重要和必要,主要是因为现有社会情境下其他的机构暂时无法满足经济社会发展中创新创业的需要,并不意味着大学的理想就是致力于知识创造价值,更不意味着大学的理想就是成为"创新的引擎"。客观上,无论是"知识创造价值"还是"创新的引擎"都只是大学实现其为社会服务的一种暂时性的功用,而不是固有的理想。创新驱动发展和创业革命是政府用来解决或应对经济社会发展问题的手段和路径,也不是大学的理想。一旦未来有更合适的机构可以替代大学承担起知识创造价值和创新引擎的职能,大学就将在创新驱动发展和创业革命中失去重要性和必要性。问题的另一面在于,大学一旦抛弃了追求真理和实现人的卓越的理想,而将全部的或大部分的资源和精力集中于实现知识创造价值,其将退化为专利公司或知识工厂,而不再是真正的大学。

当然,这里澄清知识创造价值和创新引擎是大学的功能而不是理想,丝毫不意味着知识创造价值和创新引擎的作用不重要。相反,无论是知识创造价值还是创新引擎之于大学的转型发展都至关重要。但诚如弗莱克斯纳所言:"我们置身于一个物质主义的时代,关注的重点应当是物质产品和世俗机遇的分配。……我对这种趋势并无异议。……但如今我常常在想,这种思潮是否已变得过于强大? 假如从世界上清除了某些带来精神意义的无用之物,那么人们是否还有足够的机会去拥有充实的生命?"[①]对于大学而言,工具的重要性和价值的不可替代性存在根本的差异。大学的理想指向于价值的不可替代性,而不是工具的重要性。大学发展的根本在于"目的合理性"与"价值合理性"的平衡。"大学的功能不是仅仅为未来的学生提供可选的'技能'目录。因为,如果其功能确实如此的话,那么大学将不得不假设前来求学的学生已然成为任一类他们想要成为的人。于是,大学就恰如其分地将学生看成市场上的篮子,然后从大

① 亚伯拉罕·弗莱克斯纳,罗贝特·戴克格拉夫.无用知识的有用性[M].张童谣,译.上海:上海教育出版社,2020:46-47.

学的知识储备中挑选'货品'把篮子填满。换句话说,大学可以将学生看成一个对象,就像电脑一样,其存储部分永远渴望获取更多'数据'。但是,我们可以肯定的是,这种说法不能正确地描述'是什么'以及'应该是什么'。毫无疑问,大学应该同样看待每一位公民、学生和教师,首先把他们看成追求真理,从而追求自我的人类。有些事情必须不断发生在大学每位公民身上。当他们离开课堂时,每个人都应当变得与早先入门时有所不同。一味传授技能,是无法实现这一高阶功能的。"①假如大学功用的重要性被误认为是理想本身,如果目的合理性僭越了价值的合理性,那么政府和社会所渴望拥有的只会是作为组织机构或制度工具的大学,而不会是人的卓越和真理;而一旦放弃了对于人的卓越和真理的追求,大学也就不再是大学。

第三节　理想之于大学之重

现代社会中对于大学理想的放逐不全是大学自身的问题,也不是大学独有的问题。理想强调永恒,而现代社会的核心是变化。在一个变化不断加速,甚至加速本身还在不断加速的社会里,无论哪个组织过多地谈论理想都显得不合时宜。"在我们这个时代,把大学描述为专注于精神生活和探索乐趣的机构的叙事往往显得肤浅、落伍,或者说只是朴素的浪漫主义。"②实践中促进人的发展和社会发展是大学不可或缺的两翼。但无论是人的发展还是社会的发展都有两个不同的层面,人的发展可以分为人力的生产和人性的培养,社会的发展则可以分为经济的发展和文明的进步。当社会不再重视人的卓越或德性而只在

① 戴维·斯特利.重新构想大学:高等教育创新的十种设计[M].徐宗玲,林丹明,高见,译.北京:生活·读书·新知三联书店,2021:20.
② 詹姆斯·H.米特尔曼.遥不可及的梦想:世界一流大学与高等教育的重新定位[M].马春梅,王琪,译.上海:上海交通大学出版社,2021:257.

乎人力资本或人才,当大众不再渴求真理而只关心有用的知识,那么大学必然以社会和大众的偏好为参照,将精力转向培养更多专业人才和产出更多符合社会需要的科研成果。社会环境的变化可以揭示大学理想失落的根源。但外部环境的变化绝非大学放逐理想的根本理由。无论是历史上还是现实中,大学的生存和发展从来就不可能一帆风顺,更不存在理想情境;即便在所谓的"黄金时代",大学发展仍然会遭遇意外的危机和挫折。大学不能等到有理想的社会条件时才去追求理想。对于大学而言,对理想的追求是无条件的,愈是困境愈是需要理想。我们稍微拉长大学的历史就可以发现,当下再大的困境都是暂时的。"从来没有哪一个困境大到可以重新定义时代,重新定义人。永远有比困境更重要的事。不然的话,人们根本无从定义何为困境。"①当前大学需要的是以远大理想去超越现实的困境,而不是在困境面前放弃理想。如果是那样的话,不但大学没有希望,人类也没有希望。

作为社会组织,大学是被人创建的,但大学作为一个机构被建立以后,尤其是世界各地成千上万的大学被建立以后,大学与大学之间便构成了一个共同体,形成了一系列约束组织机构的规范和规则。最终在由无数大学所构成的高等教育场域中,大学自身便超越大学内部的自然人具有了社会行动者的意义。②作为社会行动者,大学肩负着教化的责任,需要向社会示范什么是善,什么行为是好的,什么样的规则是适当的,何种行动才符合正义。与之相比,具体的教学和研究任务反倒是次要的。究其原因,如果大学无法在价值观和社会行动的层面赢得全社会的尊重,那么其内部的教学和研究工作做得再好,意义也是有限的,甚至是无益的。价值观和社会行动的选择规约大学的方向,具体的教学和研究工作只有在正确的方向指引下才是有益的。作为理想,实现人的卓越和追求真理可以标识出大学的使命和方向,可以与大学的现实之间形成张力。大学

① C. S. 路易斯.荣耀之重:暨其他演讲[M].邓军海,译注.上海:华东师范大学出版社,2016:234.
② 伊安·奥斯丁,格伦·琼斯.高等教育治理:全球视野、理论与实践[M].孟彦,刘益东,译.北京:学苑出版社,2020:7.

之所以为大学就在于它是"特殊的学校"①。所谓"特殊的学校"主要就在于其不同于一般学校的理想主义的气质。如果大学放弃了实现人的卓越和追求真理的理想,很容易沦为一个普通的教育机构。如果作为普通的学校,大学将失去精神上的感召力和崇高感。而如果没有了精神的感召力和使命的崇高感,大学在现代社会中的可替代性将显著增加。为了在知识生产日益弥散、知识价值革命日益紧迫的时代保有永续发展的可能,大学需要付出更多的努力。一方面,大学需要从现实出发,适应当下的经济社会发展,致力于知识创造价值;另一方面,大学又要从未来着眼,超越适应论,为实现大学的理想创造更大的可能。无论何时,没有现实的功用,大学无法获得政府和社会的认可,而没有对于理想的不懈追求,大学则无法获得人类的尊重和依赖。无论何时、何地,当下的认可与永续的发展之间不是对立而是相互促进的关系。大学之所以为大学的底线就是要始终保持现实与理想之间的高质量关系。所谓"高质量关系"就意味着大学的理想与现实既相互对立又相互吸引,现实启示理想,理想激励现实。

古典时代大学以"存在"本身赢得尊重,而现代大学则需要用绩效或表现来赢得激励。在近代以前,大学以"无用之用"就可以被外部世界所承认,而在现代的环境下,"有用之用"才是"硬通货"。"我们今天生活的时代被地质学家称为人类世,这个词具有误导性,我们的时代可能是人类的时代,但是它并不服务于人类,而服务于金钱,服务于工具主义的理性和利用思维。"②当下伴随着大学功能的增多以及社会对于大学欲求的增加,大学的发展逐渐陷入两难的境地——不扩大规模无法满足经济社会发展的现实需要,一直扩大规模又会摧毁大学教育的存在价值。在尚未达到规模极限之前,当下社会的技术环境和制度环境传递给大学的信息更多的是争取在可预期的未来活下去,而不是从理想着眼追求永续发展。就目前而言,在政府与大学的博弈中,政府的筹码是资源,而大学的

---

① 雅斯贝尔斯.什么是教育[M].邹进,译.北京:生活·读书·新知三联书店,1991:139.
② 理查德·大卫·普雷希特.我们的未来:数字社会乌托邦[M].张冬,译.北京:商务印书馆,2022:208.

筹码则是机构的重要性或有用性。政府的做法是将大学的绩效与资源配置挂钩,如果大学没有达到相应的绩效要求就会被问责或威胁减少拨款;而大学的应对则是向政府展示自身的高绩效以证明其重要性。这里问题的关键在于,什么是大学的绩效,什么是有用。当下的高等教育实践中,抽象的理想(人的卓越和追求真理)不能算绩效,似乎也没有什么"用"。但需要注意的是,对于大学而言,理想之所以重要不只在于理想本身,而在于理想和现实构成一种内在的张力。失去理想就失去了内在的张力,而失去了内在的张力,大学就会成为或沦为"单向度"的组织,从而减损自身的价值。就像一条河流,现实是此岸,理想是彼岸,如果只有此岸,没有彼岸,河水将失去河床的制约,肆意泛滥。从功用的角度讲,理想的存在可以对现实中一些不良的倾向起到规范和制约作用,从而保证大学的变革始终是内源性的,始终是在大学的框架下的变革;如果失去了这种规范和制约作用,大学会在实用主义和功利主义的驱动下愈走愈远。完全在外力驱动下的变革会像经历外科手术一样①,使大学不再像大学。

对于大学而言,理想的价值不在于迅速成为现实,而在于驱动大学不断从现实走向理想。从现实的角度看,大学的理想在实践中或许并不可行;但从理想的角度看,正是由于其不可行才值得被称为理想。某种意义上,理想之所以为理想就意味着"知其不可而为之"。诚如路易斯对于骑士品质的评论:"骑士品质是一种理想。这一理想的可贵之处在于对人性之双重要求。""这一理想并不可行,但却切实。""理想因其悖论才成其为理想。""骑士品格乃工艺(art)而非自然(nature)——乃需要力致之事,而非坐等之事。"②与之类似,大学理想之于大学也是切实的,而非虚无缥缈。大学之所以要追求理想就在于大学的现实不理想。大学的理想意味着大学需要为之持续努力的方向,而不是一个等待到达的目的地。理想的存在反映了人们发明大学这类组织时的"双重要求"。对于大学发展而言,理想与现实是对立统一的关系。从对立的一面看,现实是不理

---

① C. S. 路易斯.人之废[M].邓军海,译注.上海:华东师范大学出版社,2015:58.
② C. S. 路易斯.切今之事[M].邓军海,译注.上海:华东师范大学出版社,2015:2-8.

想的,理想也是不现实的;但从统一的一面看,愈是现实的愈是理想的,愈是理想的愈是现实的。我们既不能因为理想主义而过度牺牲现实的利益,也不能只是根据现实的要求来决定大学的定位,从而践踏和放逐理想。实践中若不从现实出发,大学将不具有合法性;若不着眼于理想,大学既有的现实合法性也很容易坍塌。一所健全的大学需要在理想和现实两个看似矛盾的方向同时保持卓越。

最后,将"实现人的卓越"和"追求真理"视为大学的理想并不意味着大学就代表着"人的卓越"和"真理",抑或"人的卓越"或"真理"就"藏"于大学之中。在没有大学的时代,人类也曾通过其他的路径来实现人的卓越和追求真理。同样,如果以后大学消亡了,人类还会发明其他的机构来肩负起实现人的卓越和追求真理的理想。说到底,对于自身卓越和真理的追寻是人的天性,也可谓人之为人的理想。"他们在围城之中提出数学定理,在死牢之中谈玄论道,在绞刑架上开玩笑。这并非派头(panache);这是我们的天性(nature)。"①因此,与人的卓越和真理相比,大学本身也是"次要"的。在更高的层次上,大学亦不过是实现人的卓越和追求真理的工具。换言之,"人的卓越"和"真理"只是经由"大学"这一组织制度而实现的,而不是在必然存在于大学之中。同样,我们对于大学寄予实现人的卓越和追求真理的理想并不意味着经由大学一定可以实现人的卓越或发现真理。但这并非问题的根本。因为最终能不能实现人的卓越和发现真理根本就不是大学理想得以存在的理由。如果以发现真理或实现人的卓越为前提,那么我们就不是在谈论大学的理想而是大学的功能。问题的根本在于,我们之所以会寄予大学实现人的卓越和发现真理的理想,只是证明或说明了人类本身有对于实现自身卓越和追求真理的渴望。在大学不可被取代和尚未被取代的时代,它带给我们的不只是对实现人的卓越和追求真理的憧憬,更是一座桥梁。

---

① C. S. 路易斯.荣耀之重:暨其他演讲[M].邓军海,译注.上海:华东师范大学出版社,2016:41.

主要参考文献

［1］德拉高尔朱布·纳伊曼.世界高等教育的探讨［M］.令华,严南德,译.北京:教育科学出版社,1982.

［2］阿什比.科技发达时代的大学教育［M］.滕大春,滕大生,译.北京:人民教育出版社,1983.

［3］恩格斯.自然辩证法［M］.于光远,等译.北京:人民出版社,1984.

［4］麻生诚.英才的形成与教育［M］.王桂,王振洲,译.长春:吉林人民出版社,1987.

［5］雅斯贝尔斯.什么是教育［M］.邹进,译.北京:生活·读书·新知三联书店,1991.

［6］曼瑟尔·奥尔森.集体行动的逻辑［M］.陈郁,等译.上海:上海人民出版社,1995.

［7］马克斯·韦伯.学术与政治［M］.冯克利,译.北京:生活·读书·新知三联书店,1998.

［8］O. F. 博尔诺夫.教育人类学［M］.李其龙,等译.上海:华东师范大学出版社,1999.

［9］许美德.中国大学 1895—1995:一个文化冲突的世纪［M］.许洁英,译.北京:教育科学出版社,1999.

[10] 埃里克·麦克卢汉,弗兰克·秦格龙.麦克卢汉精粹[M].何道宽,译.南京:南京大学出版社,2000.

[11] 特里萨·M.阿马布勒,等.突破惯性思维[M].李维安,等译.北京:中国人民大学出版社,2001.

[12] 约翰·亨利·纽曼.大学的理想(节本)[M].徐辉,顾建新,何曙荣,译.杭州:浙江教育出版社,2001.

[13] 吉姆·柯林斯.从优秀到卓越[M].俞利军,译.北京:中信出版社,2002.

[14] 齐格蒙·鲍曼.生活在碎片之中——论后现代道德[M].郁建兴,等译.上海:学林出版社,2002.

[15] 张景安,亨利·罗文,等.创业精神与创新集群——硅谷的启示[M].上海:复旦大学出版社,2002.

[16] 约翰·S.布鲁贝克.高等教育哲学[M].王承绪,等译.杭州:浙江教育出版社,2002.

[17] 阿马蒂亚·森.以自由看待发展[M].任赜,于真,译.北京:中国人民大学出版社,2002.

[18] 齐格蒙特·鲍曼.现代性与矛盾性[M].邵迎生,译.北京:商务印书馆,2003.

[19] 赵婷婷.大学何为——理想与现实间的冲突及协调[M].北京:高等教育出版社,2005.

[20] 戴维·奥斯本,特德·盖布勒.改革政府:企业家精神如何改革着公共部门[M].周敦仁,等译.上海:上海译文出版社,2006.

[21] 菲利普·G.阿特巴赫.变革中的学术职业:比较的视角[M].别敦荣,主译.青岛:中国海洋大学出版社,2006.

[22] 曼纽尔·卡斯特.网络社会的崛起[M].夏铸九,王志弘,等译.北京:社会科学文献出版社,2006.

［23］迈克尔•夏托克.成功大学的管理之道［M］.范怡红,主译.北京:北京大学出版社,2006.

［24］菲利普•布朗,休•劳德.资本主义与社会进步:经济全球化及人类社会未来［M］.刘榜离,张潮,译.北京:中国社会科学出版社,2006.

［25］弗兰克•罗德斯.创造未来:美国大学的作用［M］.王晓阳,蓝劲松,等译.北京:清华大学出版社,2007.

［26］E.H. 卡尔.历史是什么?［M］.陈恒,译.北京:商务印书馆,2007.

［27］丽贝卡•S. 洛温.创建冷战大学:斯坦福大学的转型［M］.叶赋桂,罗燕,译.北京:清华大学出版社,2007.

［28］尼尔•波斯曼.技术垄断:文化向技术投降［M］.何道宽,译.北京:北京大学出版社,2007.

［29］克拉克•克尔.大学之用［M］.高铦,等译.北京:北京大学出版社,2008.

［30］托马斯•弗里德曼.世界是平的:21 世纪简史［M］.何帆,等译.长沙:湖南科学技术出版社,2008.

［31］埃贡•G. 古贝,伊冯娜•S. 林肯.第四代评估［M］.秦霖,蒋燕玲,等译.北京:中国人民大学出版社,2008.

［32］刘易斯•芒福德.技术与文明［M］.陈允明,等译.北京:中国建筑工业出版社,2009.

［33］安东尼•史密斯,弗兰克•韦伯斯特.后现代大学来临?［M］.侯定凯,赵叶珠,译.北京:北京大学出版社,2010.

［34］克里希那穆提.教育就是解放心灵［M］.张春城,唐超权,译.北京:九州出版社,2010.

［35］玛莎•努斯鲍姆.告别功利:人文教育忧思灵［M］.肖聿,译.北京:新华出版社,2010.

［36］迈克尔•吉本斯.知识生产的新模式:当代社会科学与研究的动力学［M］.陈洪捷,等译.北京:北京大学出版社,2011.

［37］金子元久.高等教育财政与管理［M］.刘文君,编译.上海:华东师范大学出版社,2010.

［38］程星.世界一流大学的管理之道——大学管理决策与高等教育研究［M］.北京:北京大学出版社,2011.

［39］菲利普·阿特巴赫,贾米尔·萨尔米.世界一流大学:发展中国家和转型国家的大学案例研究［M］.王庆辉,王琪,周小颖,译校.上海:上海交通大学出版社,2011.

［40］雷蒙德 E. 卡拉汉.教育与效率崇拜:公立学校管理的社会影响因素研究［M］.马焕灵,译.北京:教育科学出版社,2011.

［41］马万华.多样性与领导力:马丁·特罗论美国高等教育和研究型大学［M］.北京:教育科学出版社,2011.

［42］吉姆·柯林斯,莫滕·T.汉森.选择卓越［M］.陈召强,译.北京:中信出版社,2012.

［43］斯坦利·阿罗诺维兹.知识工厂——废除企业型大学并创建真正的高等教育［M］.周敬敬,郑跃平,译.北京:高等教育出版社,2012.

［44］卡尔·马克思. 资本论［M］.曾令先,卞彬,金永,译.南京:江苏人民出版社,2013.

［45］安德鲁·德尔班科.大学:过去,现在与未来［M］.范伟,译.北京:中信出版社,2014.

［46］冯·哈耶克.知识的僭妄——哈耶克哲学、社会科学论文集［M］.邓正来,译.北京:首都经济贸易大学出版社,2014.

［47］菲利普·布朗,休·劳德,戴维·艾什顿.全球拍卖［M］.许竞,译.长沙:湖南科学技术出版社,2014.

［48］菲利普·G. 阿特巴赫.世界级大学领导力［M］.姜有国,译.北京:中国人民大学出版社,2014.

［49］马歇尔·麦克卢汉.谷登堡星汉璀璨——印刷文明的诞生［M］.杨晨

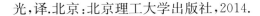

光,译.北京:北京理工大学出版社,2014.

[50] 威廉・G. 鲍恩.数字时代的大学[M].欧阳淑铭,石雨晴,译.北京:中信出版社,2014.

[51] 阿兰・柯林斯,理查德・哈尔弗森.技术时代重新思考教育:数字革命与美国的学校教育[M].陈家刚,程佳铭,译.上海:华东师范大学出版社,2015.

[52] C. S. 路易斯.人之废[M].邓军海,译注.上海:华东师范大学出版社,2015.

[53] C. S. 路易斯.切今之事[M].邓军海,译注.上海:华东师范大学出版社,2015.

[54] National Research Council of the National Academies.研究型大学与美国未来——美国繁荣与安全的十大突破性举措[M].朱健平,主译.长沙:湖南大学出版社,2015.

[55] 克劳迪娅・戈尔丁,劳伦斯・凯兹.教育和技术的竞赛[M].陈津竹,徐黎蕾,译.北京:商务印书馆,2015.

[56] 克莱顿・克里斯坦森,迈克尔・霍恩,柯蒂斯・约翰逊.创新者的课堂:颠覆式创新如何改变教育[M].李慧中,译.北京:中国人民大学出版社,2015.

[57] 哈尔特穆特・罗萨.加速:现代社会中时间结构的改变[M].董璐,译.北京:北京大学出版社,2015.

[58] 伊恩・哈金.驯服偶然[M].刘钢,译.北京:商务印书馆,2015.

[59] 王莉华,王素文,汪辉.世界一流大学学科竞争力[M].杭州:浙江大学出版社,2015.

[60] 德隆・阿西莫格鲁,詹姆斯・A. 罗宾逊.国家为什么会失败[M].李增刚,译.长沙:湖南科学技术出版社,2015.

[61] 保拉・斯蒂芬.经济如何塑造科学[M].刘细文,译.北京:北京大学出版社,2016.

[62] C. S. 路易斯.荣耀之重:暨其他演讲[M].邓军海,译注.上海:华东师

范大学出版社,2016.

[63] 戴维·兰德斯,乔尔·莫克尔,威廉·鲍莫尔.历史上的企业家精神:从古代美索不达米亚到现代[M].姜井勇,译.北京:中信出版社,2016.

[64] 亨利·埃茨科维兹.三螺旋创新模式:亨利·埃茨科维兹文选[M].陈劲,译.北京:清华大学出版社,2016.

[65] 罗伯特·W. 里克罗夫特,董开石.复杂性挑战:21 世纪的技术创新[M].李宁,译.北京:北京大学出版社,2016.

[66] 威廉·德雷谢维奇.优秀的绵羊[M].林杰,译.北京:九州出版社,2016.

[67] 约翰·亨利·纽曼.大学的理念[M].高师宁,何克勇,何可人,何光沪,译.北京:北京大学出版社,2016.

[68] 德里克·博克.大学的未来:美国高等教育启示录[M].曲强,译.北京:中国人民大学出版社,2017.

[69] 凯文·凯里.大学的终结:泛在大学与高等教育革命[M].朱志勇,韩倩,等译.北京:人民邮电出版社,2017.

[70] 克莱顿·M. 克里斯坦森,亨利·J. 艾林.创新型大学:改变高等教育的基因[M].陈劲,盛伟忠,译.北京:清华大学出版社,2017.

[71] 李锺文,等.创新之源:硅谷的企业家精神与新技术革命[M].陈禹,等译.北京:人民邮电出版社,2017.

[72] 思拉恩·埃格特森.并非完美的制度:改革的可能性与局限性[M].陈宇峰,译.北京:中国人民大学出版社,2017.

[73] 汪丁丁.行为社会科学基本问题[M].上海:上海人民出版社,2017.

[74] 尤瓦尔·赫拉利.未来简史[M].林俊宏,译.北京:中信出版社,2017.

[75] 卡尔·雅斯贝尔斯.论历史的起源与目标[M].李雪涛,译.上海:华东师范大学出版社,2018.

[76] 布雷恩·J. 麦克维.日本高等教育的奇迹与反思[M].徐国兴,译.上

海:华东师范大学出版社,2018.

[77] 罗伯特·科尔维尔.大加速:为什么我们的生活越来越快?[M].张佩,译.北京:北京联合出版公司,2018.

[78] 程星.美国大学小史[M].北京:商务印书馆,2018.

[79] 道格拉斯·格林伯格,斯坦利·N. 卡茨.学问生涯[C].吕大年,等译.杭州:浙江大学出版社,2018.

[80] 丹尼尔·贝尔.后工业社会的来临[M].高銛,等译.南昌:江西人民出版社,2018.

[81] 冯达旋.全球化下的教育复兴:冯达旋谈高等教育[M].魏晓雨,译.哈尔滨:哈尔滨工业大学出版社,2018.

[82] 格特·比斯塔.教育的美丽风险[M].赵康,译.北京:北京师范大学出版社,2018.

[83] 哈特穆特·罗萨.新异化的诞生:社会加速批判理论大纲[M].郑作彧,译.上海:上海人民出版社,2018.

[84] 霍尔登·索普,巴克·戈尔茨坦.创新引擎——21世纪的创业型大学[M].赵中建,等译.上海:上海科技教育出版社,2018.

[85] 托马斯·弗里德曼.谢谢你迟到[M].符荆捷,朱映臻,崔艺,译.长沙:湖南科学技术出版社,2018.

[86] 吴军.智能时代:大数据与智能革命重新定义未来[M].北京:中信出版社,2018.

[87] 尤瓦尔·赫拉利.今日简史——人类命运大议题[M].林俊宏,译.北京:中信出版社,2018.

[88] 约瑟夫·E. 奥恩.教育的未来:人工智能时代的教育变革[M].李海燕,王秦辉,译.北京:机械工业出版社,2018.

[89] 韩炳哲.倦怠社会[M].王一力,译.北京:中信出版社,2019.

[90] 韩炳哲.他者的消失[M].吴琼,译.北京:中信出版社,2019.

[91] 韩炳哲.透明社会[M].吴琼,译.北京:中信出版社,2019.

[92] 韩炳哲.精神政治学[M].关玉红,译.北京:中信出版社,2019.

[93] 冯倬琳,刘念才.世界一流大学评价与建设[M].上海:上海交通大学出版社,2019.

[94] 赫克托·麦克唐纳.后真相时代[M].刘清山,译.北京:民主与建设出版社,2019.

[95] 格特·比斯塔.测量时代的好教育:伦理、政治和民主的维度[M].张立平,韩亚菲,译.北京:北京师范大学出版社,2019.

[96] 克莱顿·克里斯坦森,等.创新者的任务[M].洪慧芳,译.北京:中信出版社,2019.

[97] 路易斯·梅南德.观念的市场:美国大学改革的阻力[M].田径,译.成都:四川人民出版社,2019.

[98] 彼得·德鲁克.21世纪的管理挑战[M].朱雁斌,译.北京:机械工业出版社,2019.

[99] 彼得·德鲁克.巨变时代的管理[M].朱雁斌,译.北京:机械工业出版社,2019.

[100] 彼得·德鲁克.创新与企业家精神[M].蔡文燕,译.北京:机械工业出版社,2019.

[101] 伊夫斯·金格拉斯.大学的新衣?——对基于文献计量学的科研评价的反思[M].刘莉,董彦邦,王琪,译校.上海:上海交通大学出版社,2019.

[102] 约瑟夫·熊彼特.经济发展理论[M].何畏,等译.北京:商务印书馆,2019.

[103] 詹姆斯·卡斯.有限与无限的游戏:一个哲学家眼中的竞技世界[M].马小悟,余倩,译.北京:电子工业出版社,2019.

[104] 经济合作与发展组织.为了更好的学习:教育评价的国际新视野[M].窦卫霖,等译.上海:上海教育出版社,2019.

［105］菲利普·阿特巴赫,莉斯·瑞丝伯格,贾米尔·萨尔米,伊萨克·弗鲁明.新兴研究型大学:理念与资源共筑学术卓越［M］.张梦琪,王琪,译.上海:上海交通大学出版社,2020.

［106］贾尼丝·格罗斯·斯坦.效率崇拜［M］.杨晋,译.南京:南京大学出版社,2020.

［107］杰瑞·穆勒.指标陷阱:过度量化如何威胁当今的商业、社会和生活［M］.闾佳,译.上海:东方出版中心,2020.

［108］玛吉·伯格,芭芭拉·西伯.慢教授［M］.田雷,译.桂林:广西师范大学出版社,2020.

［109］涂又光.教育哲学课堂实录［M］.雷洪德,整理.武汉:华中科技大学出版社,2020.

［110］吴燕,王琪,刘念才.世界一流大学:面向全球共同利益 服务本土社会［M］.陈珏蓓,江雨澄,田琳,译.上海:上海交通大学出版社,2020.

［111］项飙,吴琦.把自己作为方法:与项飙谈话［M］.上海:上海文艺出版社,2020.

［112］亚伯拉罕·弗莱克斯纳,罗贝特·戴克格拉夫.无用知识的有用性［M］.张童谣,译.上海:上海教育出版社,2020.

［113］伊安·奥斯丁,格伦·琼斯.高等教育治理:全球视野、理论与实践［M］.孟彦,刘益东,译.北京:学苑出版社,2020.

［114］杨叔子.育人而非制器:杨叔子口述史［M］.武汉:华中科技大学出版社,2020.

［115］戴维·斯特利.重新构想大学:高等教育创新的十种设计［M］.徐宗玲,林丹明,高见,译.北京:生活·读书·新知三联书店,2021.

［116］克里斯托夫·夏尔勒,雅克·韦尔热.大学的历史——从 12 世纪到 21 世纪［M］.成家桢,译.上海:华东师范大学出版社,2021.

［117］迈可·桑德尔.成功的反思:混乱世局中,我们必须重新学习的一

堂课[M].赖盈满,译.台北:先觉出版股份有限公司,2021.

[118] 迈克尔·桑德尔.精英的傲慢:好的社会如何定义成功?[M].曾纪茂,译.北京:中信出版社,2021.

[119] 斯蒂芬·M. 科斯林,本·纳尔逊.一所与众不同的大学:密涅瓦大学与高等教育的未来[M].沈丹玺,译.北京:中国人民大学出版社,2021.

[120] 约翰·塞克斯顿.据理必争:教条主义时代中的大学[M].刘虹霞,王慧慧,周雅明,译.上海:华东师范大学出版社,2021.

[121] 赵鼎新.什么是社会学[M].北京:生活·读书·新知三联书店,2021.

[122] 詹姆斯·H. 米特尔曼.遥不可及的梦想:世界一流大学与高等教育的重新定位[M].马春梅,王琪,译.上海:上海交通大学出版社,2021.

[123] 汉斯·约阿斯,沃尔夫冈·克诺伯.社会理论二十讲[M].郑作彧,译.上海:上海人民出版社,2021.

[124] 玛丽亚·优德科维奇,菲利普·阿特巴赫,劳拉·E. 朗布利.全球大学排名游戏:变革中的高等教育政策、实践与学术生活[M].苗耘,马春梅,王琪,译.上海:上海交通大学出版社,2021.

[125] 约翰·R. 麦克尼尔,彼得·恩格尔克.大加速:1945 年以来人类世的环境史[M].施雾,译.北京:中信出版社,2021.

[126] 罗伯特·J. 斯特兰特.学校教育的戏剧性[M].胡晓岚,译.北京:商务印书馆,2021.

[127] 理查德·大卫·普雷希特.我们的未来:数字社会乌托邦[M].张冬,译.北京:商务印书馆,2022.

[128] 杰米·萨斯坎德.算法的力量:人类如何共同生存?[M].李大白,译.北京:北京日报出版社,2022.

[129] 卡尔·伯格斯特龙,杰文·韦斯特.拆穿数据胡扯[M].胡小锐,译.北京:中信出版社,2022.